ESTADO DE EMERGÊNCIA NA SAÚDE PÚBLICA

RODRIGO FRANCISCO DE PAULA

Prefácio
Marcelo Andrade Cattoni de Oliveira

Apresentação
Nelson Camatta Moreira

ESTADO DE EMERGÊNCIA NA SAÚDE PÚBLICA

Belo Horizonte

Fórum
CONHECIMENTO JURÍDICO

2017

© 2017 Editora Fórum Ltda.

É proibida a reprodução total ou parcial desta obra, por qualquer meio eletrônico, inclusive por processos xerográficos, sem autorização expressa do Editor.

Conselho Editorial

Adilson Abreu Dallari
Alécia Paolucci Nogueira Bicalho
Alexandre Coutinho Pagliarini
André Ramos Tavares
Carlos Ayres Britto
Carlos Mário da Silva Velloso
Cármen Lúcia Antunes Rocha
Cesar Augusto Guimarães Pereira
Clovis Beznos
Cristiana Fortini
Dinorá Adelaide Musetti Grotti
Diogo de Figueiredo Moreira Neto
Egon Bockmann Moreira
Emerson Gabardo
Fabrício Motta
Fernando Rossi
Flávio Henrique Unes Pereira

Floriano de Azevedo Marques Neto
Gustavo Justino de Oliveira
Inês Virgínia Prado Soares
Jorge Ulisses Jacoby Fernandes
Juarez Freitas
Luciano Ferraz
Lúcio Delfino
Marcia Carla Pereira Ribeiro
Márcio Cammarosano
Marcos Ehrhardt Jr.
Maria Sylvia Zanella Di Pietro
Ney José de Freitas
Oswaldo Othon de Pontes Saraiva Filho
Paulo Modesto
Romeu Felipe Bacellar Filho
Sérgio Guerra
Walber de Moura Agra

Luís Cláudio Rodrigues Ferreira
Presidente e Editor

Coordenação editorial: Leonardo Eustáquio Siqueira Araújo

Av. Afonso Pena, 2770 – 15º andar – Savassi – CEP 30130-012
Belo Horizonte – Minas Gerais – Tel.: (31) 2121.4900 / 2121.4949
www.editoraforum.com.br – editoraforum@editoraforum.com.br

P324e	Paula, Rodrigo Francisco de
	Estado de emergência na saúde pública/ Rodrigo Francisco de Paula.– Belo Horizonte : Fórum, 2017.
	216 p.
	ISBN: 978-85-450-0267-3
	1. Direito Constitucional. 2. Direitos Humanos. 3. Filosofia. I. Título.
	CDD 341.2
	CDU 342

Informação bibliográfica deste livro, conforme a NBR 6023:2002 da Associação Brasileira de Normas Técnicas (ABNT):

PAULA, Rodrigo Francisco de. *Estado de emergência na saúde pública*. Belo Horizonte: Fórum, 2017. 216 p. ISBN 978-85-450-0267-3.

Para Fátima e Manuela, minhas obras mais sublimes.

Para Fernanda, porque para ela são todas as minhas obras.

AGRADECIMENTOS

Este livro é fruto da minha tese de doutorado desenvolvida no Programa de Pós-Graduação em Direito da Faculdade de Direito de Vitória, e há muito que agradecer por todo o caminho percorrido.

A meu Deus, que não deixou apagar o sentimento de perseverança em meu coração, sobretudo nos momentos mais difíceis nesses quatro anos em que a desistência esteve bem perto de acontecer.

À minha família, meu porto seguro, por vocês tenho a certeza de que a vida vale a pena ser vivida: à Fernanda, a quem devo muito pelo que sou, por ser a minha maior incentivadora; à Fátima e à Manuela, que renovam, todos os dias, minha esperança de um mundo melhor.

Aos meus pais, Rubens e Elza, por tudo, sempre.

Às minhas irmãs, ao meu irmão, às minhas sobrinhas e aos meus sobrinhos, que sempre torcem por mim e me cercam com o melhor amor de família que se pode ter.

Ao meu orientador, que se tornou um verdadeiro amigo, Nelson Camatta Moreira, mestre na exata acepção do termo, que soube conduzir com mão segura a realização desta pesquisa, com provocações que me fizeram sempre refletir sobre meus passos nesta caminhada e inúmeras orientações de leitura para a elaboração do marco teórico, além de compartilhar comigo seus vários projetos em torno da construção de uma teoria verdadeiramente crítica da Constituição e dos direitos humanos.

Aos professores Bethânia de Albuquerque Assy, João Maurício Adeodato, Marcelo Andrade Cattoni de Oliveira e Thiago Fabres de Carvalho, que compuseram a banca para a defesa da tese e procederam a uma arguição franca e extremamente enriquecedora sobre o trabalho de pesquisa. Não só pela honra de poder contar com uma banca tão qualificada, mas, sobretudo, pela experiência inesquecível que me foi proporcionada de dialogar.

Aos professores que tive no mestrado e no doutorado na Faculdade de Direito de Vitória, cada qual responsável por me inspirar de algum modo. E aqui agradeço publicamente e credito o papel que tiveram na formação de algumas bases teóricas desta tese: Alexandre de Castro Coura, meu orientador no mestrado, que me iniciou na leitura de Jürgen Habermas; André Filipe Pereira Reid dos Santos, que me fez olhar de modo diferente a gestão dos espaços da cidade e das diferenças sociais; Daury Cesar Fabriz, que me apresentou a ideia de exceção permanente como uma categoria a ser pensada na Teoria da Constituição; Elda Coelho de Azevedo Bussinguer, que me deu a oportunidade de me interessar pela obra de Michel Foucault.

À Procuradoria-Geral do Estado do Espírito Santo, que me permite viver diariamente a experiência com o exercício do poder no que diz respeito aos inúmeros desafios da pretensão de se tentar limitar juridicamente as ações de governo.

Julgar se a vida vale ou não a pena ser vivida é responder à pergunta fundamental da filosofia.[1]

(Albert Camus)

---

[1] *Juger que la vie vaut ou ne vaut pas la peine d'être vécue, c'est répondre à la question fondamentale de la philosophie.*

SUMÁRIO

PREFÁCIO
Marcelo Andrade Cattoni de Oliveira 15

APRESENTAÇÃO
Nelson Camatta Moreira 19

INTRODUÇÃO 23

CAPÍTULO 1
O POTENCIAL DE DESTRUIÇÃO DAS PESTES E O PROBLEMA
DO ESTADO DE EMERGÊNCIA NA SAÚDE PÚBLICA 35
1.1 Vigilância epidemiológica e intervenção estatal na vida privada 35
1.1.1 Origens e fundamentos da vigilância epidemiológica 37
1.1.2 Ações de vigilância epidemiológica e limites dos direitos individuais: o estado da arte da dogmática jurídica 45
1.2 A peste como fenômeno jurídico-político 50
1.2.1 Saúde como um direito fundamental e saúde pública como um dever do Estado 51
1.2.2 Legitimidade das ações de governo no estado de emergência na saúde pública 58

CAPÍTULO 2
O RISCO DO ESTADO DE EXCEÇÃO PERMANENTE:
UMA CRÍTICA A PARTIR DA TEORIA DA CONSTITUIÇÃO 63
2.1 Epidemia: a potência de um estado de exceção e a fragilidade de um conceito 63
2.1.1 Análise do discurso epidemiológico: a potencialidade de um estado de exceção e o paradigma da biopolítica 64

2.1.2　Hipostasia do conceito de epidemia: o exemplo da estratégia epidemiológica de vigilância e controle das causas da violência.......73
2.2　O estado de exceção permanente na Teoria da Constituição.............76
2.2.1　Diagnóstico e crítica de uma forma de totalitarismo moderno: o estado de exceção permanente como um paradigma de governo ..77
2.2.1.1　A "guerra contra o terror" e a "constituição da emergência".............79
2.2.1.2　A zona de indeterminação do estado de exceção permanente e o (re)aparecimento da política................89
2.2.2　A Teoria da Constituição como lugar de crítica do direito constitucional................103

CAPÍTULO 3
CONTAR A REVOLTA DA VACINA NA HISTÓRIA DO CONSTITUCIONALISMO BRASILEIRO: QUANDO A INVASÃO GEROU A REVOLTA................121

3.1　Historiografia recente da Revolta da Vacina: rebeldes, mas não insanos................121
3.1.1　O exemplo privilegiado da Revolta da Vacina: os dilemas da modernização do Rio de Janeiro no início do século XX................123
3.1.2　A reforma sanitária de Oswaldo Cruz, a resistência do povo e a reação do governo................127
3.2　(Re)Contar a história constitucional: entre o passado e o presente do constitucionalismo brasileiro................133
3.2.1　Por uma política da justa memória do constitucionalismo brasileiro................136
3.2.1.1　Eternidade e permanência do ato de fundação e do projeto constituinte................137
3.2.1.2　Memória e esquecimento das lutas por direitos no Brasil................147
3.2.2　Um possível significado da Revolta da Vacina para a história do constitucionalismo brasileiro................159

CAPÍTULO 4
A DIGNIDADE DA REVOLTA: CONTRA TODA POLÍTICA DE HIGIENIZAÇÃO................165

4.1　Em guerra contra a peste: limites e possibilidades da intervenção do Estado na vida privada no estado de emergência na saúde pública................165
4.1.1　Ações de governo no estado de emergência na saúde pública e limites dos direitos fundamentais................166

4.1.2	Estratégia epidemiológica na gestão de problemas sociais orientada pelos impactos que eles trazem à saúde pública	180
4.2	Em defesa da revolta: a ação diante do absurdo	184
4.2.1	O absurdo da política de higienização	185
4.2.2	Ação, revolta e responsabilidade	189

CONCLUSÃO 203

REFERÊNCIAS 209

PREFÁCIO

Fiquei muito feliz com o convite que me foi feito pelo Professor Doutor Rodrigo Francisco de Paula para prefaciar sua nova obra, *Estado de emergência na saúde pública*, fruto de seu Doutorado em Direito junto ao Programa de Pós-Graduação em Direito da Faculdade de Direito de Vitória.

Frente a situações que, no Brasil, procuram ser apresentadas cada vez mais pelo próprio poder público, como de emergência na saúde pública, em razão de epidemias que colocariam em grave risco a saúde da população, a exigir uma atuação mais *efetiva* por parte do Estado, a presente obra "se propõe, então, a analisar criticamente a legitimidade das ações de governo no estado de emergência na saúde pública, quando resultam na intervenção estatal na vida privada".

Para realizar tal objetivo, a presente obra busca inicialmente reconstruir argumentos pró (a própria garantia da saúde pública) e contra (os riscos de um "estado de emergência epidemiológica permanente", de medidas "excepcionais" de restrição à liberdade individual que, entretanto, passam a se perpetuar sob a justificativa das supostas chamadas "particularidades do constitucionalismo brasileiro, com uma grande parte da população vivendo sem acesso aos direitos mais básicos de cidadania") tais intervenções na vida privada, o que coloca a necessidade de uma reflexão jurídica – todavia, não descuidada de suas implicações políticas e sociais – acerca do tema.

Tal reconstrução de argumentos pró e contra é, claro, situada historicamente. E, nesse sentido, a presente obra busca recuperar partes da história constitucional do Brasil, procurando apresentar o que seria, numa linguagem que se remonta a Paul Ricoeur, "os fundamentos de uma *política da justa memória* do constitucionalismo brasileiro". E, para isso, recupera a chamada *Revolta da Vacina*, de 1904, analisando a atuação dos revoltosos "a partir de um possível exercício dos direitos previstos na Constituição de 1891".

Assim, segundo o autor, refletindo sobre as continuidades e descontinuidades entre o passado e o presente, "propõe-se identificar um marco regulatório para as ações de governo no estado de emergência na saúde pública, criticando-se a adoção de medidas de restrição forçada da liberdade individual concebidas exclusivamente no âmbito do discurso epidemiológico, discutindo-se seus limites e possibilidades, inclusive quanto ao risco de ser instaurado um estado de exceção em nome da saúde pública para além das formas previstas constitucionalmente (estado de defesa e estado de sítio), sustentando-se, por fim, a dignidade da revolta, como uma ação política diante do absurdo da política de higienização".

Para isso, a presente obra está dividida em introdução, quatro capítulos e conclusão. Na introdução, é situada a problemática acerca do tema em face de recentes ações governamentais de âmbito nacional, assim como de declarações da Organização Mundial da Saúde, para combate de epidemias, em meio, inclusive, a críticas quanto à eficácia das medidas tomadas. Assim, são apresentadas as hipóteses das quais parte a presente obra, ou seja, "as ações de governo, para enfrentar as situações de emergência na saúde pública, não podem ser concebidas exclusivamente no âmbito do discurso epidemiológico, sob pena de ser caracterizado um estado de exceção em nome da saúde pública como um paradigma de governo, o que coloca em risco o projeto constituinte de um Estado Democrático de Direito no Brasil, segundo os pressupostos de um constitucionalismo democrático", bem como os objetivos pretendidos e marcos teóricos com os quais se busca dialogar ao longo de todo o trabalho.

No capítulo 1, intitulado *O potencial de destruição das pestes e o problema do estado de emergência na saúde pública*, são apresentadas as justificações jurídico-dogmáticas que, em princípio, possibilitam medidas de restrição forçada da liberdade individual, em nome da defesa e proteção da saúde pública, a serem determinadas em atos do Poder Executivo.

Essas justificações jurídico-dogmáticas são criticadas no capítulo 2, intitulado *O risco do estado de exceção permanente: uma crítica a partir da Teoria da Constituição*, porque elas não levariam em consideração o risco de um estado de exceção em nome da saúde pública como um paradigma de governo, "cuja potencialidade é desnudada a partir da análise do discurso de prevenção e controle das pestes (discurso epidemiológico), constatando-se, ainda, a tendência de apropriação desse discurso na gestão de outros problemas sociais, quando é possível aferir algum impacto sobre a saúde pública (por exemplo, a violência)".

No capítulo 3, intitulado *Contar a Revolta da Vacina na história do constitucionalismo brasileiro: quando a invasão gerou a revolta*, é delineada uma proposta de o que seriam os "fundamentos de uma *política da justa memória*", com a finalidade de se buscar enfrentar "narrativas sobre a história do constitucionalismo brasileiro que vêm sendo contadas sob uma perspectiva de irremediável fracasso". Com isso, a presente obra procura inserir a *Revolta da Vacina* na história do constitucionalismo brasileiro, "apontando se e em que medida a atuação dos revoltosos pode ser relacionada com o exercício dos direitos previstos na Constituição de 1891".

Enfim, no capítulo 4, intitulado *A dignidade da revolta: contra toda política de higienização*, e na conclusão, propõe-se "um marco regulatório para as ações de governo no estado de emergência na saúde pública" que seja adequado ao sistema de direitos e à separação de poderes instituídos na Constituição de 1988, procurando-se criticar a adoção de medidas de restrição forçada da liberdade individual, que seriam concebidas exclusivamente no âmbito do discurso epidemiológico. E, nesse sentido, busca-se sustentar, ainda, a dignidade da revolta, inclusive sob a forma da desobediência civil, como uma ação política consistente para lidar com os "restos da política de higienização no Brasil".

A presente obra, portanto, fruto de pesquisa e de reflexão sérias, profundas e acuradas, procura debruçar-se sobre tema, ao mesmo tempo atual e constante, para o constitucionalismo, aquele acerca de quais seriam os limites, as possibilidades e as exigências de atuação legítima do exercício do poder político. Sobre o pano de fundo de uma sociedade (cada vez mais) complexa, será preciso, inclusive, lidar com o risco de, paradoxalmente, em face do próprio desafio permanente de se pretender garantir as condições materiais para o efetivo exercício dos direitos (numa perspectiva que, normativamente, deve certamente ultrapassar a velha concepção liberal clássica diante do caráter de socialidade de todo o direito), negar os próprios direitos que se pretende garantir, quando, por vezes e, quem sabe, mais e mais, o discurso da eficácia de medidas governamentais (as *razões de Estado* e *de Mercado* e mesmo um recurso ao pretenso argumento da excepcionalidade) torna-se autoritariamente fim em si mesmo.

Belo Horizonte, 4 de junho de 2017.

Marcelo Andrade Cattoni de Oliveira

Bolsista de Produtividade do CNPq (1D). Mestre e Doutor em Direito Constitucional (UFMG). Pós-Doutorado em Teoria do Direito (*Università degli Studi di Roma Tre*). Professor de Direito Constitucional do Departamento de Direito Público e Subcoordenador do Programa de Pós-Graduação em Direito da Faculdade de Direito da UFMG.

APRESENTAÇÃO

Este é um livro que aborda com extrema sensibilidade e profundidade o problema da (difícil) relação entre a crise da política e a violação de direitos humanos. Nesta obra, o leitor se deparará com um estudo rico e organizado a partir de diferentes áreas do conhecimento, como o direito, a filosofia, a ciência política, a sociologia e a literatura.

A origem deste livro, que tenho a felicidade de apresentar, remonta à tese de doutorado defendida por Rodrigo Francisco de Paula perante uma notável banca examinadora, composta pelos professores doutores Bethania Assy, João Maurício Adeodato, Marcelo Cattoni e Thiago F. de Carvalho, aprovada com louvor e distinção numa tarde de êxtase para a comunidade acadêmica brasileira. Nesta ocasião, alcançava Rodrigo o título maior que se pode almejar um pesquisador no universo acadêmico, e esta pesquisa, elaborada no transcurso de quatro anos de doutorado e aprovada nos moldes descritos acima, germinou a obra *Estado de emergência na saúde pública*, que já pode ser considerada imprescindível para a compreensão dos limites e possibilidades entre o "público e o privado", a atuação estatal e o fenômeno do estado de exceção na história do constitucionalismo brasileiro.

Para enfrentar esse complexo universo temático, esta obra de Rodrigo traz, numa metodologia rigorosa e bem-estruturada, uma crítica intensamente preocupada em conciliar uma sofisticada e multifacetada matriz teórica com a realidade brasileira, unindo a dogmática constitucional com a zetética no campo jurídico, buscando tratar de temas (sempre!) atuais e relevantes no Brasil e no mundo.

Nesse sentido, além de trabalhar com dados do passado e do presente e marcos legais em torno da "gestão da saúde pública" e "controle das *pestes* no Brasil", o autor inovou ao se apoiar numa teoria de base fundada em "três níveis", a saber: num primeiro nível, aparece uma "teoria discursiva do direito e da democracia, tomada como ponto de partida para se desenvolver a análise da legitimidade das ações de governo no estado de emergência na saúde pública, buscando-se, nessa teoria, conceitos operacionais para se compreender o funcionamento do sistema de direitos e da separação de poderes em tais situações, em um Estado Democrático de Direito". No segundo nível, há uma preocupação em se compreender e se delimitar "o risco de aparecimento de um estado de exceção no enfrentamento das situações de emergência na saúde pública". No terceiro nível da crítica, aparece a preocupação em se contextualizar a temática enfrentada, "tendo em vista as particularidades do caso brasileiro também consideradas na hipótese desta pesquisa, o que exige que seja efetivamente assumida a historicidade do direito e da democracia na análise crítica da justificação e da aplicação das normas constitucionais no Brasil".

Abrindo espaço neste último nível, perspicazmente, o autor lança mão das ideias de Reyes Mate para denunciar algumas falácias de um suposto universalismo propagado por uma visão eurocêntrica de mundo contada na "história dos vencedores", como tão bem denunciara Benjamin. Esse aporte, além de proteger o texto das "tradicionais críticas" à teoria habermasiana, também reforça a importância de uma devida contextualização do problema à luz de uma Teoria da Constituição adequada à realidade brasileira.

Como um edifício cuidadosamente arquitetado e construído, esta obra apresenta ao leitor, portanto, uma proposta de enfrentamento da gestão da crise da saúde pública, capaz de sugerir (ou não) um "estado de exceção permanente" no Brasil, sob uma consistente perspectiva de análise prático-teórica e teórico-prática, nos moldes sugeridos por uma "teoria crítica realmente crítica".

Para edificar a sua análise crítica do "desrespeito aos limites que devem existir entre o público e o privado", bem como do "poder de ingerência do Estado nas vidas (nuas)", o livro *Estado de emergência na saúde pública* traz consigo uma farta bibliografia nacional e estrangeira, com autores clássicos e contemporâneos, a começar por Habermas, passando por Foucault, Arendt, Agamben, entre muitos outros, conforme o leitor poderá conferir. E, neste percurso, todo o cuidado com o devido recorte epistemológico é levado em consideração para não se perder, em momento algum, o fio da meada (o fio condutor) proposto muito adequadamente logo na introdução do texto como um objetivo geral: "Analisar criticamente a legitimidade das ações de governo no estado de emergência na saúde pública quando resultam na intervenção estatal na vida privada, discutindo-se seus limites e possibilidades, segundo o sistema de direitos e da separação de poderes instituído na Constituição de 1988".

Em busca desse objetivo e com todo o arcabouço teórico brevemente mencionado acima, De Paula soube, dentro de seu alcance, magistralmente, explorar todas (sem exageros!) as potencialidades ofertadas pelo Programa de Pós-Graduação *Stricto Sensu* da FDV: dos diferentes professores e nos mais diversos eventos.

Na relação orientador-orientando, logo ampliada para uma relação entre pesquisadores amigos, Rodrigo conviveu comigo intensamente no Grupo de Estudos *Mitos e Profanações na Construção dos Direitos Fundamentais*; frequentou, sempre com "leituras em dia" e participações perspicazes, o nosso Grupo de Pesquisa CNPq Hermenêutica e Jurisdição; interagiu em vários encontros literários no nosso *Café, Direito e Literatura*, além, logicamente, de cursar a minha disciplina e as reuniões de orientação convencionais. Nesses variados lugares e nos muitos encontros, tivemos a oportunidade de conversar sobre matrizes teóricas, autores e acontecimentos históricos. Das várias descobertas, juntos, e da apresentação de novidades de um para o outro, pudemos construir uma relação de respeito acadêmico mútuo e de amizade para a vida. Dentro do nosso universo de diálogo e interação, tivemos a oportunidade de exercitar um trabalho de orientação totalmente livre e dialogado na construção de um olhar crítico sobre os direitos humanos, dentro de uma perspectiva "mágica", no sentido Waratiano, e "profanadora", no sentido de Agamben.

Albert Camus, em *O mito de Sísifo*, afirmara que "pensar é, antes de tudo, querer criar um mundo". Rodrigo ousou pensar, buscando criar, em seu texto, um mundo da dignidade humana.

A pesquisa materializada na tese defendida por Rodrigo, que o transformou em Doutor, também marcou profundamente a minha trajetória como educador. Orientar Rodrigo no doutorado foi um prazer, uma honra, uma alegria... apresentar este livro, idem! Parabéns pela sua obra, meu amigo!

Aos leitores, espero que desfrutem!

Vitória, inverno de 2017.

Nelson Camatta Moreira
Pós-Doutor em Direito (Universidad de Sevilla). Pós-Doutor em Direito (Unisinos/RS). Doutor em Direito (Unisinos/RS), com estágio de pesquisa anual na Universidade de Coimbra. Líder do grupo de pesquisa CNPq-FDV Teoria Crítica do Constitucionalismo. Professor do Programa de Pós-Graduação *Stricto Sensu* e da Graduação em Direito da FDV-ES. Membro Honorário e Vice-Presidente da Rede Brasileira Direito e Literatura. Advogado.

INTRODUÇÃO

No final do ano de 2015, duas situações relacionadas ao tema deste livro, porque revelam um estado de emergência na saúde pública, eclodiram no Brasil, quais sejam, o surto de microcefalia ocasionado pelo vírus da zika e o aumento do número de casos da gripe influenza, causada pelo vírus H1N1. E mais recentemente, no final do ano de 2016 e no início do ano de 2017, o país se vê às voltas com um surto de febre amarela, que pode vir a desencadear, também, um estado de emergência na saúde pública.

De fato, em novembro de 2015 eclodiu no Brasil um surto de microcefalia, que levou o governo a declarar, na forma do Decreto nº 7.616/11 (regulamentado pela Portaria do Ministério da Saúde nº 2.952/11), Emergência em Saúde Pública de Importância Nacional, por meio da Portaria do Ministério da Saúde nº 1.813, de 11 de novembro de 2015,[1] objetivando o emprego urgente de medidas de prevenção, controle e contenção de riscos, danos e agravos à saúde pública.

O assunto ganhou ampla visibilidade na mídia e despertou, mais uma vez, a preocupação com o modo de se erradicar o mosquito *Aedes aegypti* do Brasil devido à suspeita de que a microcefalia é ocasionada pela infecção das gestantes com zika, cujo vírus é transmitido pelo mosquito, que também é vetor da chikungunya e da dengue. Aliás, nesse pormenor, vale ressaltar que a dengue já atormenta o país há vários anos, com alta taxa de mortalidade da população, havendo ciclos epidêmicos frequentes.

Na verdade, impõe-se o combate ao mosquito por não existir, ainda, outra forma de se prevenir essas doenças transmitidas pelo

---

[1] Disponível em: <http://bvsms.saude.gov.br/bvs/saudelegis/gm/2015/prt1813_11_11_2015.html>.

Aedes aegypti, uma vez que não foram desenvolvidas vacinas para a imunização da população; tampouco há tratamento para a cura de tais doenças, senão o acompanhamento, com medicação, até que o ciclo infeccioso se encerre.

Assim, foi instalada, pelo Decreto nº 8.612, de 21 de dezembro de 2015, uma Sala Nacional de Coordenação e Controle para o enfretamento da dengue, da chikungunya e da zika com o objetivo de gerenciar e intensificar as ações de mobilização e combate ao mosquito.

Na sequência, em guerra declarada contra o mosquito, o governo, sob o mote de campanha *Um mosquito não pode vencer um país inteiro*,[2] convocou o Exército a participar das ações de controle sanitário em diversos Estados da federação.[3]

Em 29 de janeiro de 2016, foi editada a Medida Provisória nº 712, tratando de algumas medidas a serem tomadas no contexto da vigilância em saúde quando verificada situação de iminente perigo à saúde pública pela presença do mosquito *Aedes aegypti*: (i) realização de visitas a imóveis públicos e particulares para eliminação do mosquito e de seus criadouros em área identificada como potencial possuidora de focos transmissores; (ii) realização de campanhas educativas e de orientação à população; e (iii) o ingresso forçado em imóveis públicos e particulares, no caso de situação de abandono ou de ausência de pessoa que possa permitir o acesso de agente público, regularmente designado e identificado, quando se mostre essencial para a contenção das doenças.

Após quase cinco meses de tramitação no Congresso Nacional, a Medida Provisória nº 712/16 foi convertida na Lei nº 13.301, de 27 de junho de 2016, com algumas alterações significativas, agora prevendo: (i) instituição, em âmbito nacional, do dia de sábado como destinado a atividades de limpeza nos imóveis, com identificação e eliminação de focos de mosquitos vetores, com ampla mobilização da comunidade; (ii) realização de campanhas educativas e de orientação à população, em especial às mulheres em idade fértil e gestantes, divulgadas em todos os meios de comunicação, incluindo programas radiofônicos estatais; (iii) realização de visitas ampla e antecipadamente comunicadas a todos os imóveis públicos e particulares, ainda que com posse precária, para eliminação do mosquito e de seus criadouros, em áreas identificadas como potenciais possuidoras de focos de transmissão; (iv) ingresso

---

[2] Disponível em: <http://combateaedes.saude.gov.br/>.
[3] Disponível em: <http://www.eb.mil.br/web/midia-impressa/exercito-brasileiro-contra-o-aedes-aegypti>.

forçado em imóveis públicos e particulares, no caso de situação de abandono, ausência ou recusa de pessoa que possa permitir o acesso de agente público, regularmente designado e identificado, quando se mostre essencial para a contenção das doenças.

Além disso, a Lei nº 13.301/16 instituiu o Programa Nacional de Apoio ao Combate às Doenças Transmitidas pelo Aedes (PRONAEDES), tendo como objetivo o financiamento de projetos de combate à proliferação do mosquito transmissor do vírus da dengue, do vírus chikungunya e do vírus da zika.

Do ponto de vista da assistência social, prevê-se, também, o pagamento de benefício de prestação continuada temporário (equivalente a um salário mínimo por mês, nos termos do art. 20 da Lei nº 8.742/93), pelo prazo máximo de três anos, na condição de pessoa com deficiência, para criança vítima de microcefalia em decorrência de sequelas neurológicas oriundas de doenças transmitidas pelo *Aedes aegypti*. O benefício deve ser concedido após a cessação do gozo do salário-maternidade originado pelo nascimento da criança vítima de microcefalia, dispondo-se, ainda, que a licença maternidade, nesses casos, é de 180 dias.

A Organização Mundial da Saúde, por sua vez, após declarar "emergência pública internacional" em 1º de fevereiro de 2016 por causa do surto de microcefalia em diversos países,[4] lançou uma estratégia global para orientar as respostas dos Estados-Membros frente à disseminação do vírus da zika e dos casos de malformações congênitas e síndromes neurológicas associadas ao vírus.

A estratégia, denominada *Quadro de Resposta Estratégico e Plano de Operações Conjuntas*, tem por objetivo mobilizar e coordenar parceiros, especialistas e recursos para aprimorar o monitoramento do vírus e dos distúrbios que podem estar a ele vinculados.[5]

Todos esses acontecimentos, que se sucederam após o aumento do número de recém-nascidos com microcefalia e acionaram os mecanismos governamentais para lidar com esse estado de emergência na saúde pública, podem ser enredados em torno do tema delimitado para esta pesquisa.

O mesmo pode ser dito em relação ao aumento do número de casos da gripe influenza em março 2016, igualmente bastante noticiado

---

[4] Disponível em: <http://who.int/mediacentre/news/statements/2016/1st-emergency-committee-zika/en/>.

[5] Disponível em: <https://nacoesunidas.org/oms-lanca-plano-global-de-combate-ao-zika-e-a-sindromes-associadas-ao-virus/>.

pela mídia, com uma procura desenfreada da população pela vacinação contra o vírus H1N1.

A vacina, no entanto, foi disponibilizada no Sistema Único de Saúde apenas para os grupos de risco que compõem o público-alvo da campanha (pessoas acima de 60 anos; grávidas a partir de 12 semanas; mães até 45 dias após o parto; crianças com idade entre 6 meses e 5 anos; portadores de doenças crônicas não transmissíveis; profissionais da saúde; população indígena; população carcerária).

A definição do público-alvo segue recomendação da Organização da Mundial da Saúde, sendo também respaldada por estudos epidemiológicos e pela observação do comportamento das infecções respiratórias, que têm como principal agente os vírus da gripe, com priorização dos grupos mais suscetíveis ao agravamento de doenças respiratórias.[6]

Houve a antecipação da campanha de vacinação e, mesmo assim, uma procura intensa pela vacina em clínicas privadas, principalmente pelas pessoas que não estão no público-alvo do sistema público de saúde. Com a escassez da vacina, em ambos os lugares, ocorreram tumulto, filas de espera e até mesmo suspeita de aumento abusivo dos preços em Vitória, conforme noticiado na imprensa local.[7]

É no mínimo curioso que, nos dias atuais, as pessoas estejam revoltadas *contra a falta da vacina* tanto na rede pública de saúde quanto nas clínicas privadas, em um cenário bem distinto daquele do Rio de Janeiro de 1904, quando a revolta era *contra a vacina*, vindo a desencadear a insurreição popular, que ficou conhecida historicamente como a Revolta da Vacina.

Seja como for, trata-se, a rigor, de oportunidades interessantíssimas de se colocar em discussão alguns dos pressupostos teóricos e práticos que orientaram a elaboração deste trabalho de pesquisa, cujo objetivo é, exatamente, analisar a legitimidade das ações de governo no estado de emergência na saúde pública quando resultam na intervenção estatal na vida privada.

Com efeito, a atuação do Estado para lidar com emergências que afetam a saúde pública pode trazer consigo a necessidade de ser tomada uma série de medidas que podem repercutir, muitas vezes,

---

[6] Disponível em: <http://portalsaude.saude.gov.br/index.php/cidadao/principal/agencia-saude/23773-campanha-de-vacinacao-contra-a-gripe-acaba-nesta-sexta-feira-20>.

[7] "Clínica particular de Santa Lúcia, em Vitória, vendeu 350 doses contra o vírus H1N1 pelo dobro do preço que vinha sendo cobrado e houve tumulto. Procon Estadual notificou o local e exigiu explicações" (BECALLI; PROSCHOLDT, 2016, p. 2).

diretamente na vida privada das pessoas: internação compulsória para realização de tratamento de saúde; vacinação obrigatória; ingresso forçado em imóveis particulares para fins de controle sanitário; isolamento de pessoas, grupos populacionais ou áreas; além de outras tantas providências que podem ser tomadas no interesse da prevenção, do controle ou da erradicação da doença.

Assim, considerando que as ações de governo, desde o advento do constitucionalismo, em um Estado de Direito, só podem se dar segundo os limites fixados pelo sistema de direitos e da separação de poderes instituído na Constituição, coloca-se em discussão, nessas situações, a possível instalação de um estado de exceção em nome da saúde pública, com a redução ou supressão de alguns direitos fundamentais, a tomada de decisões e a execução de ações de governo fora do quadro da separação de poderes, para se enfrentar uma situação de emergência grave e temporária.

Nem todas as medidas anotadas acima, no contexto das possibilidades de intervenção estatal na vida privada, estão sendo tomadas para o enfrentamento do estado de emergência instalado em decorrência das doenças transmitidas pelo *Aedes aegypti*.

Todavia, a questão relativa ao acesso forçado de agentes sanitários em imóveis fechados, abandonados ou com acesso não permitido pelo morador (agora disciplinada na Lei nº 13.301/16) tem sido uma das questões mais discutidas em matéria dos limites postos ao controle sanitário pelas liberdades individuais.

Realmente, desde a instituição do Programa Nacional de Controle da Dengue em 2002, estabeleceu-se uma discussão sobre esse problema, porque:

> (...) a eficiência no controle da dengue depende da redução dos focos do vetor que, por sua vez, depende das vistorias nas edificações para identificar os locais propícios para acumular água e servir de criadouros das larvas do vetor *Aedes aegypti* (...). As dificuldades de acesso aos focos do vetor nas edificações comprometem a identificação dos criadouros, representando um sério obstáculo para a eficiência das ações de controle. Criadouros não encontrados são desconhecidos para a população e podem ser a principal causa dos constantes índices elevados de infestação do vetor a despeito dos esforços de controle (WERMELINGER *et al.*, 2008, p. 152-153).

Essa discussão levou a Fundação Nacional de Saúde a patrocinar um evento, promovido pelo Centro de Pesquisas de Direito Sanitário da

Universidade de São Paulo, com participação de profissionais da área do direito e da saúde, para se discutir justamente qual seria o amparo legal para execução das ações de campo por parte das autoridades sanitárias.

Desse evento, resultou uma publicação organizada pela Secretaria de Vigilância em Saúde do Ministério da Saúde intitulada *Programa Nacional de Controle da Dengue: amparo legal à execução das ações de campo – imóveis fechados, abandonados ou com acesso não permitido pelo morador* (BRASIL, 2006).

A solução apresentada nessa publicação para o problema da dificuldade de ingresso em imóveis particulares pelas autoridades sanitárias foi a recomendação de que fosse editado um decreto municipal prevendo essa possibilidade, tendo sido proposta, inclusive, uma minuta a ser utilizada pelos municípios.

Mas a minuta sugerida para o decreto municipal não se restringiu à atuação no combate à epidemia da dengue, tampouco previu apenas o ingresso forçado em imóveis particulares, constituindo uma verdadeira disciplina sobre as ações voltadas ao controle de quaisquer doenças ou agravos à saúde com potencial de crescimento ou de disseminação que representem risco ou ameaça à saúde pública.

Dispôs-se, também, sobre a adoção de uma série de medidas de restrição forçada da liberdade individual, quais sejam: ingresso forçado em imóveis particulares; isolamento de indivíduos, grupos populacionais ou áreas; exigência de tratamento, inclusive através do uso da força, se necessário; entre outras medidas que puderem auxiliar na contenção de doenças ou agravos à saúde (BRASIL, 2006, p. 29-33).

Quer dizer, diante de emergências na saúde pública, a solução recomendada pelo Ministério da Saúde e endossada pela dogmática jurídica é que, por ato do Poder Executivo, sejam estabelecidas as medidas a serem adotadas pelo governo, muitas delas importando na restrição forçada da liberdade individual, sendo típicas dos estados de exceção previstos constitucionalmente (artigos 136 e 137 da Constituição de 1988), como se isso fosse algo natural e tranquilamente admitido pelo sistema de direitos e da separação de poderes instituído na Constituição de 1988, lido sob os pressupostos de um constitucionalismo democrático, no sentido de que a legitimidade do poder resulta do direito democraticamente estabelecido.

Ora, o aparecimento desse estado de exceção em nome da saúde pública, admitindo-se, por simples ato do Poder Executivo, a determinação de tantas medidas de restrição forçada da liberdade individual, algumas mais severas do que as medidas típicas dos estados de exceção previstos constitucionalmente, tudo em nome da proteção e defesa da saúde pública, realmente despertou o interesse em analisar criticamente a legitimidade das ações de governo nessas situações.

Para tanto, a hipótese levantada para o desenvolvimento desta pesquisa é que as ações de governo, para enfrentar as situações de emergência na saúde pública, não podem ser concebidas exclusivamente no âmbito do discurso epidemiológico, sob pena de ser caracterizado um estado de exceção em nome da saúde pública como um paradigma de governo, o que coloca em risco o projeto constituinte de um Estado Democrático de Direito no Brasil, segundo os pressupostos de um constitucionalismo democrático.

Essa hipótese considera que as ações de governo no estado de emergência na saúde pública, para serem legítimas, devem ser traduzidas em discursos de justificação e de aplicação do direito, os quais precisam ser inseridos coerentemente no sistema de direitos e da separação de poderes instituído na Constituição de 1988.

Considera, também, a necessidade de se reconstruir a normatividade constitucional segundo o projeto constituinte de um Estado Democrático de Direito na história do constitucionalismo brasileiro, o que repercute na maneira como se compreende a tensão entre facticidade e validade na análise crítica da justificação e da aplicação das normas constitucionais no Brasil.

Assim, como objetivo geral, a pesquisa intenta analisar criticamente a legitimidade das ações de governo no estado de emergência na saúde pública quando resultam na intervenção estatal na vida privada, discutindo-se seus limites e possibilidades, segundo o sistema de direitos e da separação de poderes instituído na Constituição de 1988. Daí, seguem-se os objetivos específicos, quais sejam:

(i) analisar o risco do aparecimento de um estado de exceção em nome da saúde pública como um paradigma de governo, no enfrentamento das situações de emergência na saúde pública;

(ii) considerar as particularidades do caso brasileiro para se pensar esse risco a partir da análise das próprias experiências que podem ser encontradas na história do constitucionalismo brasileiro, dentre as quais se destaca a Revolta da Vacina;

(iii) identificar, entre o passado e o presente do constitucionalismo brasileiro, um marco regulatório para as ações de governo no estado de emergência na saúde pública, segundo o sistema de direitos e da separação de poderes instituído na Constituição de 1988;

(iv) analisar as condições de possibilidade da revolta contra as ações de governo no estado de emergência na saúde pública, nos casos em que caracterizada a sua ilegitimidade.

Quanto ao marco teórico, é possível apresentá-lo em três níveis pelos quais se encaminha a análise crítica desenvolvida nesta pesquisa, os quais, longe de serem incomunicáveis entre si, se entrelaçam em diversas ocasiões ao longo de todo o trabalho.

No *primeiro nível* da crítica está Jürgen Habermas, com sua teoria discursiva do direito e da democracia, tomada como ponto de partida para se desenvolver a análise da legitimidade das ações de governo no estado de emergência na saúde pública, buscando-se, nessa teoria, conceitos operacionais para se compreender o funcionamento do sistema de direitos e da separação de poderes em tais situações, em um Estado Democrático de Direito.

Habermas situa sua teoria do discurso no âmbito do projeto inacabado da modernidade, que ele se propõe a aperfeiçoar mediante uma reconstrução da autocompreensão prático-moral da modernidade em seu conjunto. Com isso, ele procura apresentar a legitimação do Estado Democrático de Direito à luz de uma razão comunicativa, traduzida nos discursos de justificação e de aplicação do direito, segundo uma ideia de política completamente secularizada, a qual sustenta as bases de uma democracia radical e anima as comunidades políticas concretas que pretendem se organizar em torno de um projeto de associação de cidadãos politicamente autônomos (HABERMAS, 1988, p. 59-61).

No *segundo nível* da crítica estão Giorgio Agamben, Michel Foucault e Hannah Arendt para lidar com o risco de aparecimento de um estado de exceção no enfrentamento das situações de emergência na saúde pública.

É necessário abrir esse segundo nível da crítica porque fica difícil operar com os conceitos da teoria discursiva de Habermas naquelas situações em que a exceção se torna a regra de governo, que Agamben denomina de estado de exceção permanente, como um paradigma de governo (AGAMBEN, 2004, p. 13).

Com efeito, o estado de exceção permanente refuta o princípio de comunicação obrigatória, tornando inoperante a linguagem como instrumento de comunicação, de que é exemplo radical Auschwitz (AGAMBEN, 2008, p. 71-72), e remete à origem do político, reivindicando um lugar para a política como instância mediadora que se coloca entre violência e direito.

Se a hipótese levantada para o desenvolvimento da pesquisa considera o risco de aparecimento de um estado de exceção em nome da saúde pública como um paradigma de governo, considerar esse risco apenas em termos de uma ética discursiva – que pressupõe, portanto, a comunicação, na raiz de uma razão comunicativa – levaria a uma análise não tão crítica quanto a que se pretende fazer.

Assim, com Foucault, faz-se a análise do discurso epidemiológico para se descobrir a relação que se estabelece entre o saber epidemiológico e o poder soberano, com o objetivo de examinar se, de fato, surge daí a potencialidade de um estado de exceção, sob o paradigma da biopolítica, para, depois, com Arendt e Agamben, analisar-se criticamente o problema da (falta de) legitimidade do estado de exceção, tornado um paradigma de governo.

No *terceiro nível* da crítica estão Marcelo Andrade Cattoni de Oliveira, Nelson Camatta Moreira e Reyes Mate, tendo em vista as particularidades do caso brasileiro também consideradas na hipótese desta pesquisa, o que exige que seja efetivamente assumida a historicidade do direito e da democracia na análise crítica da justificação e da aplicação das normas constitucionais no Brasil.

Assim, com Cattoni e Moreira, adota-se um estatuto científico para a Teoria da Constituição, que considera seriamente a necessidade de se abrir uma crítica em relação ao direito constitucional, para se refletir sobre as questões constitucionais através de um diálogo com teorias políticas e sociais no intuito de melhor se traduzir a facticidade sobre a qual se estabelece a validade das normas constitucionais no Brasil.

É necessário abrir esse terceiro nível da crítica porque, embora a teoria discursiva de Habermas esteja calcada na tensão entre facticidade e validade, o que permite considerar, na atribuição de sentido ao direito e à democracia, as experiências próprias da comunidade política concreta que pretende se organizar em torno de um projeto de associação de cidadãos politicamente autônomos, o projeto da modernidade, em que se insere tal teoria, foi (e é) concebido no ambiente de particularidade da universalidade eurocêntrica, como assevera Reyes Mate, cuja validade para além deste centro precisa ser também criticada, sobretudo no que diz respeito à historicidade do direito e da democracia em contextos particulares.

A representação figurada do marco teórico nesses três níveis tem o intuito de assentar de modo mais claro a maneira como se organiza a análise crítica aqui empreendida, que tem, como teoria de base, a teoria discursiva de Habermas, mas revisada criticamente a partir de outros supostos teóricos no interesse dos objetivos da pesquisa.

Para além desses três níveis da crítica, é importante mencionar, ainda na apresentação do marco teórico, a presença de Arendt em outros dois momentos: primeiro, na compreensão das bases para a construção de uma história do constitucionalismo, ao lado de Paul Ricœur, com sua política de justa memória, e de João Maurício Adeodato, com sua retórica como metódica para o estudo do direito; segundo, no diálogo estabelecido com Albert Camus sobre a revolta em termos de ação política, mediada pela leitura que Bethânia Assy faz do pensamento arendtiano, ao estabelecer os contornos de uma ética da responsabilidade.

No mais, no que diz respeito à estratégia de abordagem do problema de pesquisa, no primeiro capítulo são apresentados os fundamentos considerados pela dogmática jurídica para admitir que sejam determinadas, em ato do Poder Executivo, medidas de restrição forçada da liberdade individual em nome da defesa e proteção da saúde pública.

Essa perspectiva é criticada no segundo capítulo por não levar em consideração o risco de aparecimento de um estado de exceção em nome da saúde pública como um paradigma de governo, cuja potencialidade é desnudada a partir da análise do discurso de prevenção e controle das pestes (discurso epidemiológico), constatando-se, ainda, a tendência de apropriação desse discurso na gestão de outros problemas sociais quando é possível aferir algum impacto sobre a saúde pública (por exemplo, a violência).

No terceiro capítulo, são apresentados os fundamentos de uma política da justa memória para se enfrentar as narrativas sobre a história do constitucionalismo brasileiro que vêm sendo contadas sob uma perspectiva de irremediável fracasso. Com isso, propõe-se inserir adequadamente a Revolta da Vacina na história do constitucionalismo brasileiro, apontando-se em que medida a autuação dos revoltosos pode ser relacionada com o exercício dos direitos previstos na Constituição de 1891.

Por fim, no quarto e último capítulo, aponta-se um marco regulatório para as ações de governo no estado de emergência na saúde pública, segundo o sistema de direitos e da separação de poderes instituído na Constituição de 1988, criticando-se a adoção de medidas de restrição forçada da liberdade individual concebidas exclusivamente no âmbito do discurso epidemiológico. Sustenta-se, ainda, a dignidade da revolta, inclusive sob a forma de desobediência civil, como uma ação política consistente para lidar com os restos da política de higienização no Brasil.

Antes de se encerrar esta introdução, três últimos esclarecimentos ainda se fazem necessários. Ao longo do texto, há sempre uma breve descrição acerca do tema a ser discorrido no início de cada item dos capítulos, como forma de se orientar a leitura, a fim de melhor situar o leitor sobre os pontos que serão abordados; pretende-se, com isso, facilitar as conexões de sentido que são necessárias para o desenvolvimento dos argumentos no decorrer da exposição.

Além disso, as traduções das obras estrangeiras citadas foram feitas diretamente ao longo do texto, mas sempre transcrevendo, em nota de rodapé, os originais consultados, indicando-se, ainda, nas referências as edições brasileiras quando existentes.

No mais, são citados vários atos normativos brasileiros que não estão mais em vigor, mas que podem ser facilmente encontrados no sítio oficial da Presidência da República na internet (<http://www2.planalto.gov.br/acervo/legislacao>), onde se tem acesso a todo o material legislativo produzido na história do Brasil, assim também quanto a vários documentos oficiais consultados – inclusive citados nesta introdução –, que podem ser obtidos diretamente nos sítios oficiais das entidades públicas na internet, cujos endereços estão indicados em nota de rodapé.

CAPÍTULO 1

O POTENCIAL DE DESTRUIÇÃO DAS PESTES E O PROBLEMA DO ESTADO DE EMERGÊNCIA NA SAÚDE PÚBLICA

1.1 Vigilância epidemiológica e intervenção estatal na vida privada

A Constituição de 1988 adotou uma matriz de sistema de direitos sociais, econômicos e culturais inspirada no constitucionalismo democrático, segundo o marco estabelecido, na história do constitucionalismo, na Declaração Universal de Direitos Humanos, de 1948.

Quanto à defesa e proteção da saúde, houve o reconhecimento da saúde como um direito fundamental, que pode ser reivindicado individual e difusamente (artigo 6), e como um dever do Estado, cuja efetivação é estruturada em torno da saúde pública, organizada em sistema único de saúde (artigos 196 a 200).

No âmbito da saúde pública, há previsão, entre outras coisas, da execução de ações de vigilância sanitária e epidemiológica (artigo 200, inciso II) como providências fundamentais para a promoção, proteção e recuperação da saúde, que são disciplinadas na Lei nº 8.080/90, que instituiu o Sistema Único de Saúde.

Ainda nessa aproximação normativa e conceitual, tem-se que a vigilância sanitária "(...) é a forma mais complexa de existência da Saúde Pública, pois suas ações, de natureza eminentemente preventiva, perpassam todas as práticas médico-sanitárias: promoção, proteção, recuperação e reabilitação da saúde" (COSTA; ROZENFELD, 2000, p. 15).

Sua definição legal encontra-se no artigo 6º, §1º, da Lei nº 8.080/90 como um conjunto de ações capazes de eliminar, diminuir ou prevenir riscos à saúde e de intervir nos problemas sanitários decorrentes do meio ambiente, da produção e circulação de bens e da prestação de serviços de interesse da saúde.

A vigilância epidemiológica, por sua vez, insere-se nesse contexto mais amplo da vigilância sanitária, tendo por fundamento a epidemiologia, cujo interesse é atuar sobre a manifestação das doenças na população humana, com objetivo de prevenção e controle, e não nos indivíduos (quem se ocupa deles é a clínica médica, em suas diversas especialidades), aproximando-se de outras disciplinas que também ostentam caráter coletivo (por exemplo, demografia) (PALMEIRA, 2000, p. 137-138).

No artigo 6º, §2º, da Lei nº 8.080/90, é definida como um conjunto de ações que proporcionam o conhecimento, a detecção ou prevenção de qualquer mudança nos fatores determinantes e condicionantes de saúde individual ou coletiva, com a finalidade de recomendar e adotar as medidas de prevenção e controle das doenças ou agravos.

Vale ressaltar que o artigo 2º da Lei nº 6.259/75 já dispunha que a ação de vigilância epidemiológica compreende as informações, investigações e levantamentos necessários à programação e à avaliação das medidas de controle de doenças e de situações de agravos à saúde. Tal lei instituiu o Programa Nacional de Imunizações, disciplinando as vacinações, inclusive as de caráter obrigatório, bem como a notificação compulsória de doenças.

A finalidade da vigilância epidemiológica, portanto, é a recomendação e a adoção de medidas de prevenção e controle de doenças, constituindo, assim, "(...) um instrumento indispensável à elaboração, ao acompanhamento e à avaliação de programas de saúde" (PALMEIRA, 2000, p. 177), assumindo um papel relevantíssimo diante de um quadro de emergência na saúde pública.

Uma das questões centrais de que se ocupa a epidemiologia e que servirá de mote para as considerações feitas aqui é a seguinte: "(...) que medidas devem ser tomadas a fim de prevenir e controlar a doença? Como devem ser conduzidas?" (PALMEIRA, 2000, p. 137).

Ora, para se prevenir e controlar a peste no estado de emergência na saúde pública, torna-se indispensável, muitas vezes, o acesso à vida privada das pessoas, resultando no problema dos limites dos direitos individuais, naquela dimensão de proteção dos indivíduos contra o Estado, que se baseia na limitação das ações de governo pelo respeito aos direitos fundamentais.

Daí a questão levantada quanto aos limites e possibilidades da intervenção estatal na vida privada das pessoas para lidar com os agravos que afetam a saúde pública e que têm um potencial de destruição em grande escala da população.

1.1.1 Origens e fundamentos da vigilância epidemiológica

Guido Palmeira anota que a preocupação com o controle das doenças e epidemias é bastante antiga, mas, na segunda metade do século XIX, com os avanços da microbiologia e das investigações acerca do contágio das doenças infecciosas, "(...) surgiu a ideia de vigilância, no sentido da observação sistemática dos contatos de doentes" (PALMEIRA, 2000, p. 177).

Esse estado de vigilância propiciou as grandes campanhas de erradicação de doenças infecciosas, com a identificação dos elos da cadeia de transmissão e a adoção de medidas de prevenção (por exemplo, vacinação) e controle da propagação de doenças (por exemplo, quarentena, isolamento etc.). Na segunda metade do século XX, a vigilância desviou seu foco das pessoas (contatos de doentes) para a doença, de maneira que:

> (...) consolidou-se, assim, a idéia de Vigilância Epidemiológica como observação ativa e sistemática da distribuição da ocorrência de agravos, a avaliação da situação epidemiológica com base na análise das informações obtidas, e a definição (e a difusão ampla) das medidas de prevenção e controle pertinentes (PALMEIRA, 2000, p. 177).

Para tanto, a vigilância epidemiológica recorre a métodos estatísticos, em uma rede complexa de investigação e monitoramento que forma um sistema de informações alicerçado em indicadores de saúde, com base nos quais são planejadas e executadas as ações de prevenção e controle.

Os estudos epidemiológicos que são utilizados na construção dos indicadores de saúde[8] para se apurar a frequência (prevalência e incidência) e a gravidade (patogenicidade e virulência) das doenças (PALMEIRA, 2000, p. 152-154) dependem do conhecimento e da análise

---

[8] A mensuração do estado de saúde de uma população se faz negativamente, através da frequência de eventos que expressam a "não-saúde": morte (mortalidade) e doença (morbidade) (PALMEIRA, 2000, p. 146).

de três fatores, quais sejam, *lugar, pessoa* e *tempo*: "(...) para conhecer a distribuição das doenças nas populações humanas é necessário considerar três questões básicas: 1) Onde a doença se manifesta? 2) Quem adoece? 3) Quando a doença ocorre?" (PALMEIRA, 2000, p. 170).

Tais questões são consideradas na avaliação da situação epidemiológica, segundo amostras probabilísticas coletadas a partir de critérios que procuram garantir a qualidade da medida, para se organizar a distribuição de frequência das doenças (PALMEIRA, 2000, p. 154-170).

Nas situações de emergência na saúde pública, as ações de vigilância epidemiológica tornam-se mais ativas e são executadas por meio de investigação epidemiológica, cujo objetivo final é:

> (...) interromper a progressão do agravo na população, através da descoberta de casos não-informados, da observação dos contatos, do tratamento precoce e do isolamento (quando indicado) de todos os casos, da proteção (imunização) dos susceptíveis, e das identificação e eliminação dos fatores envolvidos na origem e na propagação do agravo (PALMEIRA, 2000, p. 181).

As ações de vigilância, nesse cenário, são orientadas pela epidemiologia, que procura subsidiar cientificamente as ações de governo na prevenção e abordagem da doença como fenômeno coletivo (PALMEIRA, 2000, p. 182).

Do ponto de vista normativo, a vigilância epidemiológica no Brasil durante muito tempo esteve dispersa no âmbito da vigilância sanitária, cujas origens da regulamentação remontam ao início do século XIX, quando, com a chegada da Família Real, em 1808, "(...) intensificou-se o fluxo de embarcações e a circulação de passageiros e mercadorias", aumentando, assim, "(...) a necessidade de controle sanitário, para se evitarem as doenças epidêmicas e para se criarem condições de aceitação dos produtos brasileiros no mercado internacional" (COSTA; ROZENFELD, 2000, p. 23).

Em 1810, com o Regimento da Provedoria, mesmo com pouco alcance para além da sede de governo, "(...) estabeleceram-se normas para o controle sanitário dos portos, instituíram-se a quarentena e o Lazareto, para isolamento de moléstias contagiosas" (COSTA; ROZENFELD, 2000, p. 23).

Em 1832, com inspiração na medicina francesa da época, a Sociedade de Medicina e Cirurgia, criada em 1829, auxilia o Estado na elaboração do Código de Posturas, fixando normas de controle sanitário e para doenças contagiosas (COSTA; ROZENFELD, 2000, p. 24).

Um pouco mais adiante, no alvorecer da República, "(...) a persistência de graves problemas sanitários, principalmente representados pelas doenças epidêmicas, transformava o país em objeto de pressões internacionais" (COSTA; ROZENFELD, 2000, p. 25).

Surgem, nesse contexto, as operações de demolição de cortiços e a transformação estética das grandes cidades brasileiras da época, no bojo de um projeto de urbanização inspirado nas cidades europeias, sendo digna de nota a atuação de Oswaldo Cruz na Diretoria Geral de Saúde Pública, criada em 1897, que implantou um novo regulamento dos serviços sanitários da União (Decreto nº 5.156/04), além de ter liderado a campanha de vacinação obrigatória contra a varíola, que levou à Revolta da Vacina em 1904 no Rio de Janeiro (COSTA; ROZENFELD, 2000, p. 25).[9]

Em 1920, sob a batuta de Carlos Chagas, cria-se o Departamento Nacional de Saúde Pública, por meio do Decreto-Lei nº 3.987, estendendo as ações para o saneamento urbano e rural, prevendo a propaganda sanitária e o combate às endemias e epidemias rurais, que tiveram, mais uma vez, pouco alcance.

Mas, logo em seguida, em 1923, um projeto audacioso levou à criação de um novo regulamento sanitário federal, instituído pelo Decreto nº 16.300, contando 1.679 artigos, com a pretensão de esgotar toda a ordenação sanitária, vindo a ser incorporada, definitivamente, a expressão vigilância sanitária no regulamento (COSTA; ROZENFELD, 2000, p. 27).

A partir daí, "(...) se lhe foram sendo acrescentadas mudanças ao longo do desenvolvimento histórico da Saúde Pública e, em particular, da Vigilância Sanitária, em consonância com o processo econômico e social" (COSTA; ROZENFELD, 2000, p. 27-28), sendo editadas leis específicas para o controle de alimentos (Decreto-Lei nº 209/67), comércio de drogas, medicamentos, fármacos e correlatos (Lei nº 5.991/73), também para cosméticos, produtos de higiene, perfumes, saneantes domissanitários, embalagens e rotulagens (Lei nº 6.360/76), substâncias tóxicas e entorpecentes (Lei nº 6.437/77).

Após o advento da Constituição de 1988, a vigilância sanitária passou a ser disciplinada na Lei nº 9.782/99, que definiu o Sistema

---

[9] Esse assunto será retomado, em profundidade, no terceiro capítulo.

Nacional de Vigilância Sanitária e criou a Agência Nacional de Vigilância Sanitária.

Antes disso, a vigilância epidemiológica desvencilhou-se, por assim dizer, da regulamentação da vigilância sanitária com a Lei nº 6.259/75, que instituiu o Sistema Nacional de Vigilância Epidemiológica, dispondo sobre a vacinação, inclusive as de caráter obrigatório, no âmbito do Programa Nacional de Imunizações, e a notificação compulsória de doenças que podem implicar medidas de isolamento ou quarentena, de acordo com o Regulamento Sanitário Internacional, ou constantes de relação elaborada pelo Ministério da Saúde.

A notificação compulsória de doenças deflagra a investigação epidemiológica, devendo a autoridade executar inquéritos e levantamentos epidemiológicos junto a indivíduos e a grupos populacionais determinados, sempre que julgar oportuno, visando à proteção da saúde pública, incumbindo-lhe, ainda, adotar prontamente as medidas indicadas para o controle da doença, estando as pessoas, físicas ou jurídicas, obrigadas a atender tais medidas, sujeitando-se ao controle determinado pela autoridade sanitária (artigos 11 a 13 da Lei nº 6.259/75).

O Decreto nº 78.231/76 regulamenta a lei, mas não especifica em detalhes as ações de vigilância epidemiológica a serem tomadas nos casos de investigação epidemiológica, dispondo apenas no seu artigo 24 que a autoridade sanitária deverá mobilizar os recursos do Sistema Nacional de Vigilância Epidemiológica de modo a possibilitar, na forma regulamentar, as ações necessárias ao esclarecimento do diagnóstico, a investigação epidemiológica e adoção das medidas de controle adequadas.

O Sistema Único de Saúde, instituído pela Lei nº 8.080/90 sob a égide da Constituição de 1988, acolheu essa disciplina sobre a vigilância epidemiológica e, desde então, os programas de controle e erradicação de doenças contagiosas têm se orientado segundo esses parâmetros.

Em 2011, foi editado o Decreto nº 7.616 dispondo sobre a declaração de Emergência em Saúde Pública de Importância Nacional e instituindo a Força Nacional do Sistema Único de Saúde para situações que demandem o emprego urgente de medidas de prevenção, controle e contenção de riscos, danos e agravos à saúde pública.

A declaração de emergência, por ato do Ministro da Saúde, pode se dar por motivos epidemiológicos (artigo 3º, inciso I), no caso de surtos ou epidemias que apresentem risco de disseminação nacional, sejam produzidos por agentes infecciosos inesperados, representem a reintrodução de doença erradicada, apresentem gravidade elevada ou extrapolem a capacidade de resposta da direção estadual do Sistema Único de Saúde (artigo 3º, §1º). As medidas a serem tomadas para a solução da emergência pública deverão vir discriminadas no ato que a declarar (artigo 10, inciso II).

O referido decreto foi regulamentado pela Portaria do Ministério da Saúde nº 2.952, de 14 de dezembro de 2011, no contexto do esforço do governo brasileiro em se adequar às normas internacionais constantes do Regulamento Sanitário Internacional 2005, acordado na 58ª Assembleia Geral da Organização Mundial da Saúde, em 23 de maio de 2005, aprovado no Brasil por meio do Decreto Legislativo nº 395, de 9 de julho de 2009.

Para o que interessa mais de perto a esta pesquisa, cabe menção, aqui, ao Programa Nacional de Controle da Dengue, instituído em 24 de julho de 2002, pelas discussões havidas sobre os limites e possibilidades da execução das ações de vigilância epidemiológica para se combater essa peste que, reintroduzida no país em 1976, "(...) não conseguiu ser controlada com os métodos tradicionalmente empregados no combate às doenças transmitidas por vetores, em nosso país e no continente" (BRASIL, 2002, p. 3).

O Programa Nacional de Controle da Dengue foi criado com o objetivo de articular a atuação dos poderes públicos, no âmbito do Sistema Único de Saúde, para o enfrentamento do problema e a redução do impacto da doença no país.

Na fundamentação do programa, destaca-se a necessidade apontada de serem alterados os modelos anteriores que vinham sendo adotados para o controle da dengue, enfatizando-se as seguintes mudanças: (i) elaboração de programas permanentes, uma vez que não existe qualquer evidência técnica de que a erradicação do mosquito seja possível a curto prazo; (ii) desenvolvimento de campanhas de informação e de mobilização das pessoas, de maneira a se criar uma maior responsabilização de cada família na manutenção de seu ambiente doméstico livre de potenciais criadouros do vetor; (iii) fortalecimento da vigilância epidemiológica e entomológica para ampliar a capacidade de predição e de detecção precoce de surtos da doença; (iv) melhoria da qualidade do trabalho de campo de combate ao vetor; (v) integração das ações de controle da dengue na atenção básica à saúde; (vi) utilização de instrumentos legais que facilitem o trabalho do poder público na eliminação de criadouros em imóveis comerciais, casas abandonadas etc.; (vii) atuação multisetorial por meio do fomento à destinação adequada de resíduos sólidos e utilização de recipientes seguros para armazenagem de água; e (viii) desenvolvimento de instrumentos mais eficazes de acompanhamento e supervisão das ações desenvolvidas pelo Ministério da Saúde, Estados e Municípios (BRASIL, 2002, p. 4).

A implantação do programa resultou ainda na publicação de uma orientação, organizada pela Secretaria de Vigilância em Saúde do Ministério da Saúde, contendo subsídios para o amparo legal da execução das ações de campo relacionadas à vigilância epidemiológica, dentre os quais se destaca a proposição de uma "(...) minuta de decreto municipal, especialmente concebida para os casos em que fosse necessário o ingresso forçado em imóveis fechados, abandonados ou com acesso não permitido pelo morador" (BRASIL, 2006, p. 7).

A minuta sugerida para o decreto municipal, todavia, não se restringe à atuação no combate à epidemia da dengue, tampouco trata apenas do ingresso forçado em imóveis para o seu monitoramento, mas constitui uma verdadeira disciplina, como se vê da sua ementa e do seu teor (BRASIL, 2006, p. 29-33), dos procedimentos a serem tomados para a adoção de medidas de vigilância sanitária e epidemiológica voltadas ao controle de quaisquer doenças ou agravos à saúde com potencial de crescimento ou de disseminação que representem risco ou ameaça à saúde pública, no que concerne a indivíduos, grupos populacionais e ambiente, consoante declinado já no seu artigo 1º.

Em seu artigo 2º, estão as medidas que, nesse contexto, podem ser efetivadas pelo Estado: (i) ingresso forçado em imóveis particulares; (ii) isolamento de indivíduos, grupos populacionais ou áreas; (iii) exigência de tratamento por parte de portadores de moléstias transmissíveis, inclusive através do uso da força, se necessário; e (iv) outras medidas que auxiliem, de qualquer forma, na contenção das doenças ou agravos à saúde identificados.

O artigo 3º prevê que tais providências devem ser adotadas pela autoridade competente municipal, no âmbito do Sistema Único de Saúde, devendo o ato conter: (i) a declaração de que determinada doença ou agravo à saúde atingiu níveis que caracterizem perigo público iminente e necessitem de medidas imediatas de vigilância sanitária e epidemiológica; (ii) os elementos fáticos que demonstrem a necessidade da adoção das medidas indicadas; (iii) as medidas a serem tomadas para a contenção das doenças ou agravos à saúde identificados; (iv) os indivíduos, grupos, áreas ou ambientes que estarão sujeitos às medidas sanitárias e epidemiológicas determinadas; (v) os fundamentos teóricos que justifiquem a escolha das medidas de vigilância sanitária e epidemiológica; (vi) o dia, os dias ou o período em que as medidas sanitárias e epidemiológicas estarão sendo adotadas; (vii) o tipo de ação que poderá ser realizada pelo agente público; (viii) as condições de realização da ação de vigilância sanitária e epidemiológica, com detalhamento sobre os procedimentos que deverão ser tomados pelo agente, desde o início até o término da ação.

Já o artigo 4º esclarece que a recusa no atendimento das determinações sanitárias estabelecidas pela autoridade do Sistema Único de Saúde constitui crime de desobediência e infração sanitária, que deve ser apurada segundo os procedimentos estabelecidos na Lei nº 6.437/77, sem prejuízo da possibilidade da execução forçada da determinação.

A questão relativa ao ingresso forçado em domicílios particulares para a investigação epidemiológica vem disciplinada no artigo 5º, sendo admitida nos casos de recusa do morador ou de impossibilidade do ingresso por motivos de abandono ou ausência de pessoas que possam abrir a porta. O artigo 6º, por fim, estabelece que todos os procedimentos previstos no decreto se aplicam nas demais medidas que envolvam a restrição forçada da liberdade individual.

Todas essas ações de vigilância epidemiológica crescem em intensidade de acordo com o momento ou estágio de incidência da peste, segundo um intervalo de tempo limitado, mas de extensão variável, que é dividido pela epidemiologia em três períodos: (i) *progressão*, quando há aumento crescente da incidência; (ii) *incidência máxima*, quando se atinge o pico da contaminação; (iii) *regressão*, com fixação de uma nova faixa endêmica, próxima ou não da incidência original, como consequência da evolução do quadro epidemiológico que levou ao seu aumento, seja pela diminuição progressiva do número de susceptíveis, seja pelo esgotamento dos que foram expostos a riscos acidentais, seja ainda pela superação das condições que favoreceram a propagação da doença, tanto pelas ações de vigilância e controle (cuja persistência tem a pretensão de reduzir a incidência a níveis significativamente inferiores à faixa endêmica original) quanto pela consequência de processos naturais (PALMEIRA, 2000, p. 176).

A questão que interessa aqui, porém, é destacar como se estabelece normativamente a disciplina para as ações de vigilância epidemiológica. A regulação de tais ações estava sugerida apenas na minuta do decreto municipal cuja edição está recomendada no âmbito do Programa Nacional de Controle da Dengue; afinal, como já ressaltado, a Lei nº 6.259/75 prevê a investigação epidemiológica, mas não especifica em detalhes as ações de vigilância epidemiológica a serem tomadas. O mesmo ocorre com o Decreto nº 78.231/76 que regulamenta a lei, bem assim com o Decreto nº 7.616/11, que trata da declaração de Emergência em Saúde Pública de Importância Nacional.

Entretanto, o conjunto normativo da vigilância epidemiológica foi colocado recentemente em efetiva execução, com a declaração de Emergência em Saúde Pública de Importância Nacional por causa do surto de microcefalia, tendo como vetor o mosquito *Aedes aegypti*.

E a situação de emergência levou à edição da Medida Provisória nº 712/16, convertida na Lei nº 13.301/16, com instituição do dia de sábado como destinado a atividades de limpeza nos imóveis e previsão expressa de realização de visitas a imóveis públicos e particulares para eliminação do mosquito e de seus criadouros em áreas identificadas como potenciais possuidoras de focos transmissores, bem como de campanhas educativas e de orientação à população, além do ingresso forçado em imóveis públicos e particulares no caso de situação de abandono ou de ausência de pessoa que possa permitir o acesso de agente público, regularmente designado e identificado, quando se mostre essencial para a contenção das doenças (artigo 1º, §1º, incisos I, II, III e IV).

Da exposição de motivos da medida provisória, extrai-se que seu objetivo foi "desburocratizar" os procedimentos adotados para o ingresso forçado em imóveis a fim de trazer "segurança" e "eficiência" para a atuação dos agentes públicos, adotando-se a orientação então prevista naquela minuta de decreto municipal concebida no Programa Nacional de Controle da Dengue:

> 2. A medida proposta visa auxiliar entes federativos que não possuam legislação específica sobre o ingresso forçado em imóveis abandonados ou no caso da ausência de pessoa que possa permitir o acesso de agente público regularmente designado e identificado. Ademais, busca-se desburocratizar os procedimentos, garantindo-se atuação mais segura e eficiente das autoridades públicas e dos membros das forças armadas que estejam, temporariamente, nessas funções.
>
> 3. Observa-se, ainda, que a proposta foi vertida de acordo com o previsto no Programa Nacional de Controle da Dengue – Amparo Legal à Execução de Campo – Imóveis Fechados, Abandonados ou com acesso não permitido pelo morador, publicado em 2002 e 2006 pelo Ministério da Saúde.

A execução das ações de vigilância epidemiológica no Brasil, portanto, em casos de emergência, com o aparecimento de doenças ou agravos à saúde com potencial de crescimento ou de disseminação que representem risco ou ameaça à saúde pública, decorre do Programa Nacional de Imunizações com as vacinações, inclusive obrigatórias, e a notificação compulsória de doenças, que pode deflagrar a investigação epidemiológica.

Dependendo da gravidade da situação, há possibilidade de ser realizada a declaração de Emergência em Saúde Pública de Importância Nacional, com previsão expressa, agora, quanto à possibilidade de ingresso forçado em imóveis para fins de controle sanitário.

Para além disso, já existe a proposta de uma organização clara das ações de governo que podem e devem ser tomadas nessas situações de emergência em saúde pública, concebidas no âmbito do Programa Nacional de Controle da Dengue, com disciplina estabelecida para a adoção de medidas que envolvam a restrição forçada da liberdade individual, por meio de decreto a ser editado pelo Poder Executivo municipal.

1.1.2 Ações de vigilância epidemiológica e limites dos direitos individuais: o estado da arte da dogmática jurídica

Os níveis alarmantes de incidência da dengue no início dos anos 2000 no Brasil prenunciavam um elevado risco de epidemias e de aumento nos casos de febre hemorrágica da dengue, com efeitos devastadores sobre a população, por causa do alto índice de letalidade da doença nesse estágio.

Desde a volta da dengue para o país em 1976, os métodos tradicionalmente empregados no combate a doenças transmitidas por vetores não surtiram os resultados desejáveis. Mesmo a implantação do Programa de Erradicação do *Aedes aegypti* em 1996 pelo Ministério da Saúde revelou baixa eficácia no combate ao vetor da doença, o que levou a uma revisão da estratégia epidemiológica, resultando no Programa Nacional de Controle da Dengue (BRASIL, 2002, p. 3), como já apontado.

A instituição desse programa propiciou uma revisão significativa dos limites e das possibilidades de execução das ações de vigilância sanitária e epidemiológica quando do aparecimento de doenças ou agravos à saúde com potencial de crescimento ou de disseminação que representem risco ou ameaça à saúde pública.

Além disso, despertou também um debate sobre a proteção dos direitos fundamentais diante do controle sanitário, motivado, em grande medida, pela questão relativa às dificuldades de acesso a imóveis para a realização de investigação epidemiológica nos casos de recusa do morador ou de impossibilidade do ingresso por motivos de abandono ou ausência de pessoas que possam abrir a porta.

Por essa razão, a Fundação Nacional de Saúde patrocinou um evento, promovido pelo Centro de Pesquisas de Direito Sanitário da Universidade de São Paulo, com participação de profissionais da área do direito e da saúde, para se discutir justamente "(...) a polêmica questão jurídica derivada do conflito entre a proteção das liberdades e das garantias individuais e o controle sanitário" (BRASIL, 2006, p. 7).

As discussões travadas deram origem a um documento-síntese sobre liberdade individual e controle sanitário, que bem revela o estado da arte da dogmática jurídica sobre o assunto (BRASIL, 2006, p. 21-26).[10] Os fundamentos da discussão serão aqui livremente reproduzidos no interesse de se apresentar quais foram os pontos considerados para se chegar às conclusões condensadas no documento-síntese.

De início, não se pode perder de vista que o problema suscitado se circunscreveu, em um primeiro momento, ao exame da possibilidade de haver o ingresso forçado em imóveis particulares para execução das ações de prevenção e controle da dengue, mas o alcance da discussão se estendeu a tal ponto que se enfrentou a questão de fundo, isto é, as possibilidades de execução das ações de vigilância epidemiológica frente aos limites dos direitos individuais.

Para além da discussão sobre a intricada divisão de competências do Estado federal brasileiro em matéria de proteção e defesa da saúde (que não interessa para os limites e objetivos desta pesquisa), colocou-se em questão a proteção da privacidade das pessoas e a inviolabilidade do domicílio diante da requisição extraordinária de bens particulares pela Administração, em casos de iminente perigo público (artigo 5º, incisos X, XI e XXV, da Constituição de 1988), e da própria previsão em lei, no âmbito da vigilância sanitária e epidemiológica (cujo fundamento das ações se encontra no artigo 200, inciso II, da Constituição de 1988), que obriga a autoridade sanitária a adotar prontamente as medidas

---

[10] Subscreveram o documento: Ana Maria Figueiredo de Souza, Carlos Ari Sundfeld, Celso Fernandes Campilongo, Clovis Beznos, Dalmo de Abreu Dallari, Dyrceu Aguiar Dias Cintra, Eleno Coelho, Erik Frederico Gramstrup, Fabiano Geraldino Pimenta, Fernando Mussa Abujamra Aith, George Hermann Rodolfo Tormin, Giovanni Evelim Coelho, Jânio Mozart Correa, Jarbas Barbosa da Silva Júnior, Laurindo Dias Minhotto, Ligia Maria Cantarino da Costa, Luiza Cristina Fonseca Frischeisen, Luiz Roberto Barroso, Maria Sylvia Zanella Di Pietro, Mauro Blanco Bradolini, Mauro Ricardo Machado Costa, Monica Campos da Ré, Plauto Faraco de Azevedo, René Ariel Dotti, Ronaldo Porto Macedo, Sebastião Tojal, Sueli Gandolfi Dallari (coordenadora).

indicadas para o controle da doença no que concerne a indivíduos, grupos populacionais e ambiente, ficando as pessoas, físicas ou jurídicas, obrigadas a atender tais medidas e a se sujeitar ao controle determinado pela autoridade sanitária (artigos 12 e 13 da Lei nº 6.259/75).

Nesse contexto, prevaleceu o entendimento quanto à predominância do interesse público, em virtude da alegada relevância da proteção e defesa da saúde pública, sobre os direitos individuais (notadamente a privacidade e a inviolabilidade do domicílio) diante do iminente perigo público representado pelo risco de propagação da doença.

Debaixo dessa perspectiva, o Estado, fundado no poder de polícia, pode se valer das medidas que sejam necessárias para o combate da peste para atender ao interesse público. As medidas a serem tomadas devem ser escolhidas dentre aquelas que sejam necessárias para a consecução da finalidade de prevenção e controle da doença, ínsitas à vigilância sanitária e epidemiológica, segundo decisão motivada e ato do poder público que declare, formalmente, o estado de perigo público.

As garantias constitucionais do direito de propriedade e da inviolabilidade do domicílio, nesse contexto, cedem diante do estado de perigo público, seja porque há previsão expressa na Constituição admitindo, nessas situações, a requisição extraordinária de bens particulares pela Administração, seja porque há previsão em lei determinando que as pessoas devem se sujeitar às medidas indicadas para o controle da doença e determinadas pela autoridade sanitária, dentre as quais pode se revelar necessário o ingresso em imóveis para o monitoramento e/ou expurgo de focos de transmissão.

Nesse caso, a recusa do morador em permitir a entrada da autoridade sanitária pode até mesmo configurar flagrante delito de desobediência, ensejando o ingresso forçado no imóvel, nos limites autorizados pela própria garantia constitucional da inviolabilidade do domicílio.

Alternativamente, caso se entenda pela necessidade de prévia autorização judicial para o ingresso forçado nos imóveis pelas autoridades sanitárias, em atenção à garantia constitucional da inviolabilidade do domicílio, o requerimento judicial do poder público pode ser genérico, sem necessidade de individualização de cada imóvel cuja entrada forçada é pretendida, tampouco comprovação da recusa de cada morador, o que tornaria inviável a medida do ponto de vista prático, até porque o fundamento do pedido, afirma-se, não reside na situação individual de recusa do morador, mas, sim, no aspecto coletivo da necessidade de proteção e defesa da saúde pública, de tal sorte que a situação é bem diferente daquelas em que a autorização judicial individualizada se faz necessária para o cumprimento de alguma determinação relacionada ao morador (por exemplo, ordem de prisão, de busca e apreensão etc.), cujo controle deve ser feito pelo Poder Judiciário sob a ótica, efetivamente, da proteção individual.

Já no caso de imóveis abandonados ou desabitados, não há maiores dificuldades em se admitir o ingresso forçado pelas autoridades sanitárias, mesmo quando não caracterizado o estado de perigo público, porque não constituem domicílio, estando, desse modo, fora do alcance da proteção constitucional.

E sob o aspecto da proteção da propriedade, o proprietário de tais imóveis fica sujeito à intervenção das autoridades sanitárias, conforme previsto na lei, estando obrigado a admitir o ingresso de autoridade pública em imóvel de sua propriedade.

Enfim, o documento-síntese subscrito pelos profissionais da área do direito e da saúde que participaram do evento promovido pelo Centro de Pesquisas de Direito Sanitário da Universidade de São Paulo condensa as seguintes conclusões:

(i) toda medida sanitária que importe em redução dos direitos individuais deve ser devidamente fundamentada pela autoridade que a determinar;

(ii) sempre que a autoridade sanitária deparar-se com hipóteses excepcionais de doenças e agravos que ameacem a saúde pública, a autorização judicial para a execução dos atos de polícia pela Administração, previstos na lei e na Constituição, torna-se prescindível, uma vez que o bem saúde merece uma tutela excepcional quando está em risco a preservação da vida e da integridade física e mental de muitos seres humanos;

(iii) mostra-se necessária a edição de norma técnica, regulando especificamente a prevenção e o controle de doenças e agravos à saúde. Ela definirá os padrões de potencialidade de risco à saúde pública e graduará a ação de vigilância sanitária a ser adotada conforme a gravidade;

(iv) quando o risco à saúde não caracterizar perigo público, o ingresso forçado, sem autorização judicial, deverá ser feito apenas nos casos de imóveis abandonados ou desabitados, quando não se caracteriza o domicílio;

(v) quando a ameaça à saúde pública constituir situação de perigo público, declarada como tal pelo gestor responsável pela execução das ações, com base na norma técnica, o ingresso forçado mostra-se possível, desde que observados os procedimentos formais nela estabelecidos;

(vi) a situação de iminente perigo público será declarada pela autoridade sanitária mediante despacho motivado, precedido de procedimento administrativo com base em pareceres técnicos;

(vii) no caso do ingresso forçado em imóveis, havendo a opção de se recorrer ao Poder Judiciário para a obtenção de autorização, o requerimento poderá ser genérico, englobando a totalidade dos imóveis a vistoriar, já que a causa da medida é o combate generalizado a um risco à saúde pública, e não qualquer circunstância ligada a um imóvel em particular. Embora a solicitação do mandado judicial só se faça necessária nos casos de resistência física do indivíduo à ação estatal, não será preciso que a autoridade comprove previamente a resistência do morador, pois a causa do pedido não é a recusa, mas, sim, a necessidade de agir em favor da saúde pública.

Com a edição da Medida Provisória nº 712/16, convertida na Lei nº 13.301/16, a questão relativa ao acesso a imóveis para fins de controle sanitário ficou disciplinada normativamente, refletindo, em grande medida, a posição da dogmática jurídica, ao admitir a realização de visitas a imóveis públicos e particulares para eliminação do mosquito e de seus criadouros em área identificada como potencial possuidora de focos transmissores, bem como o ingresso forçado em imóveis públicos e particulares, no caso de situação de abandono ou de ausência de pessoa que possa permitir o acesso de agente público, regularmente designado e identificado, quando se mostre essencial para a contenção das doenças.

Contudo, em análise crítica dessas conclusões apresentadas, depreende-se que o estado de vigilância, combinado com o estado de perigo, em situações de emergência na saúde pública, pode acabar por instaurar um estado de exceção ao sistema de direitos e da separação de poderes, em nome da proteção e da defesa da saúde pública, como consequência do potencial de destruição da peste.

Não se cogita aí do estado de exceção previsto constitucionalmente para os casos de grave perturbação da ordem ou da paz social ou de comoção grave de repercussão nacional, que pode ser deflagrado por causa de uma situação de emergência em saúde pública, com a decretação do estado de defesa ou de sítio pelo Presidente da República (artigos 136 e 137 da Constituição), mas, sim, da potencialidade de um estado de exceção em virtude da predominância do interesse público, pela relevância da proteção e defesa da saúde pública, sobre os direitos individuais, acionado soberanamente diante do iminente perigo público representado pelo risco de propagação da doença.

Mas para se proceder a uma análise crítica desse estado de emergência na saúde pública, que pode resultar na instauração de um estado de exceção, é necessário, antes, realçar a ocorrência da peste como um fenômeno jurídico-político, destacando-se os traços que marcam o modo como as ações de governo devem ser tomadas para prover saúde pública, em contrapartida da efetivação do direito fundamental à saúde.

1.2 A peste como fenômeno jurídico-político[11]

Peste, no sentido etimológico, é uma doença grave e contagiosa que se manifesta por um surto, isto é, sua origem está na ocorrência de dois ou mais casos da doença, relacionados entre si por terem uma causa em comum, em um encadeamento epidemiológico (ARAÚJO, 1967, p. 327).

Dependendo do modo como o surto eclode, a peste pode se caracterizar como uma epidemia, uma endemia ou uma pandemia. Nos termos da literatura médica, a epidemia ocorre pela incidência de um grande número de casos de uma doença para além do que se esperava para as mesmas circunstâncias anteriormente previstas, ultrapassando os valores do limiar epidêmico preestabelecido. Já a endemia ocorre pela incidência constante de casos de uma doença atingindo um determinado povo, país ou região de maneira relativamente constante, embora com possíveis variações sazonais ou ciclos de maior incidência. Quanto à pandemia, é uma epidemia de grande alcance, atingindo vários países ou mesmo mais de um continente (REZENDE, 1998, p. 153-154).

Assim, a peste, sendo uma ameaça veloz que coloca em risco a saúde e/ou a própria vida das pessoas, seja qual for a amplitude do surto que lhe deu impulso, é um fenômeno que transita entre o direito e a política. Afinal, o direito à saúde e o direito à vida constituem, já há algum tempo, direitos fundamentais, impondo-se ao Estado o dever de

---

[11] Este título é inspirado no instigante artigo de Deisy Ventura, no qual, a partir de outros supostos teóricos e mais interessada nos aspectos econômicos da multiplicação geométrica da desigualdade entre os povos do mundo, no ambiente dos efeitos nefastos de uma pandemia em um cenário de globalização econômica, pretendeu fazer "(...) um estudo embrionário da peste como fenômeno jurídico-político" (VENTURA, 2009, p. 162).

efetivá-los eficazmente por meio de ações de governo preordenadas à proteção da integridade física e da existência das pessoas.

Bem por isso, para se lidar com a peste, nessa perspectiva, é necessário articular os aspectos jurídicos e políticos desse fenômeno, que envolvem as tomadas de decisões reveladas nas ações de governo tanto para propiciar o tratamento e a cura das pessoas quanto para conter a propagação da doença.

Nesse contexto, o aspecto jurídico não diz respeito apenas à fundamentalidade do direito à saúde e do direito à vida das pessoas, mas, também, aos limites jurídicos estabelecidos pela Constituição ao exercício do poder, sobretudo pelas restrições, hauridas de outros direitos fundamentais, que interditam o livre acesso do Estado à vida privada das pessoas.

No mesmo passo, o aspecto político também não se revela apenas nas decisões a serem tomadas no estado de emergência na saúde pública, em casos de epidemias, endemias e pandemias, sob um enfoque orientado pela técnica científica, no sentido de quais ações de governo devem ser adotadas para o combate eficaz da peste, mas, também, no próprio modo como se manifestam as escolhas políticas que subsidiarão essas ações de governo.

Portanto, a ocorrência da peste, se analisada como fenômeno jurídico-político, pode colocar o Estado diante de um verdadeiro paradoxo: de um lado, exigem-se dele a tomada de decisões e a execução de ações para debelar, o quanto antes, a peste a fim de se preservar a saúde e a vida das pessoas; de outro lado, as tomadas de decisão por parte do Estado e suas ações, desde o advento do constitucionalismo, só podem se dar segundo os limites fixados pela Constituição e a partir de escolhas políticas democráticas, o que pode dificultar ou mesmo frustrar o combate da peste.

É precisamente esse paradoxo que se quer destacar aqui, enquadrando-se a peste sob um duplo enfoque, isto é, como um fenômeno jurídico-político, cujos aspectos, muito embora possam ser analiticamente demarcados e estudados em separado, estão de tal maneira entrelaçados entre si que se constituem reciprocamente.

1.2.1 Saúde como um direito fundamental e saúde pública como um dever do Estado

A dogmática jurídica, ao situar as ações de vigilância epidemiológica frente aos limites dos direitos individuais, em situações de emergência na saúde pública, dá ênfase à predominância do interesse público, diante do iminente perigo público representado pelo risco de propagação da doença.

Por detrás dessa compreensão, subjaz, evidentemente, um sentido tanto para os direitos individuais quanto para a saúde pública como um dever do Estado, que serão analisados criticamente ao longo deste trabalho.

De início, pode-se dizer que a saúde como um direito fundamental e a saúde pública como um dever do Estado surgem, na história do constitucionalismo, no que se convencionou chamar de "Estado do bem-estar social" (*Welfare State*) ou, simplesmente, "Estado Social" quando foram reconhecidos e incorporados nas constituições os direitos sociais, econômicos e culturais, impondo-se ao Estado o dever de promover ações de governo preordenadas à efetivação de tais direitos, tendo por objetivo o alcance do bem-estar social, econômico e cultural do povo.

Observe-se aí o surgimento da noção de saúde pública diante da preocupação com a saúde das pessoas não do ponto de vista individual, mas como medida de proteção médica e sanitária do trabalhador, exposto aos riscos decorrentes de uma sociedade organizada em torno da industrialização. Tanto que a Constituição alemã, que inaugurou a República de Weimar, em 1919, e serviu de modelo para outros textos constitucionais, foi explícita em seu artigo 161 ao preceituar que o sistema de proteção social por ela estruturado teria por objetivo a manutenção da saúde e da capacidade para o trabalho, a proteção da maternidade e a prevenção para as consequências da idade, da fraqueza e as vicissitudes da vida.[12]

No Brasil, sob a órbita dessa tradição do constitucionalismo, adotou-se a mesma orientação. A Constituição de 1934, que primeiramente se inspirou no modelo de Estado Social, no sentido de reconhecer direitos sociais, econômicos e culturais, ao disciplinar a ordem econômica e social, no seu Título IV, determinou no artigo 121, §1º, *h*, dentre as medidas para a proteção social do trabalhador e da gestante, a assistência médica e sanitária.

As constituições subsequentes reproduziram a mesma orientação (artigo 137, *l*, da Constituição de 1937; artigo 157, inciso XIV, da

---

[12] *Article 161. For the maintenance of health and capacity to work, for the protection of maternity, and for provision against the economic consequences of age, infirmity, and the vicissitudes of life, the Reich shall organize a comprehensive system of insurance, in which the insured persons shall cooperate to a considerable extent* (Disponível em: <http://avalon.law.yale.edu/imt/2050-ps.asp>).

Constituição de 1946; artigo 158, inciso XV, da Constituição de 1967; artigo 165, inciso XV, da "Emenda Constitucional" nº 1 de 1969).

Assim como a Constituição de Weimar, a Constituição brasileira de 1934 (e as que lhe sucederam até o advento da Constituição de 1988) cuidou de estabelecer normas de proteção social e econômica do trabalhador.

Já a partir da Declaração Universal de Direitos Humanos, de 1948,[13] a própria maneira de serem declarados os direitos sociais, econômicos e culturais se altera, pois eles passam a ser reconhecidos, também, como direitos que podem ser invocados individual e difusamente.

Quer dizer, declara-se que toda pessoa tem direito à seguridade social, assegurando-se direitos econômicos, sociais e culturais indispensáveis à sua dignidade e ao livre desenvolvimento de sua personalidade (artigo 22),[14] ao trabalho (artigo 23, parágrafo 1),[15] à saúde e ao bem-estar (artigo 25, parágrafo 1),[16] à educação (artigo 26, parágrafo 1)[17] e à cultura (artigo 27, parágrafo 1),[18] o que é bem diferente de se declarar que o Estado promoverá a proteção social, econômica e cultural do trabalhador.

No Brasil, essa matriz de sistema de direitos foi acolhida pela Constituição de 1988, que também conferiu uma nova modelagem normativa para os direitos sociais, econômicos e culturais, os quais vieram declarados efetivamente como direitos fundamentais no artigo 6º, inserido no Capítulo II do Título I, que traz a declaração dos direitos e garantias fundamentais.

Além disso, no Capítulo II do Título VIII, que cuida da seguridade social, houve o reconhecimento expresso no artigo 196 que a saúde é

---

[13] Disponível em: <http://www.un.org/Overview/rights.html>.

[14] *Everyone, as a member of society, has the right to social security and is entitled to realization, through national effort and international co-operation and in accordance with the organization and resources of each State, of the economic, social and cultural rights indispensable for his dignity and the free development of his personality.*

[15] *Everyone has the right to work, to free choice of employment, to just and favorable conditions of work and to protection against unemployment.*

[16] *Everyone has the right to a standard of living adequate for the health and well-being of himself and of his family, including food, clothing, housing and medical care and necessary social services, and the right to security in the event of unemployment, sickness, disability, widowhood, old age or other lack of livelihood in circumstances beyond his control.*

[17] *Everyone has the right to education. Education shall be free, at least in the elementary and fundamental stages. Elementary education shall be compulsory. Technical and professional education shall be made generally available and higher education shall be equally accessible to all on the basis of merit.*

[18] *Everyone has the right freely to participate in the cultural life of the community, to enjoy the arts and to share in scientific advancement and its benefits.*

direito de todos e dever do Estado, garantido mediante políticas sociais e econômicas que visem à redução do risco de doença e de outros agravos e ao acesso universal e igualitário às ações e serviços para sua promoção, proteção e recuperação.

É nesse contexto normativo que a saúde como um direito fundamental e a saúde pública como um dever do Estado precisam ser compreendidas, mas à luz dos pressupostos constitutivos do Estado Democrático de Direito.

Efetivamente, não se pode compreender a saúde pública apenas como uma medida de proteção social oferecida pelo Estado, cujo interesse público está sempre nela pressuposto, como se todas as ações de governo daí decorrentes fossem uma expressão incontestável da efetivação do direito fundamental à saúde.

Impõe-se um tratamento constitucionalmente adequado para o assunto, segundo um constitucionalismo democrático, no sentido de que seja possível analisar criticamente as ações de governo que são tomadas para prover saúde pública, em contrapartida da efetivação do direito fundamental à saúde, a fim de se examinar sua legitimidade.

Para tanto, será adotada aqui, como teoria de base e ponto de partida, a teoria discursiva de Jürgen Habermas, que estabelece procedimentos e pressupostos comunicativos para uma formação discursiva da opinião e da vontade, tornando possível uma criação (e também uma interpretação e aplicação) legítima do direito. Sua proposta é efetuar "(...) a reconstrução de partes do direito natural racional clássico no quadro de uma teoria do direito apoiada numa teoria do discurso"[19] (HABERMAS, 1998, p. 58, tradução livre).

Tal reconstrução, à base de uma ideia de democracia radical (HABERMAS, 1998, p. 61), pretende fundamentar racionalmente o Estado Democrático de Direito como o projeto de uma associação de cidadãos politicamente autônomos (HABERMAS, 1998, p. 256), isto é, que "(...) só obedeçam às leis que eles mesmos se tenham dado conforme as convicções a que intersubjetivamente tenham chegado"[20] (HABERMAS, 1988, p. 532, tradução livre), o que constitui o núcleo dogmático em torno do qual gravitam seus esforços teóricos.

---

[19] (...) una reconstrucción de partes del derecho natural racional clásico en el marco de una teoría discursiva del derecho.

[20] (...) solo obedezcan a leyes que ellos mismos se hayan dado conforme a las convicciones a que intersubjetivamente hayan llegado.

Nessa perspectiva, o que constitui o nexo interno da democracia com o Estado de direito, estabelecendo o Estado Democrático de Direito, é a pressuposição recíproca entre autonomia pública e autonomia privada, caracterizada pela tensão entre soberania popular e direitos humanos, que revela uma das facetas da tensão entre a facticidade e a validade inerente ao direito, isto é, "(...) da tensão entre a positividade do direito e a legitimidade que esse direito reclama para si"[21] (HABERMAS, 1998, p. 160, tradução livre).

Para Habermas, a legitimação do Estado Democrático de Direito só se torna possível, no quadro da teoria do discurso, segundo o princípio fundamental de que "(...) válidas são as normas (e só aquelas normas) a que todos que vierem a ser afetados por elas puderem prestar seu consentimento como participantes em discursos racionais"[22] (HABERMAS, 1998, p. 172, tradução livre).

É esse princípio do discurso que informa o próprio princípio democrático, de maneira próxima do "(...) sentido de realização da prática de autodeterminação dos membros de uma comunidade jurídica que se reconhecem uns aos outros como membros livres e iguais de uma associação na qual entraram voluntariamente"[23] (HABERMAS, 1998, p. 175, tradução livre).

Cidadãos politicamente autônomos assumem, portanto, o compromisso de reger suas próprias vidas segundo uma coordenação de seus planos de ação, adotando uma postura de mútuo reconhecimento sobre as pretensões de validade de seus argumentos, onde "(...) só podem contar as razões que podem ser aceitas *em comum* pelas partes implicadas"[24] (HABERMAS, 1998, p. 185, tradução livre).

O funcionamento desse modelo pressupõe um sistema de direitos fundamentais que tem, em seu núcleo, o princípio democrático, concebido pela institucionalização jurídica do princípio do discurso (HABERMAS, 1998, p. 187), além de um modelo procedimental de formação racional da vontade política.

Esse sistema de direitos é pautado, inicialmente, em três categorias: (i) direitos fundamentais que asseguram o maior grau possível

---

[21] (...) *la tensión entre la positividad del derecho y la legitimidad que ese derecho reclama para sí.*
[22] (...) *válidas son aquellas normas (y sólo aquellas normas) a las que todos los que puedan verse afectados por ellas pudiesen prestar su asentimiento como participantes en discursos racionales.*
[23] (...) *sentido realizativo de la práctica de la autodeterminación de los miembros de una asociación de los miembros de una comunidad jurídica que se reconocen unos a otros como miembros libre e iguales de una asociación en que la han entrado voluntariamente.*
[24] (...) *sólo pueden contar las razones que puedan ser aceptadas en común por las partes implicadas.*

de iguais liberdades subjetivas de ação; (ii) direitos fundamentais que conferem o *status* de membro da comunidade jurídica, como uma associação voluntária de parceiros livres e iguais; (iii) direitos fundamentais que asseguram a proteção dos direitos mediante a reclamação judicial do seu cumprimento. Essas categorias ressaltam a condição dos sujeitos como participantes da comunidade jurídica no papel de *destinatários* do direito. Para se ressaltar a condição dos sujeitos como *autores* do direito, outra categoria se faz necessária: (iv) direitos fundamentais que asseguram a participação, com igualdade de oportunidades, nos processos de formação da opinião e da vontade, para o exercício da autonomia política, que propiciará a formação legítima do direito. Por fim, todas essas categorias de direitos fundamentais implicam, finalmente, no reconhecimento de (v) direitos fundamentais que asseguram condições de vida necessárias ao desfrute dos direitos fundamentais mencionados em todas as categorias anteriores (HABERMAS, 1998, p. 188-189).

Por outro lado, no que diz respeito ao modelo procedimental de formação racional da vontade política, nos processos de formação da opinião e da vontade concorrem não apenas questões morais, mas, também, questões ético-políticas e questões pragmáticas, que expressam uma autocompreensão de uma forma de vida historicamente situada e compartilhada intersubjetivamente.

Nesse modelo, procura-se articular um equilíbrio entre os diversos interesses de grupo que competem entre si naquela luta de posições para fazer uso do poder administrativo (a competição estratégica em torno do poder político), no interesse de serem escolhidos os fins a serem coletivamente perseguidos pela comunidade concreta, sem que o direito, contudo, simplesmente se esgote na política, sob pena de sua legitimidade ser assimilada a uma eticidade concreta, previamente dada, e não construída discursivamente (HABERMAS, 1998, p. 219-220).

O princípio do discurso, cuja institucionalização jurídica se traduz no princípio democrático, é que permite explicar esse modo de formação de uma vontade política racional, em que são consideradas, na produção discursiva das normas jurídicas, as *questões pragmáticas* (a construção e a seleção das estratégias de ação), as *questões ético-políticas* (a autocompreensão da própria identidade político-cultural da comunidade concreta, em vista da qual serão perseguidos certos fins coletivos) e as *questões morais*, pautadas no princípio da universalização, que "(...) obriga aos participantes no discurso a averiguar, recorrendo a casos particulares *previsivelmente típicos*, se as normas em questão poderiam encontrar o consentimento refletido de todos os afetados"[25] (HABERMAS, 1998, p. 230, tradução livre).

Ao lado desse princípio da universalização, que orienta as discussões sobre as questões morais, comparecem as negociações reguladas por procedimentos, que são o único modo, nas sociedades complexas, de serem decididas, racionalmente, as questões pragmáticas e as questões ético-políticas para o estabelecimento de compromissos, compondo, assim, um modelo procedimental de formação racional da vontade política (HABERMAS, 1998, p. 233-236).

Trata-se de conceber "(...) uma organização do poder público que força o poder político, constituído conforme o direito, a se legitimar pelo direito legitimamente estabelecido"[26] (HABERMAS, 1998, p. 237, tradução livre), o que revela "(...) o paradoxo surgimento da legitimidade a partir da legalidade"[27] (HABERMAS, 1998, p. 148, tradução livre).

Esse modelo procedimental de formação de uma vontade política racional incorpora também a separação dos poderes segundo uma nova leitura, realizada na teoria do discurso que "(...) somente se explica porque a separação funcional assegura a primazia da legislação democrática e a vinculação do poder administrativo ao poder comunicativo"[28] (HABERMAS, 1998, p. 256, tradução livre), afinal, "(...) no Estado democrático de direito a legislação política é considerada a função central"[29] (HABERMAS, 1998, p. 265, tradução livre).

Habermas propõe que a separação entre Legislativo, Executivo e Judiciário se dê no nível da *argumentação* de que as autoridades podem se servir, lançando mão de classes de razões diferentes entre si para exercer as suas respectivas funções (HABERMAS, 1998, p. 260-261).

Enquanto o Legislativo tem a seu dispor um acesso ilimitado a argumentos normativos e pragmáticos na elaboração das leis, desde que o faça no bojo de um procedimento democrático, o Judiciário tem de se contentar em tomar decisões valendo-se apenas de argumentos que

---

[25] (...) *obliga a los participantes en el discurso a averiguar, recurriendo a casos particulares* previsiblemente típicos, si las normas en cuestión podrían encontrar el asentimiento meditado de todos los afectados.

[26] (...) *una organización del poder público que fuerce a su vez la dominación política articulada en forma de derecho a legitimarse recurriendo al derecho legítimamente establecido.*

[27] (...) *el paradójico surgimiento de la legitimidad a partir de la legalidad.*

[28] (...) *sólo se explica porque la separación funcional asegura a la vez la primacía de la legislación democrática y la vinculación del poder administrativo al poder comunicativo.*

[29] (...) *en el Estado democrático de derecho la legislación política se considera la función central.*

possam ser extraídos das próprias normas jurídicas, em um discurso de aplicação que ofereça uma resposta consistente e preserve a coerência do sistema jurídico em que se insere. Já o Executivo não pode se valer livremente dos mesmos argumentos já considerados pelo Legislativo, cabendo-lhe somente decidir as estratégias de ação e selecionar as tecnologias para cumprir os fins estabelecidos nas leis (HABERMAS, 1998, p. 261-262).

Assim, as ações de governo que são tomadas para prover saúde pública, em contrapartida da efetivação do direito fundamental à saúde, decorrem de escolhas políticas que precisam ser inseridas coerentemente no sistema de direitos e justificadas argumentativamente segundo a separação de poderes.

Tais ações de governo estão sempre sujeitas à verificação de sua legitimidade, que não pode ser simplesmente pressuposta, pois tais decisões devem ser compreendidas à luz dos fundamentos, ou pressupostos constitutivos, do Estado Democrático de Direito, dentre os quais a necessidade de se legitimarem discursivamente a partir do direito democraticamente estabelecido.

Colocada a questão nesses termos, indaga-se: em que medida seria possível também compreender, à luz de tal teoria, as ações de vigilância epidemiológica frente aos limites dos direitos individuais em situações de emergência na saúde pública? Nessas situações, como funciona ou deve funcionar o sistema de direitos e da separação de poderes nas escolhas políticas que precisam ser feitas?

1.2.2 Legitimidade das ações de governo no estado de emergência na saúde pública

A bem da verdade, para se enfrentar uma situação de emergência grave e temporária, as constituições muitas vezes preveem poderes extraordinários ao governo, restringindo o funcionamento do sistema de direitos e da separação de poderes em um estado de exceção que admite tanto a redução ou supressão de alguns direitos fundamentais quanto a tomada de decisões e a execução de ações de governo fora do quadro da separação de poderes.

A já mencionada Constituição de Weimar previa, em seu famoso artigo 48, que o presidente poderia, em casos de perturbação grave da segurança pública e da ordem, tomar as medidas necessárias para restaurá-las, intervindo com a ajuda das forças armadas, sendo possível suspender temporariamente, total ou parcialmente, os direitos fundamentais, com o dever de informar sem demora o Parlamento.[30]

Não custa recordar que esse dispositivo sustentou a implantação do regime nacional-socialista alemão do III Reich, exatamente por admitir ao presidente a condição de legislador extraordinário *ratione necessitatis* (SCHMITT, 2004, p. 67-83), de maneira que ele passou a governar manipulando, a seu bel-prazer, o conceito de perturbação grave da segurança pública e da ordem para justificar as medidas de restrição forçada da liberdade individual então adotadas no interesse do regime totalitário nazista, caracterizando uma verdadeira ditadura constitucional.[31]

A Constituição Mexicana de 1917, ainda em vigor, foi mais explícita sobre o assunto no que diz respeito às emergências em saúde pública, dispondo em seu artigo 73, inciso XVI, 2ª, que, no caso de epidemias de caráter grave ou do perigo de invasão de enfermidades exóticas no país, podem ser adotadas imediatamente medidas preventivas pela Secretaria de Saúde, a serem depois sancionadas pelo presidente.[32]

No Brasil, a Constituição de 1988, em seu artigo 136, também estabelece a possibilidade de ser decretado estado de defesa quando a ordem pública ou a paz social estiverem ameaçadas por grave e iminente instabilidade institucional ou atingidas por calamidades de grandes proporções na natureza, prevendo restrição de alguns direitos fundamentais, devendo o Presidente da República submeter o ato, com

---

[30] Article 48. *If a Land fails to fulfill the duties incumbent upon it according to the Constitution or the laws of the Reich, the Reich President can force it to do so with the help of the armed forces.*
The Reich President may, if the public safety and order in the German Reich are considerably disturbed or endangered, take such measures as are necessary to restore public safety and order.
If necessary he may intervene with the help of the armed forces. For this purpose he may temporarily suspend, either partially or wholly, the Fundamental Rights established in Articles 114, 115, 117, 118, 123, 124 and 153.
The Reich President shall inform the Reichstag without delay of all measures taken under Paragraph 1 or Paragraph 2 of this Article. On demand by the Reichstag the measures shall be repealed.
In case of imminent danger, the government of any Land may take preliminary measures of the nature described in Paragraph 2 for its own territory. The measures are to be revoked upon the demand of the Reich President or the Reichstag.
Details will be regulated by a Reich law (Disponível em: <http://avalon.law.yale.edu/imt/2050-ps.asp>).

[31] Esse assunto será retomado no segundo capítulo, especialmente no item 2.2.

[32] (...) *En caso de epidemias de carácter grave o peligro de invasión de enfermedades exóticas en el país, la Secretaría de Salud tendrá obligación de dictar inmediatamente las medidas preventivas indispensables, a reserva de ser después sancionadas por el Presidente de la República* (...) (Disponível em: <http://www.oas.org/juridico/mla/sp/mex/sp_mex-int-text-const.pdf>).

a respectiva justificação, ao Congresso Nacional, no prazo de vinte e quatro horas.

E nos casos de comoção grave de repercussão nacional ou de ocorrência de fatos que comprovem a ineficácia de medida tomada durante o estado de defesa, bem assim quando há guerra declarada ou resposta à agressão armada estrangeira, o artigo 137 da Constituição de 1988 prevê a possibilidade de decretação do estado de sítio, com restrição ainda maior de direitos fundamentais, devendo o Presidente da República, para tanto, solicitar previamente autorização do Congresso Nacional.

Mesmo nessas situações em que são admitidos poderes extraordinários ao governo, quando o sistema de direitos e da separação de poderes não opera normalmente, o caráter político das escolhas feitas para lidar com emergências na saúde pública, se encarado sob o enfoque do constitucionalismo democrático, deve permanecer intacto, sem que se degenere em violência, devendo buscar legitimidade em uma produção discursiva das ações de governo.

Aqui, há necessidade de se levar a ideia de democracia radical, que anima o Estado Democrático de Direito, às últimas consequências para se denunciar qualquer tentativa de se acionar soberanamente um estado de exceção sem que os requisitos exigidos para tanto sejam discursivamente construídos nos processos de formação da opinião e da vontade política.

Embora essa premissa seja importantíssima – e será melhor desenvolvida no último capítulo –, exige-se, todavia, mais do que isso no enfrentamento do problema formulado para esta pesquisa; afinal, a questão não está apenas no acionamento do estado de exceção por causa de uma situação de emergência em saúde pública.

Efetivamente, a questão passa também pelo fato de que a dogmática jurídica, ao tratar das ações de vigilância epidemiológica frente aos limites dos direitos individuais, em situações de emergência na saúde pública, propõe que, por ato do Poder Executivo, sejam estabelecidas as medidas a serem adotadas pelo governo, muitas delas importando na restrição forçada da liberdade individual, algumas até mais severas do que as medidas típicas dos estados de exceção previstos constitucionalmente.

Ora, trata-se aí de um estado de exceção ao sistema de direitos e da separação de poderes, em nome da proteção e da defesa da saúde pública, acionado soberanamente diante do iminente perigo público representado pelo risco de propagação da doença e como consequência do potencial de destruição da peste.

Tal afirmação se respalda segundo a perspectiva de predominância do interesse público, pela relevância da proteção e defesa da saúde pública, sobre os direitos individuais, que justificaria a adoção de medidas de redução ou supressão de alguns direitos fundamentais por meio da tomada de decisões e da execução de ações de governo fora do quadro da separação de poderes.

Para além dessa situação, que pode ensejar um estado de exceção permanente – quando a exceção se torna a regra de governo na democracia –, há também de se destacar, na análise da legitimidade das ações de governo no estado de emergência na saúde pública, que não podem ser perdidas de vista as particularidades do "caso brasileiro", considerando os impactos ainda mais desastrosos das emergências na saúde pública em países como o Brasil, onde a desigualdade socioeconômica é elevadíssima, com uma grande parte da população vivendo sem acesso aos direitos mais básicos de cidadania e, por isso mesmo, alijada dos processos de formação da opinião e da vontade política.

Então, a teoria discursiva de Habermas encontra aí alguns limites, pois não é possível simplesmente adotar, a partir dela, os pressupostos do constitucionalismo democrático para se discutir os limites e possibilidades das ações de governo no estado de emergência na saúde pública no Brasil, se não se considerar, em sua aplicação, (i) o risco do aparecimento de um estado de exceção em nome da saúde pública como um paradigma de governo, bem como (ii) as particularidades do caso brasileiro, com a necessidade de se reconstruir a normatividade constitucional segundo o projeto constituinte de um Estado Democrático de Direito na história do constitucionalismo brasileiro, o que repercute na maneira como se compreende a tensão entre facticidade e validade na análise crítica da justificação e da aplicação das normas constitucionais no Brasil.

Por essa razão, no próximo capítulo será analisada a configuração desse estado de exceção que emerge do discurso de prevenção e controle da peste, com os riscos daí decorrentes, bem como realizada uma revisão crítica da tensão entre facticidade e validade na história do constitucionalismo brasileiro para se adequar a teoria discursiva de Habermas ao caso brasileiro.

Já as particularidades do caso brasileiro, para se pensar o risco do estado de exceção permanente e o déficit de cidadania que marca a história do constitucionalismo brasileiro a partir das próprias experiências que podem ser encontradas na história constitucional do Brasil, inclusive com a construção do significado da Revolta da Vacina para essa história, serão objeto do terceiro capítulo.

CAPÍTULO 2

O RISCO DO ESTADO DE EXCEÇÃO PERMANENTE: UMA CRÍTICA A PARTIR DA TEORIA DA CONSTITUIÇÃO

2.1 Epidemia: a potência de um estado de exceção e a fragilidade de um conceito

A análise feita no capítulo anterior sobre as ações de governo no estado de emergência na saúde pública, especialmente quanto às possibilidades de execução das ações de vigilância epidemiológica frente aos limites dos direitos individuais, demonstra a possibilidade de aparecimento de um quadro de estado de exceção não declarado, resultado da combinação de um estado de vigilância (prevenção e controle da peste) com um estado de perigo (risco ou ameaça à saúde pública), como consequência dos agravos à saúde com potencial de crescimento ou de disseminação que exigem medidas para proteção e defesa da saúde pública.

Há dois problemas que precisam ser aí desvelados: de um lado, o potencial aparecimento de um estado de exceção diante de um estado de emergência na saúde pública a partir da manutenção da necessidade de vigilância e de combate ao perigo representado pela peste; de outro lado, a hipostasia do conceito de epidemia, cuja ordem do discurso pode encobrir uma estratégia de redução, ou mesmo de supressão, de direitos fundamentais.

Com efeito, a proteção e a defesa da saúde pública reclamam, muitas vezes, a adoção de medidas de prevenção e controle da peste que, dadas a necessidade e a urgência da situação, se pretende tomar fora do quadro de normalidade do sistema de direitos e da separação de poderes e são típicas dos estados de exceção previstos constitucionalmente.

Tal afirmação decorre da análise do discurso epidemiológico criado em torno da prevenção e do controle da peste, que revela a necessidade permanente de vigilância para afastar o perigo à saúde pública, orientando as ações de governo desde uma perspectiva potencialmente geradora de um estado de exceção, que combina o saber epidemiológico com o poder soberano.

Ademais, os problemas sociais que colocam em risco a vida e a saúde das pessoas, independentemente de terem origem em uma peste, no sentido etimológico, têm sido tratados nas ações de governo como verdadeiras epidemias, por afetarem, em alguma medida, a saúde pública. Ou seja, diante de um aumento expressivo do número de casos de morte ou de atendimentos na rede pública de saúde, procura-se identificar a(s) causa(s) desse problema, que passa, a partir daí, a ser enfrentado como uma epidemia.

Fala-se, atualmente, em epidemia do uso abusivo de álcool e de entorpecentes, epidemia dos acidentes causados por embriaguez ao volante, epidemia dos suicídios, enfim. E para se enfrentar tais problemas, busca-se o amparo da vigilância epidemiológica e de todas as ferramentas de que ela dispõe, com a execução de ações orientadas à prevenção e ao controle de tais "pestes".

Essa situação apresenta-se como uma estratégia epidemiológica de gestão de problemas sociais, orientada pelos impactos que eles trazem à saúde pública, demonstrando, a um só tempo, tanto a fraqueza do conceito de epidemia, desenraizado de seu sentido etimológico, quanto a potencialidade de um estado de exceção como um paradigma de governo, desnudado pela análise do discurso epidemiológico.

2.1.1 Análise do discurso epidemiológico: a potencialidade de um estado de exceção e o paradigma da biopolítica

Em que medida o discurso epidemiológico, formado por práticas discursivas engendradas em torno da epidemiologia, revela a potencialidade de um estado de exceção?

Essa análise crítica do discurso epidemiológico será feita aqui com Michel Foucault, cujas ideias, do ponto de vista epistemológico, geralmente são divididas em dois grandes ciclos, o da arqueologia do saber e o da genealogia do poder, embora não exista, no conjunto de sua obra, um método arqueológico e outro genealógico: ambos os modos de pensar se comunicam e mantêm uma relação de evidente interdependência, porque, como fez questão de esclarecer o próprio Foucault, "entre o empreendimento crítico e o empreendimento genealógico, a diferença não é tanto de objeto ou de domínio, mas, sim, de ponto de ataque, de perspectiva e de delimitação"[33] (FOUCAULT, 1971, p. 68-69, tradução livre). A rigor, trata-se do "(...) exercício de uma arqueologia do saber pelo projeto de uma genealogia do poder" (MACHADO, 1979, p. VII).

Primeiramente, Foucault sistematizou sua preocupação com as regularidades discursivas a partir das unidades do discurso e das formações discursivas, apoiando-se no modo de investigação arqueológico.

Assim como a arqueologia se desenvolve sobre a análise dos arquivos (discursos efetivamente pronunciados, presentes em documentos literários e não literários de uma época), tomados como monumentos a serem analisados e não simplesmente interpretados, a investigação praticada por Foucault assemelha-se ao trabalho do arqueólogo.

O discurso, nesse contexto, é "(...) um conjunto de enunciados, na medida em que se apoiem na mesma formação discursiva"[34] (FOUCAULT, 1969, p. 153, tradução livre), decorrente das práticas discursivas que articulam a formação dos objetos, das modalidades enunciativas, dos conceitos e das estratégias. Daí ser possível afirmar que os discursos são produtos de práticas discursivas, entendidas como:

> (...) um conjunto de regras anônimas, históricas, sempre determinadas no tempo e no espaço, que definiram em uma dada época e para uma determinada área social, econômica, geográfica ou linguística, as condições de exercício da função enunciativa[35] (FOUCAULT, 1969, p. 153-154, tradução livre).

Assim, "(...) a determinação do discurso consiste em: 1) descobrir qual a 'ordem do discurso' em uma época; 2) descrever as transformações dos tipos de discurso; 3) interrogar-se sobre as condições

---

[33] *Entre l'entreprise critique et l'entreprise généalogique la différence n'est pas tellement d'objet ou de domaine, mais de point d'attaque, de perspective et de délimitation.*

[34] *(...) un ensemble d'énoncés en tant qui'ils relèvent de la même formation discursive.*

[35] *(...) un ensemble de règles anonymes, historiques, toujours déterminés dans le temps et l'espace qui ont défini à une époque donnée, et pour un aire sociale, économique, géographique ou linguistique donnée, les conditions d'exercise de la fonction énonciative.*

de emergência dos elementos discursivos" (THIRY-CHERQUES, 2010, p. 228).

Para proceder a uma análise crítica do discurso, Foucault destaca os enunciados que o conformam tanto como unidades de formação discursiva quanto em suas relações não discursivas, pautadas pelas condições sociais, econômicas, políticas, históricas e culturais de cada época. A análise enunciativa, portanto, não é uma hermenêutica, no sentido de buscar o que o enunciado quer significar, mas, sim, um descobrimento, que consiste em:

> 1) fixar o vocabulário que permite a um conjunto de signos estar em relação com um domínio de objetos; prescrever uma posição a qualquer sujeito possível, estar dotado de uma materialidade repetível; 2) definir as condições em que se realizou a função que deu à série de signos uma existência específica; 3) identificar os domínios não-discursivos (instituições, práticas, acontecimentos políticos, processos etc.); 4) definir formas específicas de articulação: o lugar em que os efeitos, as simbolizações, podem ser situados não como a prática, o não discursivo, determinou o discurso, mas como faz parte das suas condições de emergência, inserção e funcionamento; 5) afirmar em que domínio (conjunto de historicidades diversas) das práticas, das instituições, das relações sociais etc. pode articular-se uma formação discursiva (THIRY-CHERQUES, 2010, p. 232-233).

Enfim, "o que a arqueologia tenta descrever não é a ciência em sua estrutura específica, mas o domínio, bem diferente, do *saber*"[36] (FOUCAULT, 1969, p. 255, tradução livre). E ao deslocar o foco de suas investigações para a descrição do saber, Foucault não ignora, em nenhum momento, o domínio não discursivo, isto é, aquele extenso campo onde vicejam as condições de possibilidade estabelecidas para o aparecimento do discurso.

Aí está o âmbito em que se desenvolve a genealogia do poder, cuja visada se diferencia da arqueologia do saber, muito embora, como já ressaltado, ambos os modos de pensar se coloquem como dois conjuntos complementares.

O que se coloca em questão é a *regência* dos enunciados, a forma como estes se entrelaçam na constituição de proposições que se tornam aceitáveis cientificamente e se sujeitam à verificação por procedimentos

---

[36] *Ce que l'archéologie essaie de décrire, ce n'est pas la science dans sa structure spécifique, mais le domaine, bien différent, du savoir.*

científicos, como uma espécie de regime, ou política, do enunciado científico.

Nesse sentido, Foucault não desconsidera que a produção do discurso é sempre "(...) controlada, selecionada, organizada e redistribuída por certo número de procedimentos que têm por função conjurar seus poderes e perigos, dominar seu acontecimento aleatório, esquivar sua pesada e temível materialidade"[37] (FOUCAULT, 1971, p. 10-11, tradução livre). Há procedimentos de exclusão, procedimentos internos de controle e delimitação e procedimentos de rarefação na produção do discurso.

Algumas práticas discursivas são, portanto, interditadas pelas condições sociais, econômicas, políticas, históricas e culturais de cada época, impedindo o surgimento de certas formações discursivas, seja pelo tabu do objeto (*do que* não se pode falar), seja pelo ritual da circunstância (*de como* se pode falar), seja, ainda, pelo direito privilegiado ou exclusivo do sujeito que fala (*de quem* pode falar).

Forma-se, assim, uma grade complexa que limita e ao mesmo tempo possibilita as formações discursivas: "Sabe-se bem que não se tem o direito de dizer tudo, que não se pode falar de tudo em qualquer circunstância, que qualquer um, enfim, não pode falar de qualquer coisa"[38] (FOUCAULT, 1971, p. 11, tradução livre).

Eis a parte genealógica da análise do discurso, em que se pretende apreendê-lo no que condiz com seu poder de afirmação, ou seja, "(...) o poder de constituir domínios de objetos, a propósito dos quais se poderia afirmar ou negar proposições verdadeiras ou falsas"[39] (FOUCAULT, 1971, p. 71-72, tradução livre).

Em síntese comparativa sobre os modos de investigação de Foucault, tem-se que, "(...) na arqueologia, analisa-se o jogo de regras estabelecido entre as práticas discursivas de uma época", ao passo que "(...) na genealogia, como aqueles jogos atuam ao modo de legitimação para estratégias e táticas de poder presentes nas diferentes práticas sociais" (CANDIOTTO, 2006, p. 66).

---

[37] (...) *contrôlée, sélectionnée, organisée et redistribuée par un certain nombre de procédures qui ont pou rôle d'en conjurer les pouvoirs et les dangers, d'en maltriser l'événement aléatorie, d'en esquiver la lourde, la redoutable matérialité.*

[38] *On sait bien qu'on n'a pas le droit de tout dire, qu'on ne peut pas parler de tout dans n'importe quelle circonstance, que n'importe qui, enfin, ne peut pas parler de n'import quoi.*

[39] (...) *le pouvoir de constituer des domaines d'objets, à propos desquels on pourra affirmer ou nier des propositions vraies ou fausses.*

Daí a inegável relação entre poder e saber, de cujo entrelaçamento se extrai que "(...) não há relação de poder sem constituição de um campo de saber, como também, reciprocamente, todo saber constitui novas relações de poder. Todo ponto de exercício do poder é, ao mesmo tempo, um lugar de formação de saber" (MACHADO, 1979, p. XXI).

Nesse aspecto, ressalta-se o poder como uma estratégia política de dominação, alimentada pelo aparecimento dos saberes científicos engendrados a partir daí, vale dizer, do poder que, reciprocamente, alimenta esses mesmos saberes, indispensáveis para a manutenção e ampliação do referido projeto de dominação, numa certa relação de circularidade constitutiva.

Ou seja, Foucault ensina "(...) que já não é possível separar a verdade dos processos da sua produção, e que esses processos tanto são processos de saber como processos de poder" (EWALD, 2000, p. 21), o que estabelece uma relação reciprocamente constitutiva entre poder e saber: o exercício do poder que condiciona a produção do saber é retroalimentado pelas relações de poder surgidas da formação do saber. E a relação entre saber e poder se dá de modo paradigmático no campo da biopolítica, quando, a partir da segunda metade do século XVIII, opera-se uma transformação do poder soberano, que deixa de estar centrado no poder de fazer morrer ou de deixar viver (o direito de soberania sobre a vida e a morte dos indivíduos) para um "(...) poder de 'fazer' viver e 'deixar' morrer" (FOUCAULT, 2005, p. 287).

Foucault anota que, da tecnologia disciplinar do trabalho, como manifestação das técnicas de poder centradas nos corpos individuais, para lhes aumentar a força útil e torná-los, ao mesmo tempo, dóceis, urdidas nos séculos XVII e XVIII, surge uma nova técnica, regulamentar, que não suprime a disciplinar porque está em outro nível e se dirige à vida dos homens enquanto seres vivos.

Assim, "(...) depois de uma primeira tomada de poder sobre o corpo que se fez consoante o modo da individualização, temos uma segunda tomada de poder que, por sua vez, não é individualizante, mas que é massificante (...)", designada como "(...) uma 'biopolítica' da espécie humana" (FOUCAULT, 2005, p. 289).

E nessa transformação do poder soberano, o papel da medicina, como saber científico, será fundamental, passando a ter como função maior a higiene pública, isto é, a preocupação com o aprendizado da higiene por parte da população e a sua medicalização, além da atenção quanto à reprodução, à natalidade e à morbidade (FOUCAULT, 2005, p. 291). Em resumo, "(...) é disso tudo que a biopolítica vai extrair seu saber e definir o campo de intervenção de seu poder" (FOUCAULT, 2005, p. 292).

A biopolítica passa, então, a orientar a administração da vida (e da morte) da população, valendo-se de previsões, estimativas estatísticas, medições globais, com uma abordagem que se interessa pelo que esses fenômenos têm de geral, propondo mecanismos de prevenção e controle (FOUCAULT, 2005, p. 293).

Como se expôs anteriormente (vide item 1.1.1 *supra*), este é, exatamente, o campo de atuação da epidemiologia, que se desenvolve fortemente como saber científico a partir da segunda metade do século XIX e inspira as grandes campanhas de combate às doenças infecciosas e a adoção, pelo Estado, das medidas de prevenção e controle das doenças da população.

É nesse período que a gestão das cidades passa por uma disposição espacial pensada, organizada, como uma cidade-modelo, onde há uma articulação entre os mecanismos disciplinares dos corpos individuais com os mecanismos regulamentadores da população, com pretensão de normalização de comportamentos pela própria disposição espacial da cidade (FOUCAULT, 2005, p. 299).

Para Foucault, o racismo, embora não tenha sido inventado nesta época, assumirá uma função mais específica, inerente à tecnologia do poder, estando "(...) ligado ao funcionamento de um Estado que é obrigado a utilizar a raça, a eliminação das raças e a purificação da raça para exercer seu poder soberano" (FOUCAULT, 2005, p. 309).

A gestão da vida da população, desde o controle de sua natalidade, de sua morbidade e de sua mortalidade, revela, nesse sentido, o campo de atuação da biopolítica e alimenta tanto o desenvolvimento dos saberes científicos aí envolvidos quanto, por conseguinte, o poder que se exerce desde tal perspectiva.

O aprofundamento dessas questões levará Foucault a examinar a ideia de segurança na conformação do poder, ou seja, do estabelecimento de mecanismos de segurança erigidos sobre os mecanismos disciplinares, com técnicas de vigilância, de diagnóstico, que desenvolverão a biopolítica (FOUCAULT, 2008a, p. 11).

Tratando especificamente da questão epidemiológica, Foucault anota que o problema se coloca de maneira diferente em relação à varíola a partir do século XVIII, porque deixa de estar centrado na necessidade de imposição de uma disciplina, embora ela possa auxiliar nessa questão, ganhando relevo o controle da incidência da doença, mediante uma análise estatística de seus efeitos sobre a população, o que "(...) vai ser o problema das epidemias e das campanhas médicas por meio das quais se tentam jugular os fenômenos, tanto os epidêmicos quanto os endêmicos" (FOUCAULT, 2008a, p. 14).

Além disso, a própria ordenação dos espaços das cidades, com ruas largas o bastante, passa a ser orientada para assegurar a higiene pública e para o confinamento da circulação da população de modo a favorecer o exercício do biopoder (FOUCAULT, 2008a, p. 24).

Daí surgem, como novidade, as ideias de *caso* (com a individualização do fenômeno coletivo da doença), de *risco* (com a análise estatística da distribuição dos casos se identifica quem tem a maior probabilidade de ser contaminado com a doença), de *perigo* (com a determinação das situações que revelam o perigo de contaminação com a doença a partir do cálculo dos riscos) e de *crise* (com a identificação dos fenômenos de multiplicação, ou aceleração, da doença até que seja controlada efetivamente por mecanismo artificial ou natural) (FOUCAULT, 2008a, p. 79-81).

É nesse contexto que o poder soberano assume a forma de uma vigilância exaustiva dos indivíduos, fazendo funcionar de modo diferente a relação entre coletivo/indivíduo, que Foucault chama de governo das populações, como algo totalmente diferente no exercício da soberania (FOUCAULT, 2008a, p. 87). Isso porque a população deixa de ser percebida a partir da noção jurídico-política de sujeito para ser encarada como uma espécie de objeto técnico-político de uma gestão e de um governo (FOUCAULT, 2008a, p. 92), que é marcado, sobretudo, pela noção de vigilância e controle.

Depreende-se, assim, que, por detrás do discurso de higiene pública, está o interesse político de se prevenir e controlar as pestes desde uma perspectiva apresentada como científica, forjada no discurso epidemiológico, para suportar a administração soberana da vida da população e da ordenação dos espaços da cidade, no paradigma da biopolítica.

E a análise das unidades de formação discursiva do discurso epidemiológico revela uma inegável relação entre o saber epidemiológico, derivado do saber científico da medicina (mais especificamente da epidemiologia), e o poder soberano no estado de exceção, no sentido de que se pretende controlar e se decidir sobre a vida (e a morte) das pessoas em nome do interesse coletivo de proteção e defesa da saúde pública diante do potencial de destruição da peste.

Com efeito, o saber científico da epidemiologia construiu-se discursivamente a partir de unidades discursivas típicas da formação do discurso jurídico do poder soberano no estado de exceção, que podem ser deduzidas nas unidades discursivas *perigo* e *vigilância*.

Realmente, o discurso jurídico do poder soberano no estado de exceção combina um estado de perigo com um estado de vigilância (amalgamados em um estado de emergência), que tem por resultado ações de governo que afetam, com mais intensidade, os direitos fundamentais e afrouxam as amarras da separação de poderes, na medida da proteção considerada necessária pelo ato soberano.

Como já se ressaltou anteriormente, o estado de exceção caracteriza-se quando o sistema de direitos e da separação de poderes não opera normalmente, admitindo-se tanto a redução ou supressão de alguns direitos fundamentais quanto a tomada de decisões e a execução de ações de governo fora do quadro da separação de poderes para se enfrentar uma situação de emergência grave e temporária.

Do ponto de vista constitucional, no Brasil o estado de exceção é acionado soberanamente diante de um estado de emergência que é delineado por conceitos com acentuada abertura semântica (ameaça grave e iminente da instabilidade institucional; calamidades de grandes proporções da natureza; comoção grave de repercussão nacional), instaurando-se sob a forma de estado de defesa ou de sítio (artigos 136 e 137 da Constituição de 1988).

As dificuldades do controle democrático serão analisadas mais à frente, interessando, por ora, destacar que algumas medidas típicas dos estados de exceção previstos constitucionalmente são consideradas inerentes e, até certo ponto, naturais na prevenção e no controle da peste, sob o ponto de vista da epidemiologia, quando há potencial de crescimento ou de disseminação de agravos à saúde que representem risco ou ameaça à saúde pública.

A decretação de estado de defesa autoriza o Presidente da República a restringir, apenas, o direito de reunião, o sigilo da correspondência e das comunicações (artigo 136, inciso I, da Constituição de 1988), ao passo que, no estado de sítio, podem ser determinadas: (i) obrigação de permanência em localidade determinada; (ii) detenção em edifício não destinado a acusados ou condenados por crimes comuns; (iii) restrições relativas à inviolabilidade da correspondência, ao sigilo das comunicações, à prestação de informações e à liberdade de imprensa, radiodifusão e televisão, na forma da lei; (iv) suspensão da liberdade de reunião; (v) busca e apreensão em domicílio; (vi) intervenção nas empresas de serviços públicos; (vii) requisição de bens (artigo 139 da Constituição de 1988).

Ora, as medidas consideradas possíveis na investigação epidemiológica (por exemplo, isolamento de indivíduos, grupos populacionais ou áreas; ingresso forçado em imóveis particulares etc.), orientadas pela epidemiologia da doença, guardam inegável similaridade com essas que são típicas dos estados de exceção previstos constitucionalmente, além de contar com outras medidas que sequer estão aí enunciadas (por exemplo, exigência de tratamento, inclusive através do uso da força), já que incumbe ao poder público adotar *todas* as medidas indicadas para o controle da doença (essa, pelo menos, é a previsão literal do artigo 12 da Lei nº 6.259/75).

Nesse sentido, as unidades discursivas de formação do discurso do poder soberano no estado de exceção (vigilância e perigo) são inerentes às práticas discursivas da epidemiologia, de maneira que o discurso epidemiológico traz consigo a potência de um estado de exceção, ainda que não declarado, porque se apoia na adoção de medidas para prevenção e controle da peste que envolvem a restrição forçada da liberdade individual por um ato soberano.

Daí ser possível afirmar que a observação sistemática da manifestação da peste na população para fins de prevenção e controle (vigilância), e a necessidade de serem adotadas todas as medidas que se fizerem necessárias para se conter a sua propagação (perigo) estabelecem uma rede de poder, tecida por saberes científicos da epidemiologia, que é capaz de disciplinar o comportamento das pessoas a partir do controle de suas vidas (e de suas mortes), onde a mecânica do poder logra fixar o regulamento da sanidade, que pode dar ensejo a um estado de exceção não declarado.

Trata-se do que Deisy Ventura denominou de "(...) estado de exceção em nome da saúde pública", como aquele campo "(...) onde se decide sobre a vida e a morte em nome do interesse coletivo", cujo aparato que é adotado para a sua execução traz consigo dificuldades ainda maiores de controle democrático, considerando-se que "(...) os poderes públicos geralmente omitem-se em relação à imprescindível regulação detalhada das restrições aos direitos humanos no estado de exceção e, ao fazê-lo, excluem do espaço público o debate sobre tais decisões" (VENTURA, 2009, p. 163).

A potencialidade do estado de exceção em nome da saúde pública tem o risco de ser aumentada, com a tendência de apropriação do discurso epidemiológico na gestão dos problemas sociais que colocam em risco a vida e a saúde das pessoas, quando é possível aferir algum impacto sobre a saúde pública.

Vigilância e perigo, como unidades discursivas da formação do discurso do poder soberano no estado de exceção, uma vez ressignificadas no discurso epidemiológico, entram, agora, no discurso de gestão de outros problemas sociais.

2.1.2 Hipostasia do conceito de epidemia: o exemplo da estratégia epidemiológica de vigilância e controle das causas da violência

Há alguns poucos anos, o Conselho Nacional de Secretários de Saúde, que reúne todos os secretários estaduais de saúde, constituindo-se como organismo de direção do Sistema Único de Saúde, que tem por finalidade manter um ambiente propício à troca de experiências e informações entre os gestores da saúde pública a fim de contribuir para a formulação de diretrizes de desenvolvimento das ações e serviços de saúde, decidiu ampliar a discussão da violência como um problema de saúde pública, organizando, entre 2007 e 2008, seminários regionais e um seminário nacional com o tema *Violência: uma epidemia silenciosa*.

Houve a publicação dos resultados dessa empreitada, com propostas, estratégias, parcerias por áreas de atuação, indicação de medidas de prevenção às violências e promoção da saúde (BRASIL, 2007; BRASIL, 2008a; BRASIL, 2008b; BRASIL, 2009).

A manifestação do presidente do referido conselho, por ocasião da apresentação dos resultados dos seminários regionais, que retrataram 118 experiências de enfrentamento da violência nos serviços públicos de saúde em 25 estados da federação, é digna de nota:

> Saúde e violência têm uma relação pouco explorada até hoje. Não só pelas vítimas que a violência produz, mas também pelas suas causas. Seu crescimento avassalador tem tido características de uma epidemia e como tal pode e deve ser enfrentado! (BRASIL, 2008b, p. 09).

Esse enfrentamento epidemiológico da violência iniciou-se com a própria metodologia utilizada nos seminários regionais, pois a apresentação do impacto da violência na saúde pública foi feita segundo uma análise epidemiológica, buscando-se uma abordagem do fenômeno a partir de informações sistematizadas obtidas das experiências de enfrentamento da violência nos serviços públicos estaduais e municipais de saúde.

Intentou-se identificar, estatisticamente, a ocorrência de manifestações da violência em diversos eixos (violência interpessoal, violência autoinfligida, violência no trânsito, violência relacionada a gênero e ciclos de vida) e seu impacto na mortalidade, na morbidade e nos custos da atenção à saúde, bem como a relação da violência com o uso abusivo do álcool e de outras drogas.

As ocorrências de manifestações da violência foram tabuladas e analisadas segundo sua magnitude, distribuição na população e no espaço da cidade, o perfil das vítimas e dos agressores, as circunstâncias envolvidas etc. Quer dizer, em uma palavra: epidemiologia.

Daí ter sido possível tirar as taxas de mortalidade por homicídios, suicídios e acidentes de transporte terrestre (com especial destaque para os acidentes de trânsito envolvendo ocupantes de motocicletas), apontar suas tendências (de crescimento ou de diminuição) e estimar os custos despendidos no serviço público de saúde para o atendimento das vítimas de violência:

> Diariamente os serviços de saúde recebem as vítimas em situações de urgência e emergência e no acompanhamento necessário para o restabelecimento das condições de saúde e reabilitação. A violência impacta nos custos do sistema público de saúde valores de quase 1 bilhão de reais por ano (cerca de 206 milhões de reais por agressões e 769 milhões por acidentes de transporte), segundo estimativa feita pelo IPEA – Instituto de Pesquisas Econômicas Aplicadas, com base em dados de 2004 (BRASIL, 2008a, p. 09).

Não se pretende aqui uma análise exaustiva da situação epidemiológica da violência apresentada ao longo da realização desses seminários regionais e do seminário nacional organizados pelo Conselho Nacional de Secretários de Saúde. Interessa, sim, apresentar essa estratégia epidemiológica de vigilância e controle das causas da violência, orientada pelos impactos que trazem à saúde pública.

A radical simplicidade com que foi tratada a possibilidade de ser enfrentada epidemiologicamente a violência, sem que fossem explicitadas, em maiores detalhes, as razões que poderiam sustentar essa estratégia de abordagem, deixa clara a fragilidade do conceito de epidemia.

É possível indicar até mesmo uma possível tendência de gestão de problemas sociais, segundo uma estratégia epidemiológica, pelo interesse na vigilância e no controle das causas desses mesmos problemas, segundo um discurso epidemiológico.

A rigor, essa estratégia epidemiológica de vigilância e controle das causas da violência, orientada pelos impactos que trazem à saúde pública, demonstra, a um só tempo, tanto a fraqueza do conceito de epidemia, desenraizado de sua origem etimológica, quanto a potencialidade de um estado de exceção pelo uso estratégico do discurso epidemiológico na prevenção da violência e na promoção da saúde pública.

Realmente, a adoção dessa estratégia epidemiológica de gestão das causas da violência pressupõe, em primeiro lugar, a manutenção do estado de vigilância, destacando-se (i) a importância da realização de estudos multicêntricos; (ii) a priorização das desigualdades regionais e sociais e o caráter interdisciplinar nas linhas de pesquisa; (iii) a realidade local e a territorialização:

> Os estudos devem incorporar a perspectiva de gênero, raça e etnia assim como as diferenças e desigualdades regionais e sociais. Importante salientar que a maioria das ações de prevenção e enfrentamento da violência dar-se-á no âmbito local, daí a necessidade de priorizar a produção de conhecimento sobre essa realidade em toda sua complexidade (BRASIL, 2008a, p. 45).

Daí a proposta de serem realizados (i) estudos sobre morbimortalidade por violência; (ii) estudos relacionados ao conhecimento do perfil das vítimas e dos agressores; (iii) avaliações das políticas públicas, programas e serviços existentes; (iv) estudos sobre custos e impacto econômico e financeiro; e (v) a organização de um observatório de divulgação dos conhecimentos produzidos (BRASIL, 2008a, p. 46).

Por outro lado, a manutenção do estado de perigo também é constante, indo do início ao fim na estratégia epidemiológica de gestão das causas da violência, pelo "(...) desafio do enfrentamento da violência e a construção de uma sociedade onde a cultura da paz seja a prática de todos os dias" (BRASIL, 2008a, p. 54), conforme ressaltado na conclusão do documento. Quer dizer, esse desafio deve ser permanente por causa do perigo diário representado pelo grande número de mortes violentas que povoam o noticiário das cidades no Brasil.

A partir dos estudos epidemiológicos realizados para se identificar as características da população afetada por cada uma das causas da violência, segundo amostras probabilísticas coletadas de acordo com critérios que procuram garantir a qualidade da medida, organiza-se a distribuição de frequência da violência e, com isso, recomenda-se a adoção de uma ou mais dessas medidas de prevenção e controle concebidas para cada causa específica de violência.

A gestão da cidade passa a se dar, portanto, por uma administração orientada por políticas públicas baseadas no saber epidemiológico, cujos estudos incorporam a perspectiva de gênero, raça e etnia, bem como as diferenças e desigualdades regionais e sociais, que são levadas em consideração na adoção de medidas de restrição forçada da liberdade individual.

Mas a estratégia de prevenção e controle da violência, sofisticada pelo discurso epidemiológico, pode dar azo ao estabelecimento de um estado de exceção permanente, assim como pode ocorrer na prevenção e controle das pestes, na medida em que pode encobrir uma estratégia de redução, ou mesmo de supressão, de direitos fundamentais, revelando-se em um paradigma de governo que pode colocar em xeque os fundamentos, ou pressupostos constitutivos, do Estado Democrático de Direito.

Essa potencialidade de um estado de exceção permanente precisa ser assumida e considerada como um risco na análise sobre as ações de governo no estado de emergência na saúde pública, especialmente quanto às possibilidades de execução das ações de vigilância epidemiológica frente aos limites dos direitos individuais.

2.2 O estado de exceção permanente na Teoria da Constituição

Esse modo de governo que procura se apoiar em um estado de exceção não declarado – e que não está restrito ao âmbito do estado de exceção em nome da saúde pública – tem despertado um debate instigante no âmbito da Teoria da Constituição, sobretudo pela dificuldade de se justificá-lo sob os pressupostos constitutivos do Estado Democrático de Direito.

Esse debate se estabeleceu mais claramente após os atentados terroristas aos Estados Unidos da América em 2001, quando surgiram as críticas à política de guerra contra o terror sob a forma como foi implementada pelo governo de George W. Bush.

E do mesmo modo que o discurso epidemiológico se apropriou das unidades discursivas de formação do discurso jurídico do poder soberano no estado de exceção (vigilância e perigo), o discurso de reação aos atentados terroristas se apropriou dessas mesmas unidades discursivas para promover a guerra contra o terror, sendo igualmente o resultado da combinação de um estado de vigilância (prevenção e controle do terrorismo) com um estado de perigo (proteção e defesa da nação em risco) como consequência do potencial de destruição de novos atentados terroristas.

No fundo, o debate remete à própria disputa em torno da localização do estado de exceção na ordem jurídica, se está nela inscrito, se se situa fora dela ou se está em uma zona de indeterminação, que fez ressurgir a questão sobre a possibilidade de uma ditadura constitucional, ou seja, da reivindicação de métodos de governo da tirania naquelas situações de crise em que as ações de governo, limitadas pelos direitos fundamentais e amarradas pela separação de poderes, não dão conta de atender eficazmente a necessidade e a urgência da adoção de medidas de proteção e de defesa diante de algum perigo público.

Se assim é, tem-se por oportuno investigar mais a fundo essa categoria que parece ter se inserido definitivamente na Teoria da Constituição – e que perpassa de maneira decisiva o problema do estado de emergência na saúde pública, como já se ressaltou –, reclamando, por sua vez, ao final deste capítulo, um esclarecimento sobre o papel da Teoria da Constituição como uma teoria crítica do direito constitucional.

2.2.1 Diagnóstico e crítica de uma forma de totalitarismo moderno: o estado de exceção permanente como um paradigma de governo

No dia 11 de setembro de 2001, aviões que faziam voos comerciais entre cidades norte-americanas foram sequestrados por terroristas e lançados contra as torres gêmeas que compunham os edifícios do World Trade Center, em Nova Iorque, e contra o Pentágono, em Washington, em um inédito atentado terrorista.

O jornal *The New York Times*, na edição do dia 12 de setembro de 2001, anunciou em sua manchete principal que "jatos sequestrados destroem as torres gêmeas e atingem o Pentágono, em dia de terror",[40] destacando na reportagem que "o Presidente promete exigir punição exemplar para o 'mal'"[41] (SCHMEMANN, 2001, tradução livre).

A reação norte-americana aos atentados havidos em 11 de setembro de 2001, no desejo de se fazer essa punição exemplar, foi anunciada pelo Presidente George W. Bush como uma "guerra contra o terror", cuja implementação expôs as dificuldades de se lidar com

---
[40] *Hijacked jets destroy twins tower and hit Pentagon in day of terror.*
[41] *President vows to exact punishment to "evil".*

as agressões terroristas desde a perspectiva dos princípios do direito da guerra, fazendo surgir a discussão sobre um direito constitucional da emergência.

De fato, guerras são deflagradas entre Estados soberanos, com identificação das forças em combate e do próprio território onde se espraia o conflito armado, contando até mesmo com um estatuto jurídico internacional, organizado nas Convenções de Genebra de 1949 – e em seus protocolos adicionais –, que reúne uma série de tratados que formam as bases do direito internacional humanitário e as regras a serem seguidas nas guerras, com o objetivo de conferir proteção aos soldados feridos e enfermos durante os combates terrestres e marítimos, aos prisioneiros de guerra e aos civis, inclusive em territórios ocupados.

Do ponto de vista doméstico, para responder às agressões armadas estrangeiras, os Estados soberanos contam com dispositivos constitucionais que autorizam a declaração do estado de guerra, que serve de fundamento para a decretação dos estados de exceção previstos constitucionalmente, cuja deflagração instaura um regime severo de restrições de direitos fundamentais de sua população.[42]

Assim, para se expor essas dificuldades de se conceber uma guerra contra o terror, na forma como implantada pelo governo de George W. Bush, vale reconstruir, aqui, o debate entre Bruce Ackerman, de um lado, e Laurence Tribe e Patrick Gudridge, de outro, em torno da constituição da emergência (ACKERMAN, 2004) e da constituição da antiemergência (TRIBE; GUDRIDGE, 2004), bem como a decisão histórica tomada pela Suprema Corte no julgamento do caso *Boumediene v. Bush*,[43] em 12 de junho de 2008, decidindo, por maioria apertada de 5 votos a 4, que os estrangeiros detidos em Guantánamo, como combatentes inimigos, têm o direito de questionar suas detenções perante as cortes norte-americanas pela via do *habeas corpus*.

Ao final, será destacada a leitura feita por Giorgio Agamben a respeito desses acontecimentos, apontando, criticamente, que a guerra contra o terror inaugurou o estado de exceção permanente como um paradigma de governo, que se traduz como uma forma de totalitarismo moderno, deixando de ser uma medida provisória e excepcional para se tornar uma técnica de governo (AGAMBEN, 2004, p. 13).

---

[42] No caso do Brasil, a declaração de estado de guerra ou resposta à agressão armada estrangeira justifica a decretação do estado de sítio (artigo 137, inciso II, da Constituição de 1988).
[43] *Boumediene v. Bush*, 533 U.S. (2008).

2.2.1.1 A "guerra contra o terror" e a "constituição da emergência"

Recordando-se o que se sucedeu na semana seguinte aos atentados nos Estados Unidos, o Senado, em 18 de setembro de 2001, por meio de uma *Authorization for Use of Military Force*,[44] autorizou o presidente a usar toda a força necessária e apropriada contra nações, organizações ou pessoas que planejaram, autorizaram, cometeram ou auxiliaram os ataques terroristas, ou mesmo abrigavam tais organizações ou pessoas, a fim de evitar quaisquer atos futuros de terrorismo internacional contra os Estados Unidos por tais nações, organizações ou pessoas.[45] Deu-se início aí à guerra contra o terror.

Em seguida, em 26 de outubro de 2001, foi aprovado pelo Congresso o *USA Patriot Act*,[46] estabelecendo medidas para impedir e punir atos terroristas nos Estados Unidos e ao redor do mundo, cabendo destacar as regras previstas na seção 412, tratando da detenção obrigatória, inclusive por tempo indeterminado, dos estrangeiros considerados suspeitos de terem participado, de alguma forma, dos ataques terroristas ocorridos e daqueles que, porventura, viessem a ocorrer, subtraindo-lhes a possibilidade de revisão judicial desses atos de detenção, por *habeas corpus* ou qualquer outro meio, perante as cortes norte-americanas.

Foi diante desse quadro que o debate entre os juristas norte-americanos se estabeleceu, na mesma edição do *Yale Law Journal*,

---

[44] *Senate Join Resolution 23 (Public Law 107-40, Sep. 18, 2001)*. Disponível em: <https://www.congress.gov/107/plaws/publ40/PLAW-107publ40.pdf>. Acesso em: 11 set. 2015.

[45] (...) *the President is authorized to use all necessary and appropriate force against those nations, organizations, or persons he determines planned, authorized, committed, or aided the terrorist attacks that occurred on September 11, 2001, or harbored such organizations or persons, in order to prevent any future acts of international terrorism against the United States by such nations, organizations or persons.*

[46] House of Representatives 3162. *Public Law*, 107-56, Oct. 26, 2001. Disponível em: <https://www.congress.gov/107/plaws/publ56/PLAW-107publ56.pdf>. Acesso em: 11 set. 2015. O *USA Patriot Act* é um documento legislativo extenso, com 1016 seções, contendo uma série de medidas para a prevenção e o combate do terrorismo, organizadas em 10 títulos: (i) reforço da segurança doméstica contra o terrorismo; (ii) supervisão reforçada de procedimentos de investigação relacionados ao terrorismo; (iii) revisão das medidas para redução da lavagem de dinheiro internacional; (iv) fortalecimento das medidas de proteção das fronteiras; (v) remoção de obstáculos para a investigação do terrorismo, com estruturação de sistema de recompensas; (vi) auxílio para as vítimas do terrorismo, os agentes de segurança pública e suas famílias; (vii) incremento da infraestrutura de compartilhamento de informações relacionadas a ataques terroristas; (viii) aumento do rigor das leis criminais contra o terrorismo; (ix) melhoria dos serviços de inteligência; (x) disposições gerais.

publicado em junho de 2004. Bruce Ackerman escreveu o ensaio intitulado *A constituição da emergência* (ACKERMAN, 2004), no qual, assumindo que, se a reação norte-americana aos ataques terroristas pode servir de guia para o constitucionalismo, seria necessária a revisão urgente dos conceitos constitucionais, considerando que a possibilidade de ocorrência de novos atentados no futuro será recorrente (ACKERMAN, 2004, p. 1.029).

Sua preocupação, assim, foi estabelecer um direito constitucional da emergência para refrear a tendência de surgirem, a cada novo evento, leis mais e mais repressivas em nome da segurança, o que levaria, em pouco tempo, à destruição das liberdades civis (ACKERMAN, 2004, p. 1.029-1.030).

Para ele, o terrorismo não pode ser enfrentado nem como uma guerra, nem como um crime. Isso porque não se trata de um conflito armado entre Estados soberanos, com identificação clara dos combatentes, tampouco é possível esperar por um fim, uma vez que o apoio ao terrorismo está difundido ao redor do mundo, sendo impraticável pensar em um armistício ou acordo de paz; e também não se trata de crime, nem mesmo no sentido de conspiração, como foi combatida a ameaça comunista no período da Guerra Fria nos Estados Unidos, com as proteções tradicionais da lei criminal para os acusados, haja vista que os ataques terroristas obrigam o governo, após a tragédia, a se restabelecer rapidamente, demonstrando aos cidadãos aterrorizados que está agindo decisivamente contra a agressão flagrante em sua autoridade soberana, sob pena de ser desmoralizado (ACKERMAN, 2004, p. 1.032-1.037).

Daí a proposta de um direito constitucional da emergência, pautado no que Ackerman chama de "função tranquilizante" (*reassurance function*) do governo:

> (...) quando um ataque terrorista coloca em dúvida a efetiva soberania do estado, o governo deve agir de maneira visível e decisiva para demonstrar aos cidadãos aterrorizados que a brecha aberta foi apenas temporária e que está tomando as ações agressivas para conter a crise e lidar com a possibilidade de sua repetição. Mais importante, minha proposta por uma Constituição de emergência autoriza o governo a deter suspeitos sem as proteções usuais da lei criminal da causa provável ou mesmo da suspeita razoável. O governo talvez possa afirmar outros poderes na realização da "função tranquilizante", mas no desenvolvimento do meu argumento, eu me concentrarei na

concessão de poderes extraordinários de detenção como paradigma[47] (ACKERMAN, 2004, p. 1.037, tradução livre).

Seu objetivo, conclui, "(...) é desenhar uma estrutura constitucional para um estado de emergência temporário, que permita ao governo descarregar a função tranquilizante sem perpetrar danos de longo prazo aos direitos individuais"[48] (ACKERMAN, 2004, p. 1.037, tradução livre).

Para fundamentar sua proposta, de rerracionalização da emergência, Ackerman critica a "lógica existencial" (*existential rationale*), presente em várias constituições, que é invocada pela ameaça de invasão ou uma poderosa conspiração doméstica com o objetivo de substituir o regime existente, admitindo-se a deflagração de um estado de emergência que permite ao governo tomar medidas extraordinárias para preservar sua própria existência (ACKERMAN, 2004, p. 1.037-1.038).

Propõe em seu lugar uma "lógica tranquilizante" (*reassurance rationale*), pois a lógica existencial não dá conta dos perigos do terrorismo, quais sejam, a ameaça física à população e a ameaça política ao governo, por tempo indeterminado (ACKERMAN, 2004, p. 1.039).

Afinal, segundo a lógica existencial, admite-se que o governo seja muito forte por um curto prazo para rechaçar justamente a grave e imediata ameaça à sua própria existência. Todavia, "(...) nosso problema constitucional não é o que o governo será muito fraco a curto prazo, mas, sim, que ele será muito forte a longo prazo"[49] (ACKERMAN, 2004, p. 1.040, tradução livre).

Nessa perspectiva, o direito constitucional da emergência, construído em termos de uma lógica tranquilizante, teria o condão de diminuir os prejuízos de longo prazo aos direitos fundamentais (ao admitir a detenção provisória dos suspeitos de envolvimento com o

---

[47] (...) *when a terrorist attack places the state's effective sovereignty in doubt, government must act visibly and decisively to demonstrate to its terrorized citizens that the breach was only temporary, and that it is taking aggressive action to contain the crisis and to deal with the prospect of its recurrence. Most importantly, my proposal for an emergency constitution authorizes the government to detain suspects without the criminal law's usual protections of probable cause or even reasonable suspicion. Government may well assert other powers in carrying out the reassurance function, but in developing my argument, I shall be focusing on the grant of extraordinary powers of detention as the paradigm.*

[48] (...) *my aim is to design a constitutional framework for a temporary state of emergency that enables government to discharge the reassurance function without doing long-term damage to individual rights.*

[49] (...) *our constitutional problem is not that the government will be too weak in the short run, but that it will be too strong in the long run.*

terrorismo, sem direito a *habeas corpus*), ao mesmo tempo em que traria visibilidade para as ações do governo, que devem ser tomadas para tranquilizar os cidadãos aterrorizados, como indicação clara de que estão sendo tomadas as medidas necessárias para conter a crise e lidar com a possibilidade da recorrência dos ataques terroristas.

Após considerar que a Constituição norte-americana tem apenas um rudimento de estado de emergência, com a previsão de suspensão da garantia do *habeas corpus* para os casos de rebelião ou invasão que ameacem a segurança pública, restando tudo mais para a imaginação dos juízes (ACKERMAN, 2004, p. 1.041), Ackerman propõe que o estado de emergência seja apoiado em boas estruturas legais, que possam canalizar as necessidades temporárias da função tranquilizante sem danos permanentes aos direitos fundamentais, já que a falta dessa estrutura pode levar a restrições cada vez maiores da liberdade (ACKERMAN, 2004, p. 1.045).

Ackerman propõe, então, que o estado de emergência seja baseado no comando do presidente e no controle do Congresso, propondo um modelo alternativo e complementar ao sistema de freios e contrapesos, reclamando uma revisão constitucional que cuide de garantir os poderes extraordinários necessários para o estado de emergência e que exclua do seu alcance certas zonas de liberdade (ACKERMAN, 2004, p. 1.056-1.057). Em síntese, a proposta de Ackerman sobre a estrutura do estado de emergência é a seguinte:

> Emergências podem ser declaradas somente depois de um ataque real; elas podem ser continuadas por intervalos curtos, só aumentando por decisão de supermaiorias na legislatura e só depois de partidos minoritários obterem oportunidades privilegiadas para informar-se quanto ao funcionamento, no mundo real, do regime de emergência e para divulgar os fatos como entenderem; e o alcance dos poderes de emergência é limitado para as necessidades de alívio e prevenção que as justificam em primeiro lugar[50] (ACKERMAN, 2004, p. 1060-1061, tradução livre).

Ackerman vai mais longe. Para compensar os possíveis danos aos inocentes que podem vir a ser detidos provisoriamente por engano, ele

---

[50] *Emergencies can be declared only after an actual attack; they can be continued for short intervals only by increasing supermajorities in the legislature and only after minority parties obtain privileged opportunities to inform themselves as to the real-world operation of the emergency regime and to publicize the facts as they see fit; and the scope of emergency powers is limited to the needs for relief and prevention that justify them in the first place.*

propõe uma compensação financeira, reconhecendo que tal proposta não tem o condão de aplacar a injustiça cometida, que deve ser compreendida como um preço amargo a ser pago para tranquilizar o público em geral após um atentado, mas é o mínimo que uma sociedade decente pode oferecer para amortecer o golpe a um inocente. Ademais, essa compensação financeira traz efeitos sistêmicos desejáveis ao forçar um planejamento mais cauteloso para evitar detenções equivocadas, já que o montante a ser pago pode desequilibrar o orçamento destinado para a administração do estado de emergência (ACKERMAN, 2004, p. 1.065).

Quanto ao papel do Poder Judiciário, embora não seja recomendável deixar para os juízes a construção de um adequado estado de emergência, eles exercem um papel importante para sustentá-lo em dois níveis: no nível macro, ao preservarem a integridade do regime do estado de emergência como um todo; no nível micro, assegurando aos indivíduos um tratamento decente contra possíveis abusos do sistema (ACKERMAN, 2004, p. 1.066), devendo ser protegidos contra a tortura, fazendo jus a visitas regulares de seus advogados, devendo ser detidos pelo prazo máximo de quarenta e cinco ou sessenta dias, exigindo-se uma audiência como condição para se manter o confinamento, sendo proibida uma nova detenção imediatamente após a soltura (ACKERMAN, 2004, p. 1.070-1.073).

Ackerman finaliza reconhecendo que propõe um compromisso trágico, do ponto de vista dos defensores da liberdade, ou seja, admitir que, para se prevenir e combater o terrorismo, haja detenções provisórias, sem as garantias ordinárias do *habeas corpus*, em troca apenas do controle supermajoritário, da compensação financeira em caso de equívocos e da garantia de um tratamento decente dos detidos (ACKERMAN, 2004, p. 1.077).

Mas – ele assevera – a teoria constitucional não pode se furtar ao debate desse grave problema, pois o terrorismo não está adormecido e um novo atentado pode ocorrer a qualquer momento, de modo que "(...) o ciclo de terror, medo e repressão pode ficar fora de controle muito antes da formação de um consenso político acerca de uma constituição para um regime de emergência"[51] (ACKERMAN, 2004, p. 1.091, tradução livre).

Laurence Tribe e Patrick Gudridge, por sua vez, publicaram na mesma edição do *Yale Law Journal* o ensaio intitulado *A constituição*

---

[51] (...) *The cycle of terror, fear, and repression may spin out of control long before a political consensus has formed behind a constitution for an emergency regime.*

da antiemergência (TRIBE; GUDRIDGE, 2004), levantando sérias objeções à proposta de Ackerman, organizadas em três preocupações: (i) questionam, do ponto de vista pragmático, se a ideia de uma constituição da emergência seria, de fato, uma proposta plausível para organizar as ações de governo no combate ao terrorismo; (ii) manifestam sua preocupação sobre se tal proposta não representaria um abandono, ainda que temporário, de uma rede complexa de conceitos, argumentos e premissas referentes ao conteúdo e aos limites dos direitos fundamentais, que estão presentes na Constituição norte-americana como um sistema, e não como uma pilha de regras, da qual alguns possam ser tirados ou descartados; (iii) interrogam se não teriam sido considerados os precedentes de abusos do estado de emergência, que se convertem facilmente em tiranias, após cessar a emergência (TRIBE; GUDRIDGE, 2004, p. 1.804).

Tribe e Gudridge esclarecem, de partida, que suas críticas não serão dirigidas às propostas específicas da constituição da emergência apresentada por Ackerman, muito embora elas tenham sido levadas em consideração na reflexão feita (TRIBE; GUDRIDGE, 2004, p. 1.805).

Após apresentarem a proposta de Ackerman, eles pontuam algumas questões pragmáticas, concordando quanto à necessidade de se oferecer tranquilidade pública após um ataque terrorista para aplacar o medo e o pânico, mas, também, chamam atenção para a preocupação de serem preservados valores constitucionais importantes, aduzindo que o estado de emergência pode durar por vários meses, não havendo clareza quanto à escalada de pânico após um novo atentado (TRIBE; GUDRIDGE, 2004, p. 1.811).

Para eles, a democracia constitucional tem condições de oferecer uma resposta adequada para as ações do governo em situações de emergência pública sem precisar sacrificar direitos fundamentais, já que o estado de emergência pode durar por tempo indeterminado, considerando os limites do próprio controle exercido pelo Congresso, ainda que supermajoritariamente (TRIBE; GUDRIDGE, 2004, p. 1.814).

Aliás, se a possibilidade de novos atentados é recorrente, o mais provável é que a população reaja de outra forma, dentro de um quadro de certa normalidade, ainda que a normalidade do terrorismo seja uma perspectiva sombria (TRIBE; GUDRIDGE, 2004, p. 1.815-1.816). Assim, a constituição da emergência oferece muito pouco em termos de prevenção do pânico diante de um novo atentado:

> Como a experiência após 11 de setembro faz tudo muito simples, a construção de um muro imaginário em torno de um estado de emergência,

proclamando-se apenas uma fina constituição de emergência para ser operacional dentro desse quadro, não oferece nenhuma esperança realista de prevenção dos efeitos em cascata de um eventual ataque terrorista e das respostas governamentais a esse ataque, além de abrir fissuras naquele muro e sangrar em assuntos comuns – para as grandes questões da vida americana que não têm qualquer conexão real com o ataque, com as técnicas que empregue ou com os riscos que representa[52] (TRIBE; GUDRIDGE, 2004, p. 1.827, tradução livre).

Para Tribe e Gudridge, a constituição da emergência proposta por Ackerman, longe de estabilizar as possíveis restrições de direitos fundamentais durante o período de emergência, pode proporcionar sucessivas constituições de emergência pela impossibilidade de serem evitados novos atentados.

Muito provavelmente, como a tendência é o incremento do risco do terrorismo, para cada novo ataque, uma nova constituição de emergência, que incluirá menos proteção de direitos, não havendo, na proposta de Ackerman, qualquer mecanismo sistemático que possa frear esta espiral (TRIBE; GUDRIDGE, 2004, p. 1.829).

Eles enfatizam a necessidade de preservação dos direitos fundamentais como um sistema, cuja estrutura teria sido mantida pela Suprema Corte mesmo durante a Guerra Fria – como revelam os casos julgados nesse período –, quando também prevalecia a suspeita de que estavam incluídas na população dos Estados Unidos pessoas ou "células" atuando segundo os interesses de um adversário cruel e formidável, e que era necessário prevenir a deflagração de uma possível Terceira Guerra Mundial (TRIBE; GUDRIDGE, 2004, p. 1.850-1.865).

Tribe e Gudridge concluem fazendo uso da metáfora do buraco negro diante da cegueira e da escuridão trazida pelo problema particular da reação do governo norte-americano aos atentados terroristas, que impede de ver outra coisa senão a crise (TRIBE; GUDRIDGE, 2004, p. 1.868-1.869).

Eles insistem quanto à necessidade de ser preservada a experiência constitucional norte-americana como estrelas fixas na noite que compõem uma constelação constitucional (na expressão do Justice

---

[52] *As the experience following September 11 makes all too plain, building an imaginary wall around a state of emergency and proclaiming only a thin emergency constitution to be operative inside that wall offers no realistic hope of preventing the ripple effects of any given terrorist attack, and of the government responses to that attack, from breaking through cracks in that wall and bleeding into ordinary affairs – into the broad vistas of American life that bear no real connection to the attack, to the techniques it employed, or to the risks it represents.*

Jackson), que não pode ser absorvida pela constituição da emergência, vista, nesse aspecto, como uma constituição negra (*"constitution noire"*) (TRIBE; GUDRIDGE, 2004, p. 1.869-1.870).

Como se sabe, não houve nos Estados Unidos uma reforma constitucional para se prever uma constituição da emergência, como propôs Ackerman. O governo levou adiante a guerra contra o terror, valendo-se das medidas previstas no *USA Patriot Act* numa verdadeira caçada aos terroristas ao redor do mundo. Os detentos foram levados à prisão de Guantánamo em uma condição única, como relata Ronald Dworkin:

> A administração Bush, como parte de sua chamada "guerra contra o terror", criou uma única categoria de prisioneiros que não podem exigir seus direitos porque são estrangeiros, não cidadãos, e porque eles não estão presos em uma prisão americana, mas em território estrangeiro. A administração os rotula combatentes inimigos, mas se recusa a tratá-los como prisioneiros de guerra com a proteção que o estatuto lhes dá. Ela os chama fora da lei, mas lhes recusa os direitos de qualquer outra pessoa acusada de um crime. Mantém-nos trancados atrás de arame farpado e os interroga sob tortura[53] (DWORKIN, 2008, p. 1, tradução livre).

Mas Tribe e Gudridge tinham razão. A Suprema Corte acabou por decidir, no julgamento do caso *Boumediene v. Bush*,[54] em 12 de junho de 2008, por 5 votos a 4, que os estrangeiros detidos em Guantánamo e tratados como combatentes inimigos têm o direito de questionar suas detenções perante as cortes norte-americanas.

Dworkin saldou o julgamento como uma grande vitória, apontando que "(...) a desgraça de Guantánamo produziu uma mudança no marco de nossa prática constitucional"[55] (DWORKIN, 2008, p. 1). Isso porque a decisão passou a garantir a qualquer detento, mesmo estrangeiro e ainda que tenha sido capturado em território estrangeiro, o direito de discutir, pela via do *habeas corpus*, perante as cortes norte-americanas a sua classificação como combatente inimigo. Na dicção da Suprema Corte:

---

[53] *The Bush administration, as part of its so-called 'war on terror', created a unique category of prisoners that it claims have no such right because they are aliens, not citizens, and because they are held not in an American prison but in foreign territory. The administration labels them enemy combatants but refuses to treat them as prisoners of war with the protection that status gives. It calls them outlaws but refuses them the rights of anyone else accused of a crime. It keeps them locked up behind barbed wire and interrogates them under torture.*
[54] *Boumediene v. Bush*, 533 U.S. (2008). Disponível em: <http://www.supremecourt.gov/opinions/07pdf/06-1195.pdf>. Acesso em: 11 set. 2015.
[55] (...) *the disgrace of Guantánamo has produced a landmark change in our constitutional practice.*

(...) os peticionários podem invocar as garantias processuais fundamentais do *habeas corpus*. As leis e a Constituição são projetadas para sobreviver, e permanecem em vigor, em tempos extraordinários. Liberdade e segurança podem ser reconciliados; e no nosso sistema são unificadas na moldura do direito. Os Constituintes decidiram que o *habeas corpus*, um direito de primeira importância, deve ser uma parte dessa moldura, uma parte desse direito[56] (UNITED STATES OF AMERICA, 2008, p. 69-70, tradução livre).

Para Dworkin, não há razões para se preocupar com a advertência alarmista manifestada pelos juízes vencidos no julgamento, de que tal decisão colocaria em risco a segurança nacional. Pelo contrário, além de não haver qualquer evidência de que haveria uma escalada do terrorismo, a decisão devolve um pouco da honra nacional contra a decisão covarde de se aprisionar, sem qualquer custo, as pessoas que seriam uma ameaça ou que teriam a probabilidade de ser (DWORKIN, 2008, p. 7).

É bem verdade que essa decisão da Suprema Corte constituiu marco importante de controle das ações perpetradas pelo governo norte-americano na guerra contra o terror. Mas ela não enfrentou os pressupostos desse estado de exceção permanente instaurado após os atentados de 11 de setembro de 2001, tampouco foi capaz de fazer cessar outras graves violações de direitos fundamentais dos suspeitos detidos e acusados de terem algum envolvimento com o terrorismo.

E não se trata de apenas se discutir a possibilidade de um direito constitucional da emergência, como se viu do debate entre Ackerman, Tribe e Gudridge, que se resume a duas posições antagônicas: de um lado, no esforço de se criar condições de possibilidade para a regulamentação de uma constituição da emergência; de outro lado, nas críticas apresentadas a tal proposta, desde a perspectiva do constitucionalismo democrático.

Com efeito, a discussão de fundo aí parece ser ainda mais relevante e, por tal razão, tem-se por oportuno dar um passo adiante para se desvelar o que está em sua base, ou seja, a própria possibilidade de caracterização de um estado de emergência, de um estado de exceção ou de uma ditadura constitucional.

---

[56] (...) *petitioners may invoke the fundamental procedural protections of habeas corpus. The laws and Constitution are designed to survive, and remain in force, in extraordinary times. Liberty and security can be reconciled; and in our system they are reconciled within the framework of the law. The Framers decided that habeas corpus, a right of first importance, must be a part of that framework, a part of that law.*

Na verdade, não há uma uniformidade conceitual nesse aspecto, como Ian Zuckerman demonstra, ao indicar que há duas abordagens básicas sobre esse tema: a dos autores que enfatizam uma perspectiva jurídica e institucional, dando ênfase aos poderes de emergência, preferindo a ideia de um estado de emergência; e a dos autores que têm uma orientação genealógica e desconstrutiva, realçando a excepcionalidade da situação e adotando a ideia de um estado de exceção (ZUCKERMAN, 2012, p. 5-8).

Entretanto, quando se apresenta ao longo de todo este trabalho a ideia de um estado de emergência, o que se quer caracterizar é o surgimento de certas situações cuja ocorrência se revela, ao mesmo tempo, imprevisível, grave e temporária, autorizando o exercício de poderes extraordinários pelo governo para a proteção e defesa de um interesse público.

Se houver previsão na própria Constituição de que, nesse estado de emergência, serão reconhecidos poderes extraordinários ao governo que podem ensejar tanto a redução ou supressão de alguns direitos fundamentais quanto a tomada de decisões e a execução de ações de governo fora do quadro da separação de poderes, aí se configura um estado de exceção previsto constitucionalmente.

Assim, a chamada constituição da emergência, como nomeada por Ackerman, seria melhor caracterizada como um estado de exceção previsto na Constituição, porque são propostos poderes extraordinários ao governo para torná-lo mais forte na prevenção e no controle do terrorismo, com significativa redução da proteção constitucional dos direitos fundamentais, com pretensão de se regular essa situação por mecanismos constitucionais.

Agora, quando se indaga acerca da legitimidade de se admitir, em um regime democrático, a reivindicação de métodos de governo de uma tirania para se enfrentar um estado de emergência, admitindo-se poderes extraordinários ao governo, cujo exercício decorre de uma decisão soberana (e, por isso mesmo, inquestionável), o que se tem é uma ditadura constitucional, no seu sentido tradicional (ROSSITER, 1948, p. 3-14).

Esse é o paradigma de governo que vem sendo adotado nos Estados Unidos desde que deflagrada a guerra contra o terror, que se mantém sob um estado de exceção permanente, acionado soberanamente, com adoção de medidas que importam na redução ou mesmo na supressão de direitos fundamentais, sem previsão na Constituição, a pretexto de se prevenir e controlar o terrorismo.

É a partir desse contexto que surge a preocupação de Giorgio Agamben em chamar atenção para o fato de que o *modus operandi* da guerra contra o terror vem se consolidando como o paradigma de governo dominante na política contemporânea, forjando as bases de um verdadeiro totalitarismo moderno (AGAMBEN, 2004, p. 13), de maneira que aqui, sim, talvez esteja situado o buraco negro da teoria constitucional.

Por isso, convém investigar com mais profundidade os pressupostos constitutivos do estado de exceção e os desafios que são postos ao constitucionalismo democrático no que condiz com o poder de afirmação de uma ditadura constitucional para atender eficazmente a necessidade e a urgência da adoção de medidas de proteção e de defesa diante de algum perigo público.

2.2.1.2 A zona de indeterminação do estado de exceção permanente e o (re)aparecimento da política

Hannah Arendt já havia indicado que o totalitarismo apareceu como um fenômeno político inédito, situado no ponto de ruptura da estrutura essencial de toda a civilização (ARENDT, 1985, p. VII), por ser "(...) a negação mais radical da liberdade"[57] (ARENDT, 2005a, p. 328, tradução livre).

E assim como as demais formas de governo que sugiram em diferentes épocas, essa forma inteiramente nova de governo permanecerá entre nós "(...) como potencialidade e como perigo sempre presente (...)"[58] (ARENDT, 1985, p. 478, tradução livre).

A relação entre estado de exceção e totalitarismo não é gratuita; antes, é constitutiva. O regime nacional-socialista alemão do III Reich foi implantado debaixo da autorização do artigo 48 da Constituição de Weimar, que admitia ao presidente a condição de legislador extraordinário *ratione necessitatis* (SCHMITT, 2004, p. 67-83).

Na descrição do estado de exceção como paradigma de governo, Giorgio Agamben retoma o problema da justificação da soberania e a distinção feita por Carl Schmitt entre ditadura comissária e ditadura soberana, no seu esforço de inscrever o estado de exceção na ordem jurídica, procurando diferenciá-lo da anarquia e do caos. Agamben

---

[57] (...) *the most radical denial of freedom.*
[58] (...) *which as potentiality and an ever-present danger* (...).

aponta que essa articulação é paradoxal, "(...) pois o que deve ser inscrito no direito é algo essencialmente exterior a ele, isto é, nada menos do que a suspensão da própria ordem jurídica" (AGAMBEN, 2004, p. 54).

O estado de exceção, na base da teoria de Schmitt, poderia se apresentar como uma ditadura comissária (isto é, autorizada pela Constituição), por meio da qual se suspende de modo concreto a Constituição para se defender a sua existência; a norma é suspensa, mas não deixa de estar em vigor; trata-se, então, de uma ditadura constitucional. Já na ditadura soberana, o estado de exceção propicia a criação de um estado de coisas que permite a imposição de uma nova Constituição, com a derrubada da anterior; trata-se da manifestação do poder constituinte (originário) que derruba o poder constituído (AGAMBEN, 2004, p. 55).

De acordo com Agamben, a inscrição do estado de exceção na ordem jurídica por Schmitt, nessa diferença entre ditadura comissária e ditadura soberana, apoia-se na "(...) distinção entre normas de realização do direito (*Rechtsverwirklinchung*) para a ditadura comissária, e a distinção entre poder constituinte e poder constituído para a ditadura soberana" (AGAMBEN, 2004, p. 54).

Nesse contexto, "(...) o estado de exceção separa, pois, a norma de sua aplicação para tornar possível a aplicação. Introduz-se no direito uma zona de anomia para tornar possível a normatização efetiva do real" (AGAMBEN, 2004, p. 58). A decisão, tomada sem fundamento em uma norma (cuja aplicação está suspensa diante da exceção), é que constituirá a norma para o caso concreto. Em outras palavras, a decisão não procede da norma (como ocorreria em situações de normalidade), mas, sim, a norma procede da decisão: a decisão será tomada com *força* de lei, mas sem a *aplicação* da lei.

Agamben afirma que "(...) podemos então definir o estado de exceção na doutrina schmittiana como o lugar em que a oposição entre a norma e a sua realização atinge a máxima efetividade" (AGAMBEN, 2004, p. 58). Daí a conclusão no sentido de que:

> (...) o estado de exceção é um espaço anômico onde o que está em jogo é uma força de lei sem lei (que deveria, portanto, ser escrita: força de l̶e̶i̶). Tal força de lei, em que potência e ato estão separados de modo radical, é certamente algo como um elemento místico, ou melhor, uma *fictio* por meio da qual o direito busca se atribuir sua própria anomia (AGAMBEN, 2004, p. 61).

Para situar o estado de exceção nesse espaço de anomia, Agamben recorre ao *iustitium* como um modelo em miniatura de um estado de exceção. *Iustitium* era um instituto do direito romano que permitia ao Senado, diante de alguma situação de perigo para a República, declarar o *tumultum* (a situação de emergência) e emitir um *senatus consultum ultimum*, que autorizava os cônsules, em alguns casos, os pretores e os tribunos da plebe e até mesmo os cidadãos a tomarem qualquer medida necessária para a salvação da República (AGAMBEN, 2004, p. 67).

Agamben entende o *iustitium* no direito romano como uma interrupção, suspensão do direito, "(...) que consiste unicamente na produção de um vazio jurídico" (AGAMBEN, 2004, p. 68). Apropriando-se dessa categoria, ele enuncia, então, suas quatro teses sobre o estado de exceção: (i) o estado de exceção não é uma ditadura (constitucional ou inconstitucional, comissária ou soberana), mas um espaço vazio de direito; (ii) esse espaço vazio de direito é tão essencial à ordem jurídica que ela deve buscar, por todos os meios, assegurar uma relação com ele, como se, para se fundar, a ordem jurídica devesse se manter necessariamente em relação com uma anomia; (iii) os atos cometidos durante o *iustitium* situam-se, no que se refere ao direito, em um não lugar absoluto; (iv) é a essa indefinibilidade e a esse não lugar absoluto que responde a ideia de uma força de lei (AGAMBEN, 2004, p. 78-79).

Se o estado de exceção se situa nesse espaço de anomia, vazio de direito, o que nele se manifesta? Agamben reconstrói o debate entre Schmitt e Walter Benjamin em torno da violência e da soberania para sacar daí a zona de indeterminação que caracteriza o estado de exceção permanente.

Schmitt, ao elaborar sua teoria da soberania em torno do estado de exceção, coloca a decisão sobre o estado de exceção na centralidade do conceito de soberania: "soberano é quem decide sobre a exceção"[59] (SCHMITT, 1985, p. 5, tradução livre). Assim, é o soberano que

> (...) decide o que é uma emergência extrema e o que deve ser feito para eliminá-la. Embora ele fique fora da ordem jurídica vigente na normalidade, ele mesmo assim pertence a ela, pois incumbe a ele decidir se a Constituição precisa ser integralmente suspensa[60] (SCHMITT, 1985, p. 7, tradução livre).

---

[59] *Sovereign is he who decides on the exception.*

[60] *(...) decides whether there is an extreme emergency as well as what must be done to eliminate it. Although he stands outside the normally valid legal system, he nevertheless belongs to it, for it is he who must decide whether the constitution needs to be suspended in its entirety.*

Benjamin, por sua vez, ao formular sua crítica ao poder como violência, destaca a relação intrínseca entre direito e violência, reconhecendo uma dupla função para a violência em relação ao direito ao apontar que "(...) se a primeira função da violência passa a ser a instituição do direito, sua segunda função pode ser chamada de manutenção do direito" (BENJAMIN, 1986, p. 165).[61]

Benjamin formula sua crítica à violência do poder apontando a possibilidade de se quebrar essa dialética entre a violência que funda o direito e a violência que conserva o direito. Para tanto, ele constrói a noção de *violência pura* (ou *poder puro*), existente fora do direito, como uma violência revolucionária (ou poder revolucionário), que o depõe (AGAMBEN, 2004, p. 84-85), no sentido de que somente uma "(...) possibilidade de poder revolucionário, termo pelo qual deve ser designada a mais alta manifestação do poder puro, por parte do homem" (BENJAMIN, 1986, p. 175), seria capaz de deter o poder como violência na medida em que deve ser desprezada a violência que tanto institui quanto conserva o direito.

A direção de Schmitt, como destaca Reyes Mate, é oposta à de Benjamin, ao reforçar a submissão da vida ao poder no estado de exceção, "(...) mas sem mediação de norma alguma; a força da lei continua vigendo sem a formalidade da lei, com o que o direito fica na dependência da pura decisão do soberano" (MATE, 2011a, p. 192), de modo que "(...) a excepcionalidade schmittiana mantém a violência política de forma mais extrema que o direito, posto que o subentendido fica relegado à vontade do soberano" (MATE, 2011a, p. 194).

Esse sentido da violência pura, ou de poder revolucionário, construído por Benjamin é também adotado, em certo sentido, por Arendt ao enxergar na violência a possibilidade de destruição do poder, mas jamais a possibilidade de sua constituição: "(...) a violência sempre pode destruir o poder; do cano de uma arma nasce a ordem mais eficiente,

---

[61] Destaca-se que, na edição aqui utilizada, o tradutor faz questão de esclarecer o seguinte: "Optei por esta tradução do original '*Zur Kritik der Gewalt*', uma vez que todo ensaio é construído sobre a ambiguidade da palavra *Gewalt*, que pode significar ao mesmo tempo 'violência' e 'poder'. A intenção de Benjamin é mostrar a origem do direito (e do poder judiciário) a partir do espírito da violência. Portanto, a semântica de *Gewalt*, neste texto, oscila constantemente entre esses dois pólos; tive que optar, caso por caso, se 'violência' ou 'poder' era a tradução mais adequada, colocando um asterisco quando as duas acepções são possíveis" (BENJAMIN, 1986, p. 160, nota do tradutor). O mesmo cuidado, todavia, não se teve em edição mais recente publicada no Brasil, em que, sem qualquer advertência, se encontram os termos 'violência' e 'poder' ao longo do texto, tornando difícil, senão impossível, a compreensão do ensaio (BENJAMIN, 2012, p. 59-82).

resultando na mais perfeita e instantânea obediência. O que nunca pode nascer daí é o poder"[62] (ARENDT, 1970, p. 53, tradução livre).

A diferença é que, para Benjamin, a natureza violenta do direito (em sua criação e manutenção) contamina a política, já que o direito é a institucionalização da política. Assim, a deposição do direito acabaria com a violência e, por conseguinte, libertaria a submissão da vida ao poder, com dias de festa e liberdade sem restrições, como no carnaval (MATE, 2011a, p. 192-193).

O carnaval é a metáfora de que Benjamin se vale para caracterizar o verdadeiro estado de exceção, quando há uma troca de lugares durante a festa, em que, em diferentes épocas e culturas, escravos são servidos por seus senhores, homens e mulheres se fantasiam, trocando seus papéis, e até mesmo comportamentos então reprováveis socialmente são admitidos ou, quando menos, não ensejam qualquer punição, caracterizando-se "(...) um período de anomia que interrompe e, temporariamente, subverte, a ordem social" (AGAMBEN, 2004, p. 109). Todavia, como anota Michel Löwy:

> A diferença é que o parêntese carnavalesco era apenas um derivativo e os mestres retomavam seu lugar – "no alto" – quando a festa terminava. Evidentemente, o objetivo do "verdadeiro estado de exceção" é outro, nele não existiria mais nem "superior" nem "inferior", nem senhores nem escravos (LÖWY, 2005, p. 86).

Schmitt, ao contrário, pretende manter a ordem no caos a fim de que a suspensão do direito, no estado de exceção, não acabe em carnaval, isto é, na libertação de toda a norma (MATE, 2011a, p. 193), resultando em anarquia, com a subversão de toda a ordem social.

O que caracteriza o estado de exceção em Schmitt é principalmente a autoridade ilimitada do soberano, com a suspensão integral da ordem jurídica vigente. O direito se retrai, mas o Estado remanesce, porque, no estado de exceção, a ordem no sentido jurídico ainda prevalece, mesmo que não seja no seu sentido ordinário (SCHMITT, 1985, p. 12).

Agamben aponta que Schmitt põe no lugar da violência pura de Benjamin uma violência soberana, que não está fora do direito, o qual, por meio da decisão do soberano, é apenas suspenso no estado de exceção, sem ser abolido (AGAMBEN, 2004, p. 86).

---

[62] (...) *violence can always destroy power; out of barrel of a gun grows the most effective command, resulting in the most instant and perfect obedience. What never grown up out of it is power.*

Benjamim, todavia, descreve o soberano barroco como aquele que se vê na impossibilidade de decidir, em razão da separação entre o poder soberano e o seu exercício, entre a norma e a sua realização, pois "(...) entre o poder e seu exercício, abre-se uma distância que nenhuma decisão é capaz de preencher" (AGAMBEN, 2004, p. 87-88).

Nesse aspecto, a indecidibilidade soberana rompe com essa possibilidade de haver a realização da norma e, ao mesmo tempo, a sua suspensão, deixando clara "(...) uma zona absoluta de indeterminação entre anomia e direito, em que a esfera da criação e a ordem jurídica são arrastadas em uma mesma catástrofe" (AGAMBEN, 2004, p. 89).

O último *round* dessa disputa se dá com a Tese VIII sobre o conceito de história, na qual Benjamin enuncia a normalidade do estado de exceção nos seguintes termos:

> A tradição dos oprimidos nos ensina que o "estado de exceção" em que vivemos é na verdade a regra geral. Precisamos construir um conceito de história que corresponda a essa verdade. Nesse momento, perceberemos que nossa tarefa é originar um verdadeiro estado de exceção; com isso, nossa posição ficará mais forte na luta contra o fascismo. Este se beneficia da circunstância de que seus adversários o enfrentam em nome do progresso, considerado como uma norma histórica. O assombro com o fato de que os episódios em que vivemos nos séculos XX "ainda" sejam possíveis, não é um assombro filosófico. Ele não gera nenhum conhecimento, a não ser o conhecimento de que a concepção de história da qual emana semelhante assombro é insustentável (BENJAMIN, 1987, p. 226).

Antes de prosseguir, é importante contextualizar, ainda que rapidamente, as teses sobre o conceito de história de Benjamin, assumindo-se aqui o risco da simplificação, tendo em vista o caráter extremamente fragmentário, inacabado e, por vezes, hermético de sua obra (LÖWY, 2005, p. 13).

Benjamin escreveu suas teses pouco antes de sua morte, no conturbado período entre o fim de 1939 e o início de 1940, quando tentou, sem sucesso, fugir do fascismo que se instalara na Europa e viria propiciar, na sugestiva metáfora de Reyes Mate, a *meia-noite na história* (MATE, 2011a), inspirada na descrição desse contexto histórico por Victor Serge como a *meia-noite do século* (LÖWY, 2005, p. 35). As teses constituem, portanto, "(...) a resposta política de um filósofo no momento em que, na Europa, não havia nenhum lugar para a esperança" (MATE, 2011a, p. 9).

As teses revelam, mais do que isso, uma filosofia da história construída sobre três fontes, o romantismo alemão, o messianismo judaico e o marxismo (o materialismo histórico) (LÖWY, 2005, p. 17), que seriam, talvez, inconciliáveis entre si.

Do romantismo, Benjamin retira a crítica à modernidade, assentada em torno da ideologia do progresso, que sublima da história as barbáries sobre as quais se erige a civilização moderna capitalista, cujo triunfo se representa nos bens culturais, vistos por ele como um verdadeiro butim.

O messianismo lhe inspira na concepção da temporalidade histórica e da ação política, vislumbrando na redenção revolucionária a possibilidade suprema de se redimir todos os oprimidos da história, com a consumação de todo o acontecer histórico no tempo messiânico da desejada sociedade sem classes.

Já o materialismo histórico é revisto, com uma crítica contundente ao marxismo vulgar e à ideia de revolução como resultado natural, inevitável ou mesmo irresistível do progresso econômico e técnico, mediante uma proposta de organização do pessimismo, mas sem resignação fatalista e, sim, para a imediata interrupção dessa evolução histórica que levaria à catástrofe.

É possível encontrar na Tese VIII esses três elementos reunidos em torno do estado de exceção. Ao mesmo tempo em que Benjamin anota a tradição dos oprimidos de se verem sempre vencidos em nome do progresso, que avança historicamente tratando-os ordinariamente fora da lei, mas sob inteira submissão ao poder soberano dos vencedores (para eles o estado de exceção é a regra), reivindica um novo conceito de história que tenha a força messiânica de provocar um verdadeiro estado de exceção para redimi-los.

Isto é, o que ele propõe é que se alcance a redenção dos oprimidos, depondo-se o estado de exceção permanente a que eles vêm sendo submetidos ao longo da história, com o acontecimento do tempo messiânico revelado no verdadeiro estado de exceção (a sociedade sem classes), chamando atenção, ainda, para a cegueira daqueles que não conseguiam, no seu tempo, compreender que o fascismo, longe de ser uma manifestação tirânica anacrônica, era um produto autêntico do progresso da civilização moderna capitalista.

Quer dizer, quanto a esse último aspecto, nas palavras de Reyes Mate, Benjamin "(...) queria que o homem da rua se inquietasse diante da banalização que se fazia do fascismo, ao considerá-lo um resto do passado e não um produto autêntico do seu tempo" (MATE, 2011a, p. 200).

De acordo com Michel Löwy, há aí o confronto de duas concepções de histórias: a progressista, que entende o fascismo como uma exceção à regra do progresso – que logo seria superada –, e a apresentada por Benjamin, que aponta que a regra da história é a opressão, a barbárie e a violência dos vencedores, estando o fascismo profundamente enraizado no progresso industrial e técnico da modernidade (LÖWY, 2005, p. 83-85).

Na verdade, segundo Jeanne Marie Gagnebin, é possível encontrar três concepções de história e a oposição de Benjamin a duas delas: a *progressista*, então amplamente aceita dentre a socialdemocracia alemã, segundo uma ideia de progresso inevitável e cientificamente previsível que resultava em conformismo; e a *burguesa*, revelada no historicismo, que reconstrói o passado através de uma identificação afetiva do historiador com seu objeto (GAGNEBIN, 1987, p. 8).

No que interessa mais de perto aqui, extrai-se dessa ideia de normalidade do estado de exceção, pelo menos para os oprimidos, que o seu funcionamento apenas para situações de extrema emergência, tal como concebido por Schmitt, é inoperante.

De fato, o III Reich havia se estabelecido na Alemanha como um estado de exceção permanente, o que arruinava a operatividade da decisão soberana (AGAMBEN, 2004, p. 90-91). No dia 28 de fevereiro de 1933, logo após chegar ao poder, Hitler decretou a suspensão dos direitos fundamentais, conforme lhe autorizava o artigo 48 da Constituição de Weimar, para a proteção do povo e do Estado, e como esse decreto "(...) nunca foi revogado, pode-se dizer que a Alemanha nazista viveu sob um estado de exceção que durou doze anos" (MATE, 2011a, p. 192).

Ora, se não se distingue mais entre a regra e a exceção, o que resta é "(...) uma *fictio iuris* por excelência que pretende manter o direito em sua própria suspensão como força de lei" (AGAMBEN, 2004, p. 92).

Assim, Agamben assevera que o debate entre Benjamin e Schmitt se dá sobre a mesma zona de anomia onde se situa o estado de exceção e se manifesta a relação entre violência e direito. Ao passo de um, que tenta inserir a violência no direito (seja para fundá-lo, seja para conservá-lo), sob a forma de decisão sob suspensão da norma (Schmitt), corresponde o passo do outro, que procura assegurar a violência fora do direito como violência pura (Benjamin).

Agamben segue adiante em sua investigação sobre a estrutura do estado de exceção e, ao retomar o fundamento do *iustitium* romano, estabelece a relação entre seu elemento normativo (*potestas*) e seu elemento anômico (*auctoritas*). O Senado, investido de *auctoritas*, podia decidir pela suspensão do direito, posto em vigor pela *potestas* dos magistrados e do povo, que lhe conferia legitimidade. A *auctoritas*, então, suspendia a *potestas* (o direito), onde ela agia e a reativava onde já não estava mais em vigor, em uma relação de exclusão e suplementação (AGAMBEN, 2004, p. 115-122).

No fundo, é essa mesma relação que existe entre direito (como *nomos*) e vida (como anomia) e constitui a estrutura dos sistemas jurídicos ocidentais. O estado de exceção deve ser inserido nesse contexto, devendo preservar essa dependência como um "(...) dispositivo que deve, em última instância, articular e manter junto os dois aspectos da máquina jurídico-política, instituindo um limiar de indecidibilidade entre anomia e *nomos*, entre vida e direito, entre *auctoritas* e *potestas*" (AGAMBEN, 2004, p. 130).

Mas quando há uma indeterminação nesse espaço onde se situa o estado de exceção, quando a exceção vira a regra de governo e não se faz mais possível articular a relação entre esses elementos, "(...) o sistema jurídico-político transforma-se em uma máquina letal" (AGAMBEN, 2004, p. 130). Essa é a caracterização do estado de exceção permanente, em que:

> (...) o aspecto normativo do direito pode ser, assim, impunemente eliminado e contestado por uma violência governamental que, ao ignorar o âmbito externo do direito internacional e produzir no âmbito interno um estado de exceção permanente, pretende, no entanto, ainda aplicar o direito (AGAMBEN, 2004, p. 131).

Agamben conclui reivindicando um lugar para a política na relação *entre* violência e direito: "(...) mostrar o direito em sua não-relação com a vida e a vida em sua não-relação com o direito significa abrir entre eles um espaço para a ação humana que, há algum tempo, reivindicava para si o nome 'política'" (AGAMBEN, 2004, p. 130). Nem violência pura (Benjamin), nem direito suspenso (Schmitt), mas, sim, política em sua forma mais digna, isto é, como "(...) ação que corta o nexo entre violência e direito" (AGAMBEN, 2004, p. 130).

Essa compreensão da política aproxima-se bastante do conceito de poder de Arendt, para quem "(...) o poder está realmente na essência de todo o governo, mas a violência, não"[63] (ARENDT, 1970, p. 51,

---

[63] (...) *power is indeed of the essence of all government, but violence is not.*

tradução livre). Daí a afirmação, quanto à legitimidade do poder, de que "(...) o poder brota onde quer que as pessoas estejam juntas e ajam em conjunto, mas obtém sua legitimidade mais do ato inicial de unir-se do que de outras ações que possam seguir"[64] (ARENDT, 1970, p. 52, tradução livre).

Assim, o poder requer legitimidade, que se fundamenta no passado, nesse ato inicial do agir em conjunto, ao passo que a violência, embora possa ser justificada – relacionando-se com um fim que está no futuro –, jamais pode ser legítima.

Esse conceito de poder de Arendt torna-se mais claro a partir do contraste com os conceitos de "vigor" (*strength*),[65] "força" (*force*), "autoridade" (*authority*) e "violência" (*violence*). Após considerar "(...) um reflexo triste do atual estágio da Ciência Política que nossa terminologia não faça distinção entre essas palavras chaves"[66] (ARENDT, 1970, p. 43, tradução livre), Arendt estabelece as distinções conceituais: (i) o *vigor* é um atributo individual de cada homem, decorrente de seu caráter, que se manifesta com independência em relação a outras coisas ou pessoas; (ii) a *força*, por sua vez, embora seja comumente confundida com a violência, é vista como a energia que advém dos movimentos físicos ou sociais; (iii) a *autoridade* baseia-se no reconhecimento, no respeito incondicional daqueles que obedecem, não necessitando de coação, nem de persuasão; (iv) já a *violência*, embora se aproxime, do ponto de vista fenomenológico, com o *vigor*, tem caráter instrumental e sempre necessita de orientação e justificação pelos fins que persegue (ARENDT, 1970, p. 44-51); por último, (v):

> (...) o *poder* corresponde à capacidade humana não somente de agir, mas de agir de comum acordo. O poder nunca é propriedade de um indivíduo; pertence a um grupo e existe somente enquanto o grupo se conserva unido. Quando dizemos que alguém "está no poder", queremos, na verdade, referir que está habilitado por um certo número de pessoas a atuar em nome delas. No momento em que o grupo do

---

[64] (...) *power springs up whenever people get together and act in concert, but it derives its legitimacy from the initial getting together rather than from any action that then may follow.*

[65] Será adotada aqui a tradução de *strength* por "vigor", como faz Theresa Calvet de Magalhães (2006, p. 35-74), cabendo advertir sobre a dificuldade de se distinguir, no português, *strength* de *force*. Mas "vigor" se revela mais adequado do que "fortaleza", termo utilizado na edição brasileira de *On violence* (ARENDT, 2008, p. 123), e do que "*potencia*", termo utilizado na edição espanhola (ARENDT, 2005c, p. 61).

[66] (...) *a rather sad reflection on the present state of political science that our terminology does not distinguish among such key words.*

qual se originou a princípio o poder (*potestas in populo*, sem o povo ou um grupo não há poder), desaparecer, "seu poder", some também[67] (ARENDT, 1970, p. 44, tradução livre).

A persuasão através de argumentos, que se constitui no modo de manifestação do poder, era praticada pelos gregos, cujo governo, na *polis*, era firmado a partir do diálogo entre homens livres, e não por meio da violência, o que era o traço que distinguia os cidadãos (homens livres, admitidos na *polis*) de um lado, dos escravos (forçados ao trabalho doméstico, excluídos da *polis*) e dos bárbaros (que governavam pela violência) de outro (ARENDT, 1961, p. 22-23; ARENDT, 1998, p. 26-27).

Eis o legado dos gregos, onde Arendt foi buscar a origem do político, asseverando que "(...) a *polis* grega foi outrora precisamente a 'forma de governo' que proporcionou aos homens um espaço de aparecimentos onde pudessem agir, como uma espécie de teatro onde a liberdade podia aparecer",[68] fazendo questão de esclarecer, então, que "(...) empregar o termo 'político' no sentido da *polis* grega não é nem arbitrário nem descabido"[69] (ARENDT, 1961, p. 154, tradução livre).

Não são desconhecidas as críticas à Arendt por seu modernismo relutante, como aponta Seyla Benhabib, ao se apresentar, ambiguamente, como uma modernista filosófica e política e, ao mesmo tempo, como uma teórica antimoderna, cujo existencialismo político se inspira na *polis* grega e em sua glória perdida (BENHABIB, 1996, p. XXXIII-XXV).

Entretanto, a crítica de Arendt à modernidade, anunciando a vitória do *animal laborans* (ARENDT, 1998, p. 320-325), pela constatação de que a época moderna tornou os homens desinteressados de sua condição de atores políticos, levou-a a redescobrir a origem do político na *polis* grega, mantendo a esperança de que sejam redescobertas as potencialidades da ação na vida política, cuja novidade "(...) ainda pode vir a revolucionar nosso futuro político, a partir da invenção de novas formas de exercício da política e de novas formas de pensamento,

---

[67] (...) power *corresponds to the human ability not just to act but to act in concert. Power is never the property of an individual; it belongs to a group and remains in existence only so long as the group keeps together. When we say of somebody that he is "in power" we actually refer to his being empowered by a certain number of people to act in their name. The moment the group, from which the power originated to begin with* (potestas in populo, *without a people or group there is no power), disappears, "his power" also vanishes.*

[68] (...) *the Greek polis once was precisely that "form of government" which provided men with space of appearances where they could act, with a kind of theater where freedom could appear.*

[69] (...) *to use the word "political" in the sense of the Greek polis is neither arbitrary no far-fetched.*

capazes de recuperar e retraduzir em um instante a origem democrática da política" (DUARTE, 2002, p. 78).

A fortuna crítica de Arendt auxilia na recuperação da dignidade da política para se refletir sobre experiências de governo que negam os fundamentos da política, de que é exemplo maior a experiência do totalitarismo, com sua radical negação da liberdade.

Assim, a maneira de fazer crítica de Arendt se dá, sobretudo, como uma forma de denúncia (NASCIMENTO, 2010, p. 222), reivindicando um senso de responsabilidade sobre o que estamos fazendo – essa é, aliás, a análise que ela indica ter pretendido fazer em *A condição humana* (ARENDT, 1998, p. 5) –, cuja expressão, no campo da política, significa que "recuperar a política, dentro de uma concepção finitista, como a arendtiana, é recuperar uma esfera fundamental para revelação do homem como ser de liberdade, capaz de transcendência" (AGUIAR, 2002, p. 79-80).

É por essa razão que não parece inadequado pensar a redescoberta da origem do político, à maneira proposta por Arendt, e, ainda assim, levar-se adiante o projeto inacabado da modernidade, como faz, por exemplo, Jürgen Habermas ao propor uma releitura sobre a formação do poder legítimo, produzido comunicativamente, aduzindo que "tal poder comunicativo só pode se formar nos espaços públicos não deformados e só pode surgir a partir das estruturas de intersubjetividade não prejudicadas por uma comunicação não distorcida"[70] (HABERMAS, 1998, p. 215, tradução livre).

Habermas trata aí da importância de se aferir a legitimidade no surgimento do poder, seguindo Arendt, mas se propõe a buscar a legitimidade do poder não apenas nesse ato inicial do agir em conjunto, mas, também, no momento posterior, quando o poder, gerado comunicativamente (o poder político), constitui o poder que implementará as decisões através dele tomadas (o poder administrativo).

Com efeito, retomando o que já houvera afirmado ao analisar o conceito de poder de Arendt (HABERMAS, 1993, p. 115), Habermas assevera que "(...) a política não pode coincidir com a prática daqueles que falam entre si para atuar de forma politicamente autônoma",[71]

---

[70] *Tal poder comunicativo sólo puede formarse en los espacios públicos no deformados y sólo pude surgir a partir de las estructuras de intersubjetividad no menoscabada de una comunicación no distorsionada.*

[71] *La política no puede coincidir ya en conjunto con la práctica de aquellos que hablan entre sí para actuar de forma políticamente autónoma.*

reiterando que "(...) o conceito de política abarca *também* o emprego do poder administrativo no sistema político e a competição para acesso a ele"[72] (HABERMAS, 1998, p. 217, tradução livre).

Habermas, então, concebe o direito como um *medium* que transforma o poder comunicativo em poder administrativo (HABERMAS, 1998, p. 217) e, com isso, pretende apresentar as bases para a legitimação discursiva do Estado Democrático de Direito, amparado no direito formado legitimamente, com a capacidade de interditar, na geração comunicativa do poder, as interferências do poder social, isto é, "(...) da capacidade fática que os interesses privilegiados têm de se impor"[73] (HABERMAS, 1998, p. 218, tradução livre).

Na verdade, essas interferências do poder social poderiam impedir a criação democrática do direito por parte de cidadãos legitimados para participar desse processo como livres e iguais, deformando os processos de formação discursiva da opinião e da vontade.

E daí pode ser compreendida a legitimidade discursiva do Estado Democrático de Direito, escorada no reconhecimento dos direitos de participação política, que permitem a formação pública da opinião e da vontade sob as luzes do princípio do discurso, tanto em um *sentido cognitivo*, porque realizado em um procedimento democrático que assegura uma presunção de aceitabilidade racional dos resultados alcançados, quanto em um *sentido prático*, porque manifestado mediante um entendimento externado a partir dos processos comunicativos, isentos de violência, como sugere Arendt.

Assim, conclui Habermas que "(...) o *entrelaçamento da produção discursiva do direito com a formação comunicativa do poder* se explica, em última instância, porque na ação comunicativa as razões constituem também motivos"[74] (HABERMAS, 1998, p. 218, tradução livre).

Maurizio Passerin D'Entrèves acentua que o objetivo de Habermas é dirigido no interesse de "(...) completar o projeto do Iluminismo, no sentido de reconciliar as partes deterioradas da modernidade e de preservar as experiências de intersubjetividades não distorcidas"[75] (D'ENTRÈVES, 1994, p. 27, tradução livre), a partir,

---

[72] (...) *el concepto de lo político abarca* también *el empleo de poder administrativo en, y la competencia por el acceso a, el sistema político.*

[73] (...) *de la fáctica capacidad de imponerse que tienen los intereses privilegiados.*

[74] *El entrelazamiento de producción discursiva del derecho y formación comunicativa del poder se explica, en última instancia, porque en la acción comunicativa las razones constituyen también motivos.*

[75] (...) *to complete the project of the Enlightenment, in the sense of reconciling the decayed parts of modernity and preserving the experiences of undistorted intersubjectivity.*

segundo Barbara Freitag, da interpretação que ele faz da modernidade, mediante a análise crítica e o reexame da obra de inúmeros intérpretes da própria modernidade (FREITAG, 2005, p. 170).

Nesse sentido, o que se procura aqui, com apoio em Arendt e Agamben, é uma análise crítica do problema da (falta de) legitimidade do estado de exceção tornado um paradigma de governo, redescobrindo-se um lugar importante para a política na relação entre violência e direito para, depois, com Habermas, voltar-se à importância da mediação do direito na transformação do poder comunicativo em poder administrativo, naquele paradoxo surgimento da legitimidade a partir da legalidade.

É chegada, então, a hora de voltar ao que se disse no início deste tópico, quanto à potencialidade sempre presente de ressurgimento do totalitarismo sob novas formas, para se afirmar que o aparecimento de um estado de exceção permanente, nos tempos atuais, é um sinal de perigo.

E parece não haver resposta para essa situação fora da política, revelando-se extremamente perigosa a possibilidade de uma ditadura constitucional por meio da reivindicação de métodos de governo da tirania naquelas situações de crise em que as ações de governo, limitadas pelos direitos fundamentais e amarradas pela separação de poderes, não dão conta de atender eficazmente a necessidade e a urgência da adoção de medidas de proteção e de defesa diante de algum perigo público.

Mesmo se pudesse ser levada adiante a proposta de regulamentação do estado de exceção para se lidar com novos perigos públicos, em termos de uma constituição da emergência, na linha sugerida por Bruce Ackerman, permaneceria intacto o paradigma de governo do estado de exceção permanente. Isso porque o governo continuaria a operar naquela zona de indeterminação onde a exceção se torna a regra, esfacelando a indispensável articulação entre vida e direito e, com isso, qualquer tentativa de limitação jurídica de suas ações.

De igual modo, não é possível, também, apostar apenas na normatividade constitucional para evitar o sacrifício de importantes valores constitucionais, como fazem Laurence Tribe e Patrick Gudridge. Ainda que essa normatividade tenha sido reiterada ao longo de uma experiência constitucional que teria logrado fixá-la como estrelas de uma constelação, o buraco negro, representado pela catástrofe do estado de exceção permanente, tem potencial de arrastar tudo para a destruição.

A resposta para essa situação de perigo, para o risco do (re) aparecimento do totalitarismo, nessa nova roupagem revelada pelo paradigma de governo do estado de exceção permanente, não está, portanto, no direito *tout court*. Está, sim, na articulação que a política pode promover entre violência e direito, como instância mediadora onde se constitui o poder.

2.2.2 A Teoria da Constituição como lugar de crítica do direito constitucional

As considerações que foram feitas ao longo deste capítulo sobre o risco do estado de exceção permanente diante de um estado de emergência na saúde pública, revelado pela análise do discurso epidemiológico, tiveram por horizonte de sentido uma perspectiva crítica sobre a dogmática constitucional, papel esse indispensável para a Teoria da Constituição.

Marcelo Cattoni anota que o estatuto científico da Teoria da Constituição precisa mesmo assumir uma dupla perspectiva em relação ao direito constitucional: (i) uma *perspectiva interna*, por meio da qual lhe incumbe reconstruir a normatividade constitucional em termos do projeto constituinte de um Estado Democrático de Direito, assumindo a tensão entre facticidade e validade na análise crítica de princípios, regras, procedimentos, de modo a orientar sua compreensão, justificação e aplicação; (ii) uma *perspectiva externa*, por meio do diálogo complementar com as teorias da sociedade e as teorias políticas, para ultrapassar as abordagens tradicionais que se circunscrevem à efetividade do direito constitucional (CATTONI DE OLIVEIRA, 2012, p. 46-51).

Essa dupla perspectiva coloca em xeque a posição assumida pela dogmática jurídica, apresentada no capítulo anterior, sobre as ações de governo no estado de emergência na saúde pública, especialmente quanto às possibilidades de execução das ações de vigilância epidemiológica frente aos limites dos direitos individuais.

A situação de exceção permanente, reforçada no âmbito do discurso epidemiológico, precisa ser efetivamente assumida como um risco pela Teoria da Constituição ao se posicionar diante das respostas produzidas pelo direito constitucional, assim também as peculiaridades da tradição em que se insere a Constituição de 1988, cujas normas são interpretadas pela dogmática jurídica.

Não é possível, assim, simplesmente se adotar os pressupostos do constitucionalismo democrático para se discutir os limites e possibilidades das ações de governo no estado de emergência na saúde pública no Brasil sem se considerar, além do risco do estado de exceção permanente, o déficit de cidadania que marca a história do constitucionalismo brasileiro.

Quanto a esse último aspecto, Nelson Camatta Moreira enfatiza a importância de haver "(...) a abertura do diálogo da Teoria da Constituição com as demais ciências sociais e políticas, a fim de se recuperar ou, talvez, até mesmo, estabelecer (nortear) melhor o significado da Carta Fundamental para o povo e vice-versa" (MOREIRA, 2010, p. 119).

Sua proposta é, exatamente, a construção dos fundamentos de uma Teoria da Constituição Dirigente adequada à modernidade diferenciada brasileira, através de um diálogo com teorias políticas e sociais, a partir do qual é possível encontrar nessa modernidade brasileira o desenvolvimento de uma cidadania precária, com a formação de uma massa de *subcidadãos* – pobres, desprovidos da propriedade e alijados do poder –, que constitui uma grande parte da população brasileira (MOREIRA, 2010, p. 131), bem como pela naturalização da desigualdade, que opera à base de uma hierarquia implícita, opaca e intransparente, que mantém a desclassificação e a marginalização permanente desses subcidadãos (MOREIRA, 2010, p. 132). Assim,

> no transcurso histórico da modernidade brasileira, portanto, a disseminação massiva do *habitus* precário constitui o pano de fundo consensual que institucionaliza e legitima as práticas e as instituições modernas da sociedade brasileira, introduzindo uma perversa dinâmica de *invisibilidade pública* e *humilhação social*, na medida em que *naturaliza* posições de desigualdade, prevalência de privilégios, indiferenças cortantes em relação a inúmeros sujeitos e grupos sociais, estigmatizações e desumanizações permanentes, desfigurando de forma gritante tanto o sentido quanto a eficácia e incidência dos *princípios constitucionais da igualdade* e da *dignidade humana* (MOREIRA, 2010, p. 134).

O outro lado desse fenômeno de invisibilidade pública e humilhação social é a não integração dos subcidadãos na esfera política, produzindo um sofrimento político que gera, na mesma medida, uma pobreza política em grande escala (MOREIRA, 2010, p. 137).

Thiago Fabres de Carvalho, nessa mesma perspectiva, no campo da Criminologia, aponta que esses subcidadãos, além da humilhação social e da invisibilidade pública, ainda se veem como principais alvos do direito penal, utilizado historicamente no Brasil como mecanismo de gestão da subcidadania, da miséria e da exclusão social, segundo relações de poder forjadas a partir dessa naturalização da desigualdade (CARVALHO, 2014, p. 165-234).

Voltando à Teoria da Constituição, Moreira propõe, a partir dessa leitura da modernidade periférica brasileira, fundamentos para uma Teoria da Constituição Dirigente alicerçados em torno de um sentimento constitucional e de uma ética do reconhecimento como possível cura desse sofrimento político e condição de possibilidade para o cumprimento dos objetivos do Estado Democrático brasileiro (MOREIRA, 2010, p. 188-208), reforçando, com isso, uma atitude crítica não só em relação à dogmática constitucional, mas, também, frente à adoção irrefletida dos pressupostos constitutivos do Estado Democrático de Direito quando da atribuição de sentidos às normas constitucionais em vigor no Brasil.

E com essa mesma postura crítica se pode afirmar que a teoria discursiva de Jürgen Habermas, muito embora seja construída sob as luzes de uma teoria crítica da sociedade, deita raízes na particularidade da universalidade pensada desde a modernidade eurocêntrica, cuja validade para além deste centro precisa ser também criticada.

Tais reflexões são feitas aqui com Reyes Mate (i) ao propor uma universalidade negativa, que se baseia em um princípio ao mesmo tempo construtivo e monadológico, segundo o qual a universalidade consiste em salvar o singular (MATE, 2011a, p. 337), postulando não uma mera alteridade, tampouco um reconhecimento do outro, mas, sim, que a causa do outro seja assumida como própria (MATE, 2009, p. 78); (ii) ao denunciar que a universalidade ética como quer a teoria do discurso, numa releitura da exigência kantiana da universalidade (MATE, 2011b, p. 128-129), é muito particular, porque não contempla os que não têm voz, as vítimas do passado e do presente, "(...) que são apenas um grito, que só podem se fazer ouvir por terceiros, porque são por eles recordadas ou interpretadas"[76] (MATE, 2008, p. 140, tradução livre).

A crítica de Reyes Mate, como se vê, é dirigida aí em dois aspectos, que são, contudo, complementares entre si, porque têm uma base em comum: o sentido de *universalidade*, que é um traço característico da modernidade como projeto de civilização e de progresso da humanidade.

---

[76] (...) *que sólo pueden hacerse oír a través de terceros sea porque les recorden, sea porque les interpretan.*

Em sua análise, Reyes Mate anota que o Esclarecimento (*Aufklärung*), sendo um ideal de humanidade, "(...) é de fato um projeto europeu com vocação universal. Europa sabe ter descoberto a razão e a liberdade e, dada a natureza universal de seu descobrimento, se propõe como guia da humanidade"[77] (MATE, 2009, p. 63, tradução livre).

Então, a maturidade a que se chegara na Europa, com o desencantamento do mundo, instrumentalizado por meio do uso público da razão, teria tornado os europeus líderes na condução dos demais povos a esse mesmo estágio de civilização e de progresso.

Vale ressaltar que a Europa não é considerada aí sob o ponto de vista geográfico, porque esse projeto universalista nasce, antes de tudo, como um projeto eurocêntrico, sobretudo germânico e protestante; afinal, "(...) para Hegel, a Europa acaba nos Pirineus"[78] (MATE, 2009, p. 51, tradução livre).

A ideia do progresso irresistível da humanidade haveria de levar esse projeto universalista adiante, sem perder o seu *pedigree* eurocêntrico, o que resultou num tratamento colonialista da verdade e da ética, "(...) que conduz fatalmente a uma concepção igualmente colonialista – e, portanto, particularista – da universalidade"[79] (MATE, 2009, p. 63, tradução livre).

Reyes Mate aponta que, de Hegel até Habermas, a história da modernidade é contada em três atos, a Reforma, o Iluminismo e a Revolução Francesa, o que desconsidera o fato de que a Europa, até o ano 1492, nem era o centro do mundo, tampouco tinha consciência de sê-lo, uma vez que o território europeu era dominado pelos turcos e pelos árabes.

Somente com o "descobrimento" da América a Europa se assume como o centro do mundo e, a partir daí, os europeus se dedicam a aplicar política, militar e culturalmente o eurocentrismo. Isso revela tanto uma autoconsciência elevada de sua cultura, a justificar sua imposição, quanto a superioridade daí decorrente para contar a história sob esse ponto de vista, e a "América acaba sendo uma 'invenção' dos europeus e o 'descobrimento' um 'encobrimento' da realidade. O 'outro', se é

---

[77] (...) *es de hecho un proyecto europeo con vocación universal. Europa sabe que ha descubierto la razón y la libertad y, dada la natureza universal de su descubrimiento, se propone como guía de la humanidad.*

[78] (...) *para Hegel, Europa acaba en los Pirineos.*

[79] (...) *que fatalmente conduce a una concepción igualmente colonialista –y por tanto particularista– de la universalidad.*

'diferente', só existe como objeto de conquista"[80] (MATE, 2009, p. 65, tradução livre).

Trata-se aí do exercício de uma "geografia imaginativa", em sentido semelhante daquela dimensão apontada por Edward Said na década de 1970 ao denunciar, com o nome de *orientalismo*, que o Oriente é uma invenção do Ocidente:

> É perfeitamente possível argumentar que alguns objetos distintivos são feitos pela mente, e que esses objetos, embora pareçam existir objetivamente, têm uma realidade apenas ficcional. Um grupo de pessoas que vive em uns poucos hectares de terra estabelece fronteiras entre a sua terra e as adjacências imediatas e o território além, que chama de "terra dos bárbaros". Em outras palavras, essa prática universal de designar na própria mente um espaço familiar que é "nosso" e um espaço desconhecido além do nosso como "deles" é um modo de fazer distinções geográficas que pode ser inteiramente arbitrário. Uso a palavra *arbitrário* porque a geografia imaginativa do tipo "nossa terra – terra bárbara" não requer que os bárbaros reconheçam a distinção. Para "nós", basta estabelecer essas fronteiras em nossa mente; consequentemente, "eles" ficam sendo "eles", e tanto o território como a mentalidade deles são declarados diferentes dos "nossos" (SAID, 1990, p. 64).

O projeto da modernidade concebido na Europa é marcado, então, por uma universalidade expansiva, com pretensão de alcance até os últimos confins geográficos e epistemológicos, tratando os que resistem a esse processo integrador como imaturos (Kant) ou mesmo bárbaros e selvagens (Condorcet) (MATE, 2009, p. 66).

Sob a perspectiva ética, o particularismo dessa universalidade tomou forma, em primeiro lugar, de um nacionalismo ético, confinando-se nos limites do território nacional a preocupação ética, até que Hegel, se por um lado reforçou isso com a ideia de que o Estado é a totalidade ética, por outro lado inventou uma figura mais universal, que teria o condão de reunir os interesses dos homens dos diferentes povos em uma mesma história (MATE, 2009, p. 67-68).

Em torno dessa ideia de história universal, surgiram os princípios de razão para dar conta de explicar a objetividade do objeto, ou a realidade do real, sob três modalidades destacadas por Reyes Mate, quais sejam: a hegeliana (todo real é racional), a heideggeriana

---

[80] *América acaba siendo una "invención" de los europeos y el "descubrimiento" un "encubrimiento" de la realidad. El "otro", si es "diferente", sólo existe como objeto de conquista.*

(a existência não tem a ver com a razão) e a kantiana (o real, sem ser exclusivamente racional, é sempre racionalizável) (MATE, 2009, p. 68).

Tais princípios de razão deram origem às *filosofias da história* em quatro perspectivas: (i) a primeira, *hegeliana*, com uma visão racionalista e hiper-realista da história, onde não há lugar para uma visão moral do mundo que possa deter o avanço da história, prevalecendo uma moral derivada da inteligência da necessidade e de certa fatalidade da história (o que acontece era para ter acontecido); (ii) a segunda, *kantiana*, segundo a qual a história seria resultado da práxis, que deveria se orientar sob a ideia de uma moral universal, cujo sentido será dado apenas ao final, mas não como resultado de ações de indivíduos concretos, mas, sim, da espécie humana como um todo; (iii) a terceira seria o resultado das duas anteriores, com a combinação da filosofia hegeliana da história com a ideia kantiana de uma história universal, resultando numa ciência revolucionária da história, colocando a vontade a serviço da necessidade, da qual nasce o rigor (e o terror) totalitário de fazer o destino se cumprir; (iv) a quarta, *heideggeriana*, afasta-se das duas primeiras para, em torno da desconstrução, propor que a substância da história estaria construída por interrupções, pelo extraordinário, recusando qualquer princípio de razão ou de causalidade no decurso da história (MATE, 2009, p. 69).

Posta a questão nesses termos, Reyes Mate destaca o seguinte problema:

> Se é assim, as modernas filosofias da história estariam condenadas a uma rua sem saída, sem escapatória diante da necessidade de responder satisfatoriamente às seguintes questões: como imaginar o uso do "princípio da razão" que não conduza nem ao racionalismo (forma 1ª), nem ao irracionalismo (forma 4ª)? E como conservar uma visada ética sobre a política que não chegue ao totalitarismo (forma 3ª) ou à indiferença quanto ao sofrimento individual (forma 2ª)?[81] (MATES, 2009, p. 69, tradução livre).

À tentação de abandonar toda pretensão de universalidade, Reyes Mate resiste e procura lhe atribuir um novo sentido, amparando-se em Walter Benjamin para construir a ideia de *universalidade negativa*,

---

[81] *Si esto fuera así, las modernas filosofias de la historia estarían abocadas a un callejón sin salida, sin otra escapatoria que la necesidad de responder satisfactoriamente a la siguiente doble cuestión: ¿cómo imaginar un uso del 'principio de razón' que no conduzca ni al racionalismo (forma 1ª), ni al irracionalismo (forma 4ª)? Y ¿cómo conservar una mirada ética sobre la política sin que lleve al totalitarismo (forma 3ª) o la indiferencia respecto al sufrimiento individual (forma 2ª)?*.

valendo-se de um "(...) princípio 'construtivo' que permite uma visão monadológica da história universal, visão que seria a chave da negatividade própria da universalidade benjaminiana"[82] (MATE, 2009, p. 70, tradução livre).

A centralidade desse princípio construtivo (*Konstruktion*) consiste em "(...) não perder nada do passado"[83] (MATE, 2009, p. 71, tradução livre). Reyes Mate retira esse princípio da Tese XVII sobre o conceito de história de Benjamin, assim enunciada:

> O historicismo culmina legitimamente na história universal. Em seu método, a historiografia materialista se distancia dela talvez mais radicalmente que de qualquer outra. A história universal não tem qualquer armação teórica. Seu procedimento é aditivo. Ela utiliza a massa dos fatos, para com eles preencher o tempo homogêneo e vazio. Ao contrário, a historiografia marxista tem em sua base um princípio construtivo. Pensar não inclui apenas o movimento das idéias, mas também sua imobilização. Quando o pensamento pára, bruscamente, numa configuração saturada de tensões, ele lhes comunica um choque, através do qual essa configuração se cristaliza enquanto mônada. O materialista histórico só se aproxima de um objeto histórico quando o confronta enquanto mônada. Nessa estrutura, ele reconhece o sinal de uma imobilização messiânica dos acontecimentos, ou, dito de outro modo, de uma oportunidade revolucionária de lutar por um passado oprimido. Ele aproveita essa oportunidade para extrair uma época determinada do curso homogêneo da história; do mesmo modo, ele extrai da época uma vida determinada e, da obra composta durante essa vida, uma obra determinada. Seu método resulta em que na obra o conjunto da obra, no conjunto da obra a época e na época a totalidade do processo histórico são preservados e transcendidos. O fruto nutritivo do que é compreendido historicamente contém em seu *interior* o tempo, como sementes preciosas, mas insípidas (BENJAMIN, 1987, p. 231).

Mais uma vez, encontra-se aí uma concepção de história que procura rivalizar com o historicismo, com a acusação de que este produz história universal a partir de uma amontoação de fatos, que são organizados pelo historicista por meta-relatos sempre sob a ótica dos vencedores, fixando uma imagem de progresso linear.

Um dos intentos de Benjamin é resgatar todos os oprimidos do passado, esquecidos pela universalidade particularista do historicismo,

---

[82] (...) *principio 'constructivo' que permite una visión monadológica de la historia universal, visión que sería la clave de la negatividad propia de la universalidad benjaminiana.*

[83] (...) *no perder nada el pasado.*

que não os acolhe por não ter com eles identificação afetiva, ou afinidade eletiva. E para alcançar o passado em sua totalidade, ele se vale da figura de uma mônada, como "(...) um conjunto cristalizado de tensões que contém uma totalidade histórica" (LÖWY, 2005, p. 132), que revela uma "(...) capacidade universalizadora do particular" (MATE, 2011a, p. 340).

É da filosofia de Leibniz que Benjamin retira a figura da mônada, que representa "(...) a ideia de que algo tão minúsculo represente o todo (...)", de modo que "(...) graças à estrutura monadológica do objeto histórico, podemos ver, em seu interior, 'a pré-história e pós-história' do mesmo" (MATE, 2011a, p. 345).

A operação monadológica de conhecimento do objeto histórico pode se dar em diferentes escalas (da experiência de uma vida, do conjunto de uma obra, de uma época determinada) (MATE, 2011a, p. 348), e Benjamin propõe, para essa tarefa, a imobilização do pensamento, no sentido de se deter nesse fragmento do passado e arrancá-lo do enredo lógico da história universal, a fim de se "(...) romper o *continuum* de qualquer versão progressista ou historicista da história"[84] (MATE, 2009, p. 73, tradução livre).

Desse modo, da particularidade do objeto histórico, encarado como mônada, abre-se um novo passado que se dá a conhecer pelo historiador e, com ele, a chave de compreensão de uma nova visão da história, cuja universalidade *nega* (daí ser uma universalidade negativa) a pretensão universalizante do historicismo, com sua universalidade particularista que orienta a história universal segundo a ideologia dos vencedores.

Essa visão monadológica opera, portanto, sob a forma de transformação tanto do passado quanto do presente (GAGNEBIN, 1987, p. 16) na medida em que um novo passado, então esquecido, pode ser descoberto (passado-inédito), e o presente (presente-dado) passar a ser entendido a partir do que ele poderia ter sido e não foi.

Reyes Mate esclarece tal troca dialética, em que "(...) se esvazia o presente-dado de sua ideológica pretensão universal para em seguida introduzir na lógica da atualidade o ponto de vista do passado-inédito que permitirá um presente novo"[85] (MATE, 2009, p. 74-75, tradução livre).

---

[84] (...) romper el continuum *de cualquier versión progresista o historicista de la historia.*

[85] (...) se vacía el presente-dado de su ideológica pretensión universal para enseguida introducir en la lógica de la actualidad el punto de vista del pasado-inédito que permitirá un presente nuevo.

Todas essas considerações de Reyes Mate, feitas no contexto da crítica da particularidade da universalidade europeia sobre a América Latina, desembocam na sua proposta de postular não uma mera alteridade, tampouco um reconhecimento do outro, mas, sim, que a causa do outro seja assumida como própria para, com isso, não apenas acabar com a pretensão europeia de "descobrimento" da América, mas, sim, tanto para descobrir a própria Europa "(...) com os olhos dos ameríndios, interiorizando seus direitos não respeitados pelos europeus (...)",[86] quanto para "(...) pôr fim a uma lógica ocidental que uma vez levou à 'conquista' da América e hoje se perpetua com novas formas de dominação"[87] (MATE, 2009, p. 78, tradução livre).

Retomando o fio condutor da crítica aqui empreendida à teoria discursiva de Habermas, pode-se dizer que ela se insere nesse ambiente de particularidade da universalidade europeia[88] e, embora esteja calcada na tensão entre facticidade e validade, o que lhe permitiria considerar, na atribuição de sentido ao direito e à democracia, as experiências próprias da comunidade política concreta que pretende se organizar em torno de um projeto de associação de cidadãos politicamente autônomos, é preciso que seja *efetivamente assumida a historicidade* do direito e da democracia nesses contextos particulares.

E para se evidenciar com clareza esse ponto de vista, convém destacar a crítica que Reyes Mate também dirige à ideia de uma universalidade ética como quer a teoria do discurso de Habermas, porque não se fazem presentes nessa comunidade discursiva, como sujeitos moralmente responsáveis para participarem dos processos de formação racional da opinião e da vontade política, os sujeitos desprovidos de voz, seja porque jazem esquecidos no passado, seja porque são inauditos no presente.

Esse destaque se deve ao que já se expôs anteriormente, ou seja, tanto pelas vozes silenciadas no paradigma de governo do estado de exceção permanente quanto pelas particularidades do caso brasileiro,

---

[86] (...) *con los ojos de amerindios, interiorizando sus derechos no respetados por los europeos* (...).

[87] (...) *de poner fin a una lógica occidental que llevó ataño a la conquista de América y hoy se perpetúa con nuevas formas de dominio.*

[88] É interessante notar que, em entrevista concedida à Barbara Freitag em 1989, às vésperas de sua primeira vinda ao Brasil (e à América do Sul), Habermas, ao responder à pergunta sobre sua expectativa acerca da viagem, disse o seguinte: "Venho, pela primeira vez, à América do Sul. Também desconheço as condições do Brasil. Antecipo, com grande curiosidade, essa viagem. Só lamento ter de dar conferências e palestras, o que pode criar uma falsa impressão. Em verdade, venho para aprender. Não me sinto, de modo algum, em condições de dar conselhos *in loco* a quem quer que seja" (FREITAG, 2005, p. 250).

que distanciam a facticidade do constitucionalismo no Brasil do pano de fundo a partir do qual se pensa a universalidade desde o ponto de vista da modernidade eurocêntrica.

Com efeito, o silenciamento de tantos é ainda maior no Brasil, dada a massa de subcidadãos vivendo sem acesso aos direitos mais básicos de cidadania e, por isso mesmo, alijada dos processos de formação da opinião e da vontade política.

Para Reyes Mate, a teoria discursiva de Habermas falha ao relegar a compaixão, embora seja o ponto de partida para sua construção ética, a uma função meramente compensadora dos estragos produzidos no processo de socialização, em que os indivíduos, cada qual com a garantia de respeito à inviolabilidade de sua dignidade, reconhecem-se mutuamente como membros de uma mesma comunidade (MATE, 2008, p. 126-127), mas tornam-se indiferentes ao sofrimento e à miséria humana, porque tais questões não importam ou não são implicadas no consenso racional estabelecido (MATE, 2008, p. 139).

A compaixão se perderia no meio do caminho da construção da ética discursiva por causa do afastamento entre ética e política, que só se reconciliariam na razão comunicativa no caso extremo de violação dos direitos fundamentais, quando as questões morais se transformam em questões de ética política, não sendo esse, entretanto, o caso das democracias ocidentais, porque "(...) aqui não se questiona a validez dos direitos humanos e, portanto, estamos dispensados do estado de exceção que obriga a falar de ética política"[89] (MATE, 2008, p. 138, tradução livre).

A questão fundamental colocada é como seria possível erigir a comunidade de cidadãos politicamente autônomos, como sujeitos moralmente responsáveis, sobre o sofrimento de todas as vítimas que ficaram para trás e à custa de quem se tornou possível esse projeto.

Tomando como exemplo a proposta de universalização do Estado de Bem-Estar Social, construído sobre o sofrimento de muitas vítimas, Reyes Mate anota que uma decisão sobre a conveniência de se ampliar ou manter o Estado de Bem-Estar Social, para ser justificada moralmente, teria que contar com o consentimento inclusive daqueles que foram suas vítimas, isto é, daqueles que lutaram, pagando o preço de suas vidas, sem chegar a desfrutar de seus benefícios (MATE, 2011b, p. 133). Seria isso possível à luz da ética do discurso?

---

[89] (...) *aquí no se cuestiona la validez de los derechos humanos y, por tanto, estamos dispensados del estado de excepción que obligaría a hablar de ética política.*

Segundo Reyes Mate, é impossível que a compaixão seja derivada da razão comunicativa, pois "(...) a racionalidade comunicativa só funciona entre sujeitos presentes, capazes de argumentar, capazes de dar razões e de se deixar convencer pelas melhores razões, com vistas a um acordo racional"[90] (MATE, 2011b, p. 157, tradução livre).

E mais: "Não se dialoga com vítimas, escuta-as. Frente à interpelação das vítimas que sofreram uma violência injusta, de pouco vale o consenso de comunicação horizontal; o que importa é responder a seu sofrimento ou a sua injustiça"[91] (MATE, 2011b, p. 157, tradução livre).

A maneira de se romper essa horizontalidade da comunicação é a reconciliação entre ética e política através de uma ética compassiva, com "(...) a mediação sensível ou naturalizada entre o particular do sentimento e o universal da dignidade humana"[92] (MATE, 2008, p. 145, tradução livre), dando-se o nome de compaixão a "(...) uma ética intersubjetiva, não simétrica, mas, sim, de acordo com a assimetria real"[93] (MATE, 2008, p. 145, tradução livre).

É interessante notar que Reyes Mate se vale da parábola bíblica do bom samaritano (Lc 10, 30-37) para ilustrar o sentido de proximidade, ou melhor, de aproximação, que orienta a ética compassiva, exigindo do sujeito, para se constituir como um sujeito moral, que parta do necessitado, que se compadeça com seu sofrimento e, assim, tenha condições de oferecer uma resposta à necessidade do outro nessa relação intersubjetiva (MATE, 2008, p. 145-147). A ética da compaixão é, portanto, política e consiste em:

> (...) a) priorizar os direitos dos mais necessitados, pois sua existência é fruto de uma injustiça inferida, e b) obter o reconhecimento, isto é, a legitimidade deles mesmos – *dos outros* – enquanto quem decide politicamente faz sua a causa desses outros ao assumirem (os políticos) obrigações a respeito dos direitos pendentes dos mesmos[94] (MATE, 2008, p. 155, tradução livre).

---

[90] (...) *la racionalidad comunicativa sólo funciona entre sujetos presentes capaces de argumentar, capaces de dar razones y dejarse convencer por mejores razones, en vista a un acuerdo racional.*

[91] *Con las víctimas non se dialoga, se las escucha. Frente a la interpelación de las víctimas que han sufrido a una violencia injusta, de poco vale el consenso o la comunicación horizontal; lo que importa es responder de su sufrimiento o de su injusticia.*

[92] (...) *mediación sensible o naturalizada entre lo particular del sentimiento y lo universal de la dignidad humana.*

[93] (...) *una ética intersubjetiva, pero no simétrica, sino de acuerdo con la asimetría real.*

[94] (...) *a) priorizar los derechos de los más necesitados, pues su existencia es fruto de una injusticia inferida, y b) obtener el reconocimiento, esto es, la legitimidad de esos mismos –los otros– en tanto en cuanto quienes deciden políticamente hacen suya la causa de esos otros y se saben (los políticos) con obligaciones respecto a los derechos pendientes de los mismos.*

Por essa via, Reyes Mate entende resgatada a compaixão como fundamento primeiro da moralidade, isto é, como um sentimento moral, que teria se perdido no meio do caminho da construção da ética discursiva de Habermas, em sua proposta de reconciliação do princípio da universalidade com o da autodeterminação.

Essas colocações interessam bastante aqui no campo da Teoria da Constituição, e as questões que se colocam são: seria, então, ainda recomendável "aproveitar" a teoria do discurso para se fundamentar racionalmente o Estado Democrático de Direito como um projeto de associação de cidadãos politicamente autônomos e, assim, compreender a justificação e a aplicação das normas constitucionais? Sobretudo levando-se em consideração a particularidade do caso brasileiro, com tantos brasileiros, de ontem e de hoje, excluídos do processo de formação discursiva da opinião e da vontade política?

A rigor, a teoria discursiva do direito e da democracia não parece refratária a que questões morais sejam tratadas em primeiro plano como questões de ética política, no modelo procedimental de formação racional da opinião e da vontade política. Pode haver, de fato, um espaço adequado para a compaixão, nessa proposta de uma ética compassiva feita por Reyes Mate, que não desborda, necessariamente, da ética discursiva.

Aliás, Habermas, mais recentemente, parece ter descoberto nas grandes tradições religiosas a função de despertar uma sensibilidade para o fracasso e para o sofrimento, preservando do esquecimento as devastações causadas pelo processo de socialização, destacando a potencialidade semântica das mensagens religiosas, se traduzidas em discursos racionais, com a liberação de seus conteúdos de verdade (HABERMAS, 2008a, p. 6).

Na discussão empreendida com Joseph Ratzinger sobre os fundamentos morais do Estado, Habermas, resgatando a questão formulada por Wolgang Böckenförde sobre "(...) se o Estado liberal e secularizado se sustentava em pressupostos normativos que ele mesmo não poderia sequer garantir (...)"[95] (HABERMAS, 2008b, p. 9, tradução livre), interroga-se sobre os fundamentos pré-políticos do Estado Democrático de Direito.

Para tanto, propõe "(...) entender o processo de secularização cultural e social como um duplo processo e aprendizagem que força

---

[95] (...) *si el Estado liberal y secularizado se sustentaba en presupuestos normativos que él mismo no podía siquiera garantizar* (...).

tanto as tradições da Ilustração como os ensinamentos religiosos a uma reflexão sobre seus respectivos limites"[96] (HABERMAS, 2008b, p. 11, tradução livre).

Mesmo se assim não fosse, tomando-se como verdadeira a afirmação de Reyes Mate de que já seria dispensável nas democracias ocidentais discutir as questões morais como questões de ética política, senão no caso extremo de violações de direitos fundamentais, esse assunto, ao contrário, deve ser tratado como prioridade no Brasil, como meio de se enfrentar a pobreza política em grande escala decorrente da invisibilidade pública e da humilhação social dos subcidadãos, os quais, por serem privados cotidianamente dos mais básicos direitos de cidadania, não são integrados na esfera política.

Se existe esse estado de exceção da ética discursiva – como apontado por Reyes Mate –, chamada apenas excepcionalmente a transformar questões morais em questões de ética política, é ele que precisa se tornar permanente no Brasil.

A questão é de ênfase, portanto, e o próprio Habermas passou a considerar a necessidade de se abrir espaço de sentido para a visibilidade do fracasso e do sofrimento humano tal como traduzida nas grandes tradições religiosas, de que é exemplo privilegiado a parábola do bom samaritano.

Na verdade, se Habermas entende que, na formação da opinião e da vontade política, compareçam, nos discursos de justificação das normas jurídicas, questões pragmáticas, questões ético-políticas e questões morais (HABERMAS, 1998, p. 230), deve-se reivindicar, no contexto brasileiro, por uma ética compassiva, que os direitos dos mais necessitados (dos subcidadãos, excluídos da esfera política) sejam priorizados em qualquer deliberação política, tornando-se, assim, possível a obtenção de seu reconhecimento mediante uma "(...) ação estratégica, cuja função primordial consistiria em estabelecer as condições materiais e políticas para que a ação comunicativa e, no contexto dela, o discurso prático possam entrar em ação" (FREITAG, 2005, p. 104).

A preferência aqui pela teoria discursiva de Habermas decorre dos mecanismos que nela se desenvolvem a partir da tensão entre factidade e validade – "(...) da tensão entre a positividade do direito e a legitimidade que esse direito reclama para si"[97] (HABERMAS, 1998,

---

[96] (...) *entender el proceso de secularización cultural y social como un doble proceso de aprendizaje que fuerce tanto a las tradiciones de la Ilustración como a las enseñanzas religiosas a una reflexión sobre sus respectivos límites.*

[97] (...) *la tensión entre la positividad del derecho y la legitimidad que ese derecho reclama para sí.*

p. 160, tradução livre) – para também se identificar o uso instrumental da compaixão na política, o que traz o risco de, ao invés de se ensejar a emancipação através dela, manter-se a exclusão dos já excluídos da esfera política.

Efetivamente, se os excluídos não estão integrados na esfera política e, por isso, não participam dos processos de formação discursiva da opinião e da vontade política, isso não significa que deva ser estabelecida uma função paternalista para o Estado com o fim de garantir igual distribuição de liberdades subjetivas de ação, levando-os a uma posição marginal de "clientes" do poder administrativo, consoante se entedia à época do surgimento do Estado do Bem-Estar Social (HABERMAS, 1998, p. 487).

A ética compassiva, embora promova uma reconciliação entre ética e política, reivindicando a presença dos excluídos na esfera política através da compaixão de quem exerce a deliberação e assume como sua a causa de quem sofre essa exclusão, precisa ser mediatizada pela ética do discurso para se denunciar qualquer tentativa de se manter a colonização e, com isso, o reforço da posição marginal dos excluídos nos processos de formação da opinião e da vontade política.

Procura-se, dessa forma, afastar a ideia de que a compaixão na política se transforma no pesadelo da razão, assumindo um caráter meramente instrumental, no interesse apenas dos líderes da ralé na sedução das massas (MAGALHÃES, 2004, p. 58-66).

Pelo contrário, levando-se a sério os pressupostos constitutivos de um Estado Democrático de Direito, toda e qualquer deliberação política que envolver a priorização dos direitos desses mais necessitados deverá ser posta à prova, devendo ter sua legitimidade construída discursivamente sob o critério da maior inclusão.

Marcelo Campos Galuppo defende, nesse contexto, uma *igualdade aritmeticamente inclusiva*, no sentido de que "(...) cada vez que um número maior de cidadãos for incluído em discursos jurídicos, estamos criando igualdade e não desigualdade" (GALUPPO, 2002, p. 213-214). Daí a afirmação de que:

> A discriminação pode ser legitimamente entendida como um critério de produção de igualdade toda vez que ela implicar maior inclusão dos cidadãos nos procedimentos públicos de justificação e aplicação das normas jurídicas e de gozo dos bens e políticas públicas (GALUPPO, 2002, p. 216).

Assim, para o desenvolvimento de uma ética intersubjetiva não simétrica, que leve em conta a assimetria real entre tantos na facticidade da vida em sociedade e, ao mesmo tempo, que se compadeça com o sofrimento e a miséria desses tantos, ou seja, de uma ética compassiva, propõe-se uma igualdade aritmeticamente inclusiva à luz da ética do discurso.

No que interessa mais de perto aos objetivos desta pesquisa, podem ser sintetizadas as seguintes conclusões parciais, como um precipitado das reflexões feitas neste segundo capítulo:

(i) o discurso epidemiológico de prevenção e controle da peste abriga unidades discursivas típicas do discurso jurídico do poder soberano no estado de exceção (*vigilância* e *perigo*), segundo se depreende da análise do discurso realizada à moda de Michel Foucault;

(ii) essa situação abre espaço para que venham a ser efetivadas ações governamentais no estado de emergência na saúde pública, orientadas pelo discurso epidemiológico, com potencialidade de surgimento de um estado de exceção permanente, à semelhança da denúncia feita por Giorgio Agamben ao examinar o paradigma de governo da guerra contra o terror como uma forma de totalitarismo moderno;

(iii) para o enfrentamento desse estado de exceção permanente, se faz necessário, a partir da redescoberta da dignidade da política, indagar-se acerca da própria legitimidade do poder e do direito estabelecido, na linha de Hannah Arendt;

(iv) isso é possível quando se considera que a Teoria da Constituição deve ocupar o seu lugar de crítica do direito constitucional, devendo se abrir, ainda, ao diálogo com teorias da sociedade e teorias políticas, como destaca Marcelo Cattoni, sobretudo para se adequar a justificação e a aplicação das normas constitucionais no Brasil às peculiaridades do constitucionalismo brasileiro, levando-se em consideração o fenômeno social e político da subcidadania, conforme sugere Nelson Camatta Moreira, que favorece ainda mais o aparecimento de um estado de exceção permanente;

(v) a teoria discursiva de Jürgen Habermas, muito embora forneça subsídios para uma compreensão do direito e da democracia em torno da tensão entre facticidade e validade, não contempla, *a priori*, contextos particulares que rejeitam sua pretensão de universalidade pensada desde o eurocentrismo, no sentido da crítica apresentada por Reyes Mate;

(vi) revela-se, contudo, possível ampliar os horizontes dessa teoria discursiva, aplicando-a a contextos particulares como o brasileiro, cuja história do constitucionalismo é marcada pelo déficit de cidadania caracterizado pelo fenômeno da subcidadania, desde que seja assumida estrategicamente a compaixão na ética do discurso, para se integrar nos processos discursivos de formação da opinião e da vontade aqueles que estão excluídos da esfera política, os subcidadãos, sem se abrir mão de uma análise crítica, que possa vir a revelar um falseamento dessa integração, se restar caracterizada a pretensão de se manter a exclusão dos já excluídos da esfera política.

Em suma, a atitude crítica na análise da justificação e da aplicação das normas constitucionais não pode desconsiderar as especificidades do projeto constituinte no Brasil, sobretudo os percalços na história do constitucionalismo brasileiro que levaram ao fenômeno da subcidadania, que priva grande parte da população do acesso ao sistema de direitos instituído pela Constituição de 1988, propiciando um estado de exceção permanente que possui características bem peculiares.

É por isso que deve ser efetivamente assumida a historicidade do direito e da democracia no contexto particular da história do constitucionalismo brasileiro, a fim de que seja produtiva, do ponto de vista da Teoria da Constituição, a análise crítica das respostas apresentadas pela dogmática jurídica sobre a interpretação da Constituição no Brasil.

Logo, é importante construir e inserir adequadamente na história do constitucionalismo brasileiro o acontecimento da Revolta da Vacina, ocorrido em 1904 no Rio de Janeiro, por ser um evento histórico de grande significação, onde se colocou em debate público a legitimidade da intervenção estatal na vida privada a partir da regulamentação da lei que determinou a vacinação obrigatória contra a varíola.

A importância de se retornar à Revolta da Vacina se justifica porque não houve, desde o início do processo de constitucionalização no Brasil com a Constituição de 1824, nenhum outro evento histórico que tenha tido a mesma repercussão, motivado por uma discussão pública sobre os limites e possibilidades da intervenção estatal na vida privada para prevenir e controlar as pestes. Afinal, como se sabe, a revolta venceu a invasão do Estado na vida privada das pessoas, que resistiram violentamente, levando à revogação da lei de vacinação obrigatória após os protestos que ocorreram na cidade do Rio de Janeiro.

Ademais, essa análise permite enxergar o discurso epidemiológico em ação, propiciando uma importante chave de interpretação sobre como se fez a prevenção e o controle da peste no país, no bojo de uma política de higienização e de ordenação dos espaços da cidade, bem como sobre o problema concreto da execução das ações de vigilância epidemiológica frente aos limites dos direitos individuais. O objetivo, como se vê, é pensar o risco do estado de exceção a partir das próprias experiências do constitucionalismo brasileiro.

Assim, uma vez exposta a fragilidade da resposta oferecida pela dogmática jurídica no enfrentamento do problema relacionado às possibilidades de execução das ações de vigilância epidemiológica frente aos limites dos direitos individuais, no próximo capítulo será construído e inserido adequadamente na história do constitucionalismo brasileiro o acontecimento da Revolta da Vacina, o que será indispensável para a análise, no último capítulo, tanto dos limites e possibilidades da intervenção estatal na vida privada no estado de emergência na saúde pública, segundo os pressupostos de um constitucionalismo democrático, quanto da revolta contra a política de higienização, entendida em termos de ação política, produzida segundo uma ética da responsabilidade.

CAPÍTULO 3

CONTAR A REVOLTA DA VACINA NA HISTÓRIA DO CONSTITUCIONALISMO BRASILEIRO: QUANDO A INVASÃO GEROU A REVOLTA

3.1 Historiografia recente da Revolta da Vacina: rebeldes, mas não insanos

Alguns historiadores vêm propondo uma abordagem renovada de acontecimentos importantes da história política brasileira, interessados na articulação de visões diferenciadas sobre a cidadania, para, com isso, darem um novo sentido a diversas experiências em torno desse tema a fim de melhor compreenderem os desafios de seu processo de afirmação no Brasil.

Nesse sentido, tem-se apontado que a proclamação da República não foi, simplesmente, obra exclusiva dos militares, descontentes com as questões militares que se arrastavam desde o fim da Guerra do Paraguai, embora esse ponto de vista ainda encontre acolhida em versões contemporâneas e na própria historiografia (NEVES, 2006, p. 27).

Por mais que o povo das ruas da capital, o povo pobre do interior, das vilas e capitais provinciais olhasse com algum descrédito – *bestializados*, nos dizeres de Aristides Lobo – a inauguração do novo regime, "(...) *os significados sociais de que se rodeia* o acontecimento da proclamação da República do Brasil se reúnem e *o improviso* de 1889 encontra sua completude na *invenção republicana* de Campos Sales e dos governos que o seguiram" (NEVES, 2006, p. 33-34).

Nesse contexto, a Revolta da Vacina, ocorrida na cidade do Rio de Janeiro em 1904, já no alvorecer da República, constitui um exemplo privilegiado de análise, porque coloca em cores marcantes a atuação do povo nas ruas contra a pretensão do Estado de levar a efeito a campanha da vacinação obrigatória.

Mais do que isso, a análise da Revolta da Vacina permite enxergar o discurso epidemiológico em ação, propiciando uma importante chave de interpretação sobre como se fez a prevenção e o controle da peste no país, no bojo de uma política de higienização e de ordenação dos espaços da cidade, bem como sobre o problema concreto da execução das ações de vigilância epidemiológica frente aos limites dos direitos individuais.

Lima Barreto, no seu primeiro romance, *Recordações do escrivão Isaías Caminha*, escrito à época em que eclodiu a revolta, retratou literariamente o acontecimento através de uma metáfora: a revolta contra a obrigatoriedade do uso de sapatos, resultante "(...) de um projeto do Conselho Municipal, que foi aprovado e sancionado, determinando que todos os transeuntes da cidade, todos que saíssem à rua seriam obrigados a vir calçados" (BARRETO, 2010, p. 223).

O escritor se valeu da ficção para criticar o que, em sua opinião, constituiu uma excrescência da República Velha: o desejo de se proceder a uma higienização da cidade a partir de investidas sobre os corpos e as casas das pessoas, sobretudo daquelas que eram consideradas um verdadeiro expurgo social.

Assim como na história, na ficção também houve a revolta dos que se viram obrigados a sair à rua calçados, ameaçados pelos boatos que corriam na cidade de que "(...) quem tiver pé grande tem que sofrer uma operação para diminuir os pés" (BARRETO, 2010, p. 245), tudo em nome da modernização, do projeto de se transformar o Rio de Janeiro, assim como a invejada Buenos Aires da época, em "(...) uma verdadeira capital europeia" (BARRETO, 2010, p. 223).

A resistência do povo à investida do Estado, em seus diversos matizes, e a correspondente reação do governo, com a decretação do estado de sítio que logrou pôr fim à insurreição popular, serão aqui construídas em termos de ação política, isto é, tanto como ação de revolta diante do absurdo da política de higienização na ordenação da vida privada e dos espaços da cidade quanto como repressão estatal violenta à ameaça de vir abaixo o governo.

3.1.1 O exemplo privilegiado da Revolta da Vacina: os dilemas da modernização do Rio de Janeiro no início do século XX

O cenário que caracteriza a virada do século XIX para o século XX no Rio de Janeiro deflui de uma conjunção de fatores em que a vertigem e a aceleração do tempo nas principais cidades brasileiras – e na cidade-capital, de um modo especial – se misturavam com um marasmo nas vilas do interior e nos sertões do país que parecia impedir qualquer avanço (NEVES, 2006, p. 15).

Por mais que a vida vertiginosa na cidade do Rio de Janeiro contrastasse com a vida modorrenta do interior, as profundas transformações pelas quais passaria a cidade na virada do século vieram a se dar sob o caudal dos ideais modernos, inspirados na associação dos conceitos de progresso e civilização, que eram exaltados pelo exemplo de desenvolvimento das nações europeias:

> (...) de olhos postos do outro lado do Atlântico, o Brasil, metonimizado em sua capital, procurava imitar, *em faina cega de copistas e fugindo ao transigir mais ligeiro com as exigências da nossa própria nacionalidade*, nas palavras de Euclides, os modos de viver, os valores, as instituições, os códigos e as modas daquelas que então eram vistas como as nações progressistas e civilizadas (NEVES, 2006, p. 19).

O desejo de transformação do espaço das cidades, de se desenvolver o país sob os auspícios da modernização como resultado inexorável do processo de civilização, torna-se algo próximo de uma questão de honra nacional. No brado irônico de Lima Barreto:

> (...) a Argentina não nos devia vencer; o Rio de Janeiro não podia continuar a ser uma estação de carvão, enquanto Buenos Aires era uma verdadeira capital europeia. Como é que não tínhamos largas avenidas, passeios de carruagem, hotéis de casaca, clubes de jogo? (LIMA BARRETO, 2010, p. 223).

E as conquistas da técnica e da ciência da época, reveladas nas grandes invenções e descobertas do período, pareciam tornar tudo possível. O atraso haveria de ser vencido. O desafio era grande, mas não impossível. Era apenas uma questão de tempo para o país entrar no vistoso rol das nações civilizadas e progressistas, e esse tempo histórico poderia ser acelerado desde que concorressem a aplicação das inteligências e a mobilização de vontades, muito embora essa perspectiva não levasse em conta que a separação das nações periféricas, como o Brasil, das grandes nações europeias não parava de se aprofundar e se dava, exatamente, na medida da produção exponencial da riqueza, da hegemonia e do lugar ocupado pelos chamados países civilizados e progressistas às custas da subordinação ainda colonial das nações periféricas. Entretanto, a ideologia do progresso impedia que as coisas fossem vistas dessa maneira (NEVES, 2006, p. 23-24).

O Rio de Janeiro precisava se inserir no cenário internacional como grande metrópole, cabendo ressaltar sua importância para a atividade econômica do país, onde se situava o maior porto nacional e o terceiro em movimento das Américas, cujo ritmo frenético da atividade portuária já não mais combinava com a fama de ser o *túmulo dos estrangeiros*, que foi alcançada por ter a cidade se notabilizado por ser um temido foco de propagação e de alta incidência das pestes que aterrorizavam à época (febre amarela, febre tifoide, impaludismo, varíola, peste bubônica, tuberculose etc.) (SEVCENKO, 2010, p. 62-63).

Para dificultar as coisas, a cidade do Rio de Janeiro demonstrava um crescimento populacional desordenado, pois era um dos principais destinos de inúmeros imigrantes, pessoas oriundas do interior do país em busca de melhores condições de vida, escravos libertos, estrangeiros atraídos pelas oportunidades anunciadas pelo governo, enfim, toda uma gente que veio a se instalar, precariamente, na cidade (CARVALHO, 2010, p. 16-19).

É sob esse pano de fundo que surgiu uma forma de se conceber a gestão das diferenças sociais na cidade, na execução de um plano para a ordenação de seus espaços que se apoiou, segundo Sidney Chalhoub, em dois alicerces: (i) no surgimento da identificação das classes pobres como classes perigosas; (ii) na ideia de que a cidade poderia ser administrada unicamente segundo critérios técnicos e científicos (CHALHOUB, 1996, p. 19-20).

Com efeito, a pobreza era reveladora de um vício, a ociosidade, que se contrapunha à virtude do bom cidadão, o trabalhador honesto, que, tendo gosto pelo trabalho, havia de prosperar. A pobreza fazia do pobre um malfeitor em potencial, por uma suspeita generalizada derivada de uma associação de conceitos: "(...) os pobres carregam vícios, os vícios produzem malfeitores, os malfeitores são perigosos à sociedade; juntando os extremos da cadeia, temos a noção de que pobres são, por definição, perigosos à sociedade" (CHALHOUB, 1996, p. 22).

Essa suspeita generalizada, convertida em preconceito e discriminação, recaía com mais intensidade ainda sobre os negros, cuja libertação não teria apagado os vícios da escravidão: *todo cidadão de cor era necessariamente um malandro*. A lei da abolição não poderia ter o efeito miraculoso de fazer desparecer os vícios que os libertos trouxeram do seu antigo estado servil, tampouco seria capaz de lhes incutir o gosto pelo trabalho honesto (CHALHOUB, 1996, p. 23-25).

Identificadas as classes pobres como classes perigosas, o passo quase simultâneo foi enxergar nos pobres o perigo de contágio, tanto no sentido metafórico da pobreza como doença contagiosa, a ensejar uma intervenção sobre os adultos (reprimindo-se os supostos hábitos que levariam à ociosidade) e sobre as crianças (imunizando-as dos vícios de seus pais mediante a educação), quanto no sentido literal mesmo, ao se diagnosticar que os hábitos dos pobres eram nocivos à sociedade, já que os cortiços onde viviam eram focos de epidemias e terreno fértil para a cultivação de toda sorte de vícios (CHALHOUB, 1996, p. 29). Em síntese, "os cortiços são vistos tanto como um problema para o controle social dos pobres quanto uma ameaça para as condições higiênicas da cidade" (CHALHOUB, 1996, p. 31).

A higiene se afirmará, então, como ideologia para colocar em marcha o plano de ordenação dos espaços da cidade, aglutinando o desejo de se conduzir o país à civilização "(...) sob uma forma 'científica' – isto é, 'neutra', supostamente acima dos interesses particulares e dos conflitos sociais em geral – de gestão dos problemas da cidade e das diferenças sociais nela existentes" (CHALHOUB, 1996, p. 35).

Por mais que tenha havido verdadeiras batalhas na Administração Pública em torno da formulação da política de higienização, o alvo que se desenhou muito claramente a ser atingido desde o início foi um só: os cortiços (CHALHOUB, 1996, p. 36-40).

Tais habitações coletivas, erguidas em caráter precário, onde se misturava todo tipo de gente morando sob o mesmo teto, compartilhando os mesmos vícios e nenhuma virtude, eram o símbolo por excelência da insalubridade pública, porque abrigavam os doentes (pobres) e, por conseguinte, a doença (a pobreza).

Assim, a ordenação dos espaços da cidade deveria passar necessariamente por uma ampla reforma urbana, à moda francesa, com a abertura de avenidas, passeios, praças e jardins públicos, e, obviamente, com a eliminação dos becos, das vielas e, sobretudo, dos cortiços, que deveriam vir abaixo com as demolições (SEVCENKO, 2010, p. 81-82). O Rio de Janeiro haveria de se transformar numa espécie de Paris tropical.

Ainda em 1893, o mais célebre cortiço carioca, o Cabeça de Porco, que chegou a abrigar 4.000 pessoas, veio abaixo em uma verdadeira operação de guerra, realizada por um forte aparato repressivo (CHALHOUB, 1996, p. 15), simbolizando o início da era higienista de administração da cidade, o que, para Chalhoub, seria o mito de origem tanto das intervenções violentas das autoridades públicas sobre o cotidiano dos habitantes da cidade quanto dessa forma de gestão das diferenças sociais (CHALHOUB, 1996, p. 19).

Daí se seguiu o projeto de ordenação da cidade em termos higienistas, que se articulou, também, com os interesses econômicos daqueles setores empresariais que viam na nova cidade a ser construída excelentes oportunidades de negócios (CHALHOUB, 1996, p. 52-56), já que "(...) não foi a velha cidade que desapareceu; foi uma outra, totalmente nova, que foi imposta no meio dela" (SEVCENKO, 2010, p. 92-93).

Diria Lima Barreto: "(...) projetavam-se avenidas; abriam-se nas plantas *squares*, delineavam-se palácios, e, como complemento, queriam também uma população catita, limpinha, elegante e branca" (LIMA BARRETO, 2010, p. 224).

É nesse contexto de higienização da cidade que surgirá, também, a preocupação com a prevenção e o controle das pestes que se alastravam pelo país há décadas. O serviço de vacinação constituía, desde o Império, a principal estratégia de cerco às doenças graves e contagiosas, no âmbito da higiene pública, em compasso com os avanços da medicina da época.

Não havia, ainda, nem no Brasil, nem no resto mundo, a noção de saúde pública como modelo estruturado pelo Estado para atender às exigências dos direitos sociais, o que só viria a aparecer um pouco mais tarde, já a partir da segunda década do século XX, com o advento do modelo de Estado Social.

O controle sanitário da população se dava mesmo sob a noção de higiene pública, cujo regular funcionamento era visto como indispensável para o progresso e civilização: a saúde não constituía um direito das pessoas, tampouco a saúde pública era um dever do Estado; antes, a higiene pública era condição *sine qua non* para o desenvolvimento.

Mas, ao mesmo tempo em que o serviço de vacinação foi se implantando no Brasil, principalmente em torno da imunização da varíola, foi se criando a cultura da *vacinophobia*, alimentada pelas controvérsias em torno da própria eficácia do método de imunização diante do aventado risco de se contrair a doença com a inoculação do vírus, que motivou acalorados debates no âmbito da academia e da administração pública (CHALHOUB, 1996, p. 115-117).

Chalhoub identifica, ainda, as raízes culturais negras da tradição *vacinophobica*, em que negros, escravos ou libertos, alimentados pela compreensível desconfiança em relação aos reais propósitos de seus senhores, nutriam o receio de que, por meio da vacinação, poderiam vir a ser propositalmente infectados (CHALHOUB, 1996, p. 136-137).

Seja como for, nas últimas décadas do período imperial vai se intensificar o serviço de vacinação, apoiado na compulsoriedade já aplicada às crianças desde os anos 1830, e chegará ao seu apogeu no início da República, atingindo as pessoas em qualquer idade como reação dos sucessivos fracassos da imunização contra a varíola, que vinha aumentando consideravelmente o número de óbitos entre a população (CHALHOUB, 1996, p. 151-160).

Reconstituindo o cenário da virada do século XIX para o século XX no Rio de Janeiro aqui apresentado, depreende-se um desafio enorme que se colocava para o progresso e a civilização tal como pretendidos para a cidade, que pode ser aqui decotado pela necessidade de duas reformas que se entrecruzavam, a reforma urbana e a reforma sanitária: de um lado, na ordenação dos espaços da cidade, com eliminação dos cortiços e uma intensa transformação urbana sob orientação dos padrões estéticos europeus; de outro lado, na intensificação do serviço de vacinação para se erradicar as pestes e seu perigo de contágio, além da adoção de outras medidas sanitárias necessárias à prevenção e ao controle das pestes. Em uma palavra, *higienização*.

É esse o cenário que Oswaldo Cruz, ao assumir a Diretoria Geral de Saúde Pública em março de 1903, encontrará diante de si para promover a reforma sanitária, ao lado e sob a mesma inspiração higienista da reforma urbana, que viria a ser conduzida pelo prefeito da cidade Pereira Passos, que governou o Rio de Janeiro no período de 1903 a 1906. Ambos assumiram, por assim dizer, a promessa de campanha "muito simples" do Presidente Rodrigues Alves: saneamento e melhoramento do porto do Rio de Janeiro (SEVCENKO, 2010, p. 59).

3.1.2 A reforma sanitária de Oswaldo Cruz, a resistência do povo e a reação do governo

A primeira campanha de Oswaldo Cruz à frente da Diretoria Geral de Saúde Pública foi de combate à febre amarela, montando brigadas mata-mosquito que passavam desinfetando ruas e casas. No ano seguinte, deu início à campanha de combate à peste bubônica, criando um esquadrão de homens que percorriam a cidade espalhando veneno contra ratos e removendo todo o lixo (CARVALHO, 2010, p. 94-95).

Em janeiro de 1904, veio a publicação do Decreto nº 1.151, aprovado pelo Congresso Nacional após longa discussão, reorganizando os serviços de higiene pública no âmbito federal, prevendo, em seu artigo 1º, §3º, a promulgação de um Código Sanitário que deveria: (i) regular a higiene urbana e domiciliária; (ii) assegurar a profilaxia geral e específica das moléstias infectuosas; (iii) estabelecer o serviço sanitário dos portos e a profilaxia sanitária internacional; (iv) regulamentar o exercício da medicina e da farmácia; (v) abranger o Código Farmacêutico; (vi) instituir como pena às infrações sanitárias multas, que poderiam ser convertidas em prisão até o prazo de três meses, além de medidas preventivas, apreensão, destruição de gêneros deteriorados ou considerados nocivos à saúde pública, sequestro e venda de animais ou objetos cujas existências nas habitações forem proibidas, cassação de licença, fechamento e interdição de prédios, obras e construções.

Houve, também, a instituição de uma Justiça Sanitária (o Juízo dos Feitos da Saúde Pública, no âmbito da Justiça Federal), com competência para conhecer de todas as ações e processos cíveis e criminais em matéria de higiene e salubridade pública, concernentes à execução das leis e dos regulamentos sanitários atinentes à observância e efetividade dos mandados e ordens das autoridades sanitárias ou relativos aos atos de ofício destas (artigo 1º, §§10 e 11).

Logo em seguida, em março de 1904, por meio do Decreto nº 5.156, foi aprovado o novo Regulamento Sanitário, com o nome de Regulamento dos Serviços Sanitários da União, regulamentando: (i) na Parte I, a distribuição de competências entre os diversos órgãos e autoridades sanitárias; (ii) na Parte II, o serviço sanitário dos portos, tratando da profilaxia marítima, da polícia sanitária dos navios e dos ancoradouros e dos socorros médicos aos homens de mar; (iii) na Parte III, o serviço sanitário terrestre, tratando da polícia sanitária dos domicílios, lugares e logradouros públicos, da profilaxia geral e específica das doenças infecciosas; (iv) na Parte IV, a assistência hospitalar; (v) na Parte V, a fiscalização do exercício da medicina e da farmácia; (vi) na Parte VI, a Justiça Sanitária.

Para o que interessa aqui, vale destacar as medidas previstas na regulamentação do serviço sanitário terrestre, tanto em relação à polícia sanitária dos domicílios, lugares e logradouros públicos quanto à profilaxia geral e específica das doenças infecciosas.

Quanto à polícia sanitária, previa-se a possibilidade de: (i) vistorias para se investigar as condições de higiene, asseio, conservação e estado de saúde dos moradores, podendo ser executadas medidas de caráter urgente, tais como extinção dos focos de mosquitos, remoção de lixos e imundícies, limpeza e desinfecção de reservatórios de água (artigo 84) ou ser feita a notificação do proprietário a adotar as providências que não tivessem caráter urgente (artigo 86); (ii) notificação para desocupação, fechamento, reconstrução ou demolição de casas ou estabelecimentos que não pudessem ser saneáveis, sob pena de multa, ou para que fossem providenciados os melhoramentos necessários, também sob pena de multa (artigos 91, 93, 98 e 123); (iii) interdição da casa ou estabelecimento, no caso de ser encontrado foco de doença infecciosa (artigo 92).

Além de ser previsto que as pessoas deveriam se sujeitar às visitas das autoridades sanitárias, sendo-lhes facultada a entrada imediata nas casas e estabelecimentos sempre que o exigisse o interesse da saúde pública (artigo 99), havia a aplicação de multa para os casos de recusa ou de dificuldade e a requisição do apoio da polícia para a execução das medidas sanitárias (artigo 128).

Já em relação às medidas de prevenção e combate das pestes, foi estabelecida uma disciplina para a profilaxia geral, que previa: (i) notificação compulsória de casos de doenças infecciosas, cujo descumprimento era punido com pena de prisão ou multa (artigos 135 e 136); (ii) isolamento do doente para tratamento nos casos de doenças infecciosas de notificação compulsória, que poderia ser hospitalar ou domiciliar (artigos 152 a 162); (iii) desinfecção dos locais e/ou objetos contaminados, cujo embaraço era punido com pena de prisão ou multa (artigos 163 a 179); (iv) vigilância médica, consistente no exame diário, durante o período máximo de incubação de uma dada moléstia infecciosa, dos comunicantes (pessoas que residiam no foco ou que estiveram em contato com os indivíduos afetados pela moléstia) ou dos provenientes de lugares onde foram verificados os casos. As pessoas que se recusassem à vigilância médica ficavam sujeitas à pena de prisão ou multa (artigos 180 a 196).

Além dessas medidas sanitárias relativas à profilaxia geral de doenças infecciosas, foram estabelecidas medidas sanitárias específicas para cada uma dessas moléstias (artigos 197 a 242). Quanto à varíola, que viria a ser posteriormente objeto de lei específica determinando a vacinação obrigatória, as medidas específicas para sua profilaxia, que deveriam ser tomadas pelas autoridades sanitárias, uma vez procedida a notificação compulsória, eram as seguintes: (i) fechamento imediato da casa infectada, impedindo a saída de pessoas e objetos; (ii) realização de exame bacteriológico; (iii) desinfecção da casa; (iv) visitas diárias, durante cinco dias, para proceder à vigilância médica de toda a zona considerada foco, devendo se proceder à revacinação. Se as pessoas se recusassem a aceitar tais medidas, deveriam ser recolhidas, em observação, em edifício apropriado, durante 12 dias, correndo por sua conta as despesas (ou por conta do chefe da família). Ficavam dispensadas dessas medidas as pessoas que exibissem atestados de vacina fornecidos pelas autoridades sanitárias, expedidos dentro dos últimos sete anos (artigos 207 a 219).

O Regulamento Sanitário cuidava, como se vê, de toda a ordenação sanitária, com detalhamento da execução de todas as ações para prevenção e controle das pestes. Mas o recrudescimento dos casos de varíola durante o ano de 1904, coincidindo com a execução das campanhas de combate à febre amarela e à peste bubônica, levou Oswaldo Cruz a endurecer ainda mais a profilaxia dessa moléstia, propondo ao Congresso a reinstauração da obrigatoriedade da vacinação obrigatória (RIO DE JANEIRO, 2006, p. 28), muito embora o serviço de vacinação estivesse funcionando efetivamente pela própria execução das medidas previstas no regulamento sanitário (CHALHOUB, 1996, p. 162).

É nesse ambiente que foi aprovada a Lei nº 1.261, em 31 de outubro de 1904, tornando obrigatórias a vacinação e a revacinação contra a varíola, fazendo remissão expressa às medidas previstas no Decreto nº 1.151/04, que permitiam às autoridades sanitárias, inclusive com o apoio da polícia, invadir, vistoriar, fiscalizar, interditar e demolir casas e construções.

Todavia, o relativo sucesso obtido por Oswaldo Cruz nas campanhas de combate à febre amarela e à febre bubônica não se repetiria em relação à varíola. Em 9 de novembro de 1904, um furo de reportagem no jornal *A Notícia*, com a publicação do projeto de regulamentação da lei de vacinação obrigatória contra a varíola, desencadeou aquela que foi noticiada pela imprensa como a mais terrível das revoltas populares da República: a Revolta da Vacina (RIO DE JANEIRO, 2006, p. 35).

Um cenário de guerra tomou as ruas do Rio de Janeiro por alguns dias, quando milhares de pessoas enfrentaram as forças da polícia, do exército, do corpo de bombeiros, da marinha, levantando barricadas, incendiando bondes, arremessando pedras, pedaços de pau e tudo mais que lhes viesse às mãos, até que o levante foi violentamente sufocado pelo governo.

A Revolta da Vacina logrou acabar com a vacinação obrigatória, que foi revogada em 16 de novembro de 1904, uma semana após conflitos violentos que se sucederam no Rio de Janeiro, dando ensejo à decretação de estado de sítio nesse mesmo dia, até porque a revolta trouxe consigo uma tentativa frustrada de golpe militar intentada pelos setores de oposição ao governo (CARVALHO, 2010, p. 100-113; RIO DE JANEIRO, 2006, p. 35-44).

Quer dizer, diante de um estado de exceção não declarado, com um regime severo de intervenção do Estado na vida privada no âmbito da vigilância epidemiológica, para se prevenir e controlar a peste, produziu-se o ambiente para a revolta generalizada do povo.

O propalado perigo público representado pelo aumento da incidência da doença não foi capaz de deter o ânimo dos revoltosos, que se dispuseram a enfrentar o governo arriscando a própria vida, lançando-se em um conflito violento contra o absurdo produzido pela política de higienização.

Ora, em uma sociedade extremamente recatada, admitir-se que as partes íntimas do corpo pudessem ser manipuladas por estranhos para que se procedesse à vacinação soava como uma verdadeira obscenidade (SEVCENKO, 2010, p. 19-22), tendo sido amplamente explorada entre os animadores da revolta a ideia de invasão do lar e de ofensa à honra do chefe de família, por se obrigar a permitir que suas filhas e sua mulher fossem tocadas por estranhos (CARVALHO, 2010, p. 131).

Os revoltosos sofreram uma implacável perseguição, sendo que, terminado o levante, os militares que aderiram à resistência foram expulsos de suas fileiras ou exilados para regiões de fronteira, ao passo que os civis sofreram repressão ainda mais violenta, tendo sido presos e encaminhados para a Ilha das Cobras, sendo que vários foram, depois, desterrados para o Acre (RIO DE JANEIRO, 2006, p. 45-47).[98]

A higienização da cidade acabou acontecendo com mais rigor, em certa medida, nesse período após ter sido debelada a insurreição popular durante a vigência do estado de sítio, com perseguição das classes pobres, identificadas pela polícia como as responsáveis, por excelência, pelo levante, muito embora seja possível apontar a adesão de pessoas das mais variadas classes sociais (SEVCENKO, 2010, p. 101-102),

---

[98] O artigo 80, §2º, 1º e 2º, da Constituição de 1891 previa a detenção em locais diferentes das prisões e o desterro como medidas possíveis de serem adotadas no estado de sítio: "Art. 80. Poder-se-á declarar em estado de sítio qualquer parte do território da União, suspendendo-se aí as garantias constitucionais por tempo determinado quando a segurança da República o exigir, em caso de agressão estrangeira, ou comoção intestina (art. 34, nº 21). (...) §2º Este, porém, durante o estado de sítio, restringir-se-á às medidas de repressão contra as pessoas a impor: 1º) a detenção em lugar não destinado aos réus de crimes comuns; 2º) o desterro para outros sítios do território nacional".

como retratou Lima Barreto: "(...) a rua encheu-se ainda mais. Havia gente de toda a sorte: velhos, moços, burgueses, operários, senhoras – gente de todas as idades e condições" (LIMA BARRETO, 2010, p. 231). O resultado, porém, não poderia ter sido outro, conforme relato do jornalista e historiador José Maria dos Santos:

> (...) sem direito a qualquer defesa, sem a mínima indagação regular de responsabilidades, os populares suspeitos de participação nos motins daqueles dias começam a ser recolhidos em grandes batidas policiais. Não se fazia distinção de sexos, nem idades. Bastava ser desocupado ou maltrapilho e não provar residência habitual, para ser culpado. Conduzidos para bordo de um paquete do Loide Brasileiro, em cujos porões já se encontravam a ferros e no regime da chibata os prisioneiros da Saúde, todos eles foram sumariamente expedidos para o Acre (*apud* SEVCENKO, 2010, p. 103).

A historiografia recente da Revolta da Vacina, ainda que com algumas discordâncias, procura construir esse acontecimento histórico no contexto de uma tradição de resistência popular às iniciativas do governo no Brasil (CHALHOUB, 1996, p. 97-102), constituindo "(...) exemplo quase único na história do país de movimento popular de êxito baseado na defesa do direito dos cidadãos de não serem arbitrariamente tratados pelo governo" (CARVALHO, 2010, p. 138-139), em que a população humilde viu reduzida sua condição humana ao mais baixo nível, pelo que sua reação "(...) não foi contra a vacina, mas contra a história" (SEVCENKO, 2010, p. 120).

Destacando-se as discordâncias entre os três historiadores acima citados, Sidney Chalhoub, embora reconheça o mérito da obra de Nicolau Sevcenko, ao oferecer uma introdução à Revolta da Vacina, sem banalizar "(...) a intensidade do sofrimento e da repressão desencadeada por tal processo histórico entre a população pobre da cidade", destaca as suas limitações "(...) devido à ausência de uma pesquisa documental mais sistemática" (CHALHOUB, 2006, p. 98-99).

Já em relação a José Murilo de Carvalho, cada qual oferece um significado diferente para o acontecimento histórico, muito embora compartilhem, basicamente, as mesmas fontes de pesquisa documental: documentos do Arquivo Nacional do Rio de Janeiro, do Arquivo Geral da Cidade do Rio de Janeiro, anais com os registros dos debates parlamentares, leis, relatórios, periódicos, textos médicos em geral, jornais da época, romances, crônicas.

Por um lado, Carvalho, após procurar identificar os revoltosos e os motivos que levaram à Revolta, conclui que se tratou de uma "(...) revolta fragmentada de uma sociedade fragmentada", em que a "(...) fragmentação social tinha como contrapartida política a alienação quase completa da população em relação ao sistema político que não lhe abria espaços" (CARVALHO, 2010, p. 138).

A atuação do povo na Revolta, marcada pelo sentimento de orgulho e de autoestima, é considerada "(...) um passo importante na formação da cidadania" (CARVALHO, 2010, p. 139), mas vista muito mais como uma reação desordenada, que aglutinou a multidão em torno da causa por se sentir aviltada pela invasão estatal na vida privada, do que propriamente um passo firme dado na afirmação da cidadania, porque isso seria impossível naquele ambiente de alienação política, uma herança dos tempos da escravidão.

Por outro lado, Chalhoub procura escapar desse percurso, propondo-se a investigar a história prévia do serviço de vacinação, as origens e evolução da *vacinophobia* no Brasil – a partir de relatos obtidos nos maços sobre saúde pública documentados no Arquivo Nacional do Rio de Janeiro – para concluir que a política de higienização, que animou a administração pública no alvorecer da República, revelou um "(...) reordenamento estrutural nas políticas de dominação e nas relações de classe: institui-se o novo lugar da luta de classes, engendram-se novos significados sociais gerais norteadores dos conflitos sociais" (CHALHOUB, 2006, p. 184).

Em termos de ação política, o significado histórico do acontecimento da Revolta da Vacina, renovado por essa historiografia recente, pode trazer profundos reflexos para a história do constitucionalismo brasileiro, mas precisa ser compreendido sob uma perspectiva um pouco mais ampla, em que seja levada em consideração a atuação dos revoltosos a partir de um possível exercício dos direitos previstos na Constituição de 1891, o que requer, por sua vez, que esses acontecimentos sejam interpretados e construídos sob as luzes de um discurso constitucional. Eis o desafio de se (re)contar a história do constitucionalismo brasileiro.

3.2 (Re)Contar a história constitucional: entre o passado e o presente do constitucionalismo brasileiro

A história de um constitucionalismo se faz com a rememoração da Constituição como ato de fundação que é aumentado e ampliado a cada novo ato que se faz a partir dele. A Constituição torna-se, assim, eterna, reivindicando a permanência do projeto constituinte por ela inaugurado, que é vivificado pelas lutas de direitos que são travadas ao longo do tempo histórico que constitui a sua existência.

Assim se faz a história de um constitucionalismo, por meio de narrativas que procuram encontrar uma linha de continuidade, entrecortada por avanços e retrocessos, entre o ato de fundação e os atos seguintes de ampliação do projeto constituinte.

Contudo, a história do constitucionalismo brasileiro, tal e qual vem sendo contada, apresenta, no mínimo, dois percalços: de um lado, o advento de sucessivas Constituições ao longo do tempo histórico pode dificultar, ou mesmo prejudicar, a noção de continuidade do projeto constituinte, pelo risco de serem apagadas da memória as lutas por direitos travadas com fundamento nas Constituições anteriores; de outro lado, tem sido ressaltados mais os fracassos do que as conquistas em termos do projeto constituinte, refutando-se, muitas vezes, qualquer possibilidade constitutiva de cada uma das Constituições brasileiras, em seus tempos históricos.

Realmente, enquanto os norte-americanos se preocupam com a preservação de um mesmo texto constitucional que já vigora há mais de 200 anos, no Brasil o desafio parece ser, além desse, outro: compreender o significado das sucessivas Constituições que formam a tradição constitucional do Brasil.

A história do constitucionalismo brasileiro, talvez por uma inadequada compreensão dessas rupturas, vem sendo contada sob uma perspectiva de irremediável fracasso. Paulo Bonavides e Paes de Andrade, por exemplo, escreveram a história constitucional do Brasil como a história de um *constitucionalismo de ficção*, ou melhor, como história de uma *tragédia do constitucionalismo brasileiro*, decorrente de uma enorme contradição, jamais superada, entre a constitucionalidade formal e a constitucionalidade material (BONAVIDES; ANDRADE, 1991, p. 7-10).

Mesmo o próprio processo constituinte que deu origem à Constituição de 1988, embora seja apontado como o mais legítimo que o país já teve, não escapa de críticas quanto à sua legitimidade. Argumenta-se que a assembleia constituinte foi convocada pelos próprios poderes constituídos da ordem constitucional anterior, o que comprometeria, decisivamente, a sua autonomia para dispor com legitimidade sobre a nova ordem, além de não ter havido a formação de uma verdadeira assembleia constituinte, já que os congressistas acumulavam as funções de parlamentares da ordem constitucional anterior e de constituintes da nova ordem constitucional. Para escapar das críticas, apresenta-se o argumento de que a ação participativa popular teria legitimado o processo constituinte (BONAVIDES; ANDRADE, 1991, p. 489-492).

Luís Roberto Barroso e Ana Paula de Barcellos, por sua vez, apontam que o começo da história constitucional no Brasil está, precisamente, na Constituição de 1988. Segundo essa perspectiva, a experiência política e constitucional do Brasil seria marcada pelos traços da *ilegitimidade*, sempre conduzida pela dominação de uma elite de visão estreita; da *falta de efetividade das sucessivas Constituições*, desprovidas do reconhecimento de sua força normativa e da falta de vontade política de se lhes dar aplicabilidade; e do *desrespeito* à *legalidade constitucional*, diante do reiterado desprezo à normatividade constitucional (BARROSO; BARCELLOS, 2003, p. 327-329).

Nesse contexto, a Constituição de 1988 seria "(...) o marco zero de um recomeço, da perspectiva de uma nova história (...), com uma carga de esperança e um lastro de legitimidade sem precedentes, desde que tudo começou" (BARROSO; BARCELLOS, 2003, p. 329).

Como se vê, tal perspectiva parte de um lugar comum do passado constitucional no Brasil: um lugar desprovido de legitimidade, imprestável para oferecer qualquer contribuição digna no processo de afirmação do constitucionalismo no Brasil. É como se a Constituição de 1988 trouxesse uma força inovadora inédita no país e tivesse, por si só, a capacidade de se impor contra uma tradição desprezível.

Estaria a história do constitucionalismo brasileiro condenada a esse passado desprezível que teria sido legado por um acúmulo de gerações perdidas? Restaria apenas uma história infeliz do constitucionalismo brasileiro? Ou há uma memória impedida e manipulada das lutas por direitos, esquecidas em um passado-inédito, desconhecido da história do constitucionalismo brasileiro, que impõe limites, também, às possibilidades conhecidas do presente-dado do constitucionalismo brasileiro?

Essas questões serão aqui analisadas com o objetivo declarado de inserir adequadamente o acontecimento da Revolta da Vacina na história do constitucionalismo brasileiro. Esse retorno atento ao passado, resgatando-se do esquecimento experiências importantes da história constitucional do Brasil, longe de ser uma mera nostalgia ou de um diletantismo intelectual, é exigência para que um novo horizonte de sentido se abra no presente sobre o constitucionalismo brasileiro.

3.2.1 Por uma política da justa memória do constitucionalismo brasileiro

Os desafios postos à construção de uma história do constitucionalismo brasileiro decorrem, em primeiro lugar, das mesmas dificuldades encontradas na construção da história de qualquer constitucionalismo: encontrar a linha de continuidade, entre avanços e retrocessos, entre o ato de fundação (a Constituição) e os atos seguintes de ampliação do projeto constituinte.

Essa dificuldade inicial pode ser enfrentada, contudo, com Hannah Arendt, ao considerar a invenção revolucionária norte-americana de articular na Constituição o princípio de constituição da liberdade (*constitutio libertatis*) e a promessa de se criar, a partir daí, uma nova ordem (*novus ordo saeclorum*) (ARENDT, 1990, p. 213).

Essa articulação, além de dar início ao tempo histórico inaugurado pela Constituição, como ato de fundação, insere os atos seguintes de ampliação do projeto constituinte na linha de continuidade que dá existência à história do constitucionalismo.

Mas essa linha de continuidade só pode ser recuperada ao longo do tempo histórico inaugurado pela Constituição se puderem ser resgatadas do esquecimento e inseridas na memória as lutas por direitos que se apresentam como atos de ampliação do projeto constituinte.

Posta a questão nesses temos, há um grave problema nas narrativas sobre a história do constitucionalismo brasileiro, que tem dificuldades em encontrar na experiência política e constitucional do Brasil contribuições dignas de nota para o projeto constituinte. Esse problema tem a ver com o lugar da origem, da memória e do esquecimento na história do constitucionalismo brasileiro.

Esclareça-se, desde logo, que, por política de justa memória, se entende, aqui, com Paul Ricœur, a dimensão cívica de se denunciar os excessos de memória e os excessos de esquecimento (RICŒUR, 2000, p. I), que impedem uma memória feliz ao interditarem a reconciliação com o passado, o milagre do reconhecimento no discurso da dimensão declarativa da memória e a operatividade da equação do perdão (RICŒUR, 2000, p. 643-646).

Ao final, serão propostas as linhas mestras de uma política da justa memória do constitucionalismo brasileiro em vista daqueles pressupostos que constituem a história de um constitucionalismo, erigidos sobre o desejo de se aumentar e se ampliar o projeto constituinte, mantendo-se a eternidade e a permanência da Constituição ao longo do tempo histórico que ela mesma, como ato de fundação, inaugurou.

3.2.1.1 Eternidade e permanência do ato de fundação e do projeto constituinte

Segundo Hannah Arendt, a grande lição dada pelos norte-americanos ao fundarem revolucionariamente sua república teria sido o sentido que eles deram à Constituição, como ato de fundação que trouxe em si o princípio de constituição da liberdade (*constitutio libertatis*) e a promessa de se criar a partir daí uma nova ordem (*novus ordo saeclorum*) (ARENDT, 1990, p. 213).

Quer dizer, a Revolução Americana "(...) foi em larga medida não apenas a fundação de um novo corpo político como também o início de uma história nacional específica"[99] (ARENDT, 1990, p. 212, tradução livre). O desejo de permanência dessa articulação entre o princípio (*principium*) e a norma (preceito) fixa a eternidade do projeto constituinte, ensejando a construção da história do constitucionalismo segundo a preservação da memória das lutas por direitos que são forjadas ao longo do tempo histórico inaugurado pela Constituição.

Esclarece Arendt: "(...) o princípio inspira os atos que se seguirão e continua a aparecer enquanto dura a ação"[100] (ARENDT, 1990, p. 213, tradução livre). Essa teria sido a "(...) lição sem igual; pois essa revolução não eclodiu, mas foi feita por homens deliberando em conjunto e com a força de compromissos mútuos"[101] (ARENDT, 1990, p. 213, tradução livre).

Assim, para Arendt, ao contrário dos revolucionários franceses, preocupados com a libertação dos homens da miséria – movidos pela compaixão embebida de teoria política (ARENDT, 1990, p. 79-88) –, os norte-americanos tinham outra questão mais urgente para resolver: "(...) o principal problema da Revolução Americana, depois de cortada a fonte de autoridade do corpo político colonial no Novo Mundo, passou a ser o estabelecimento e a fundação da autoridade"[102] (ARENDT, 1990, p. 178, tradução livre).

---

[99] (...) *was to a large extent not only the foundation of a new body politic but the beginning of a specific national history.*

[100] (...) *the principle inspire the deeds that are to follow and remains apparent as long as the action lasts.*

[101] (...) *a unique lesson; for this revolution did not break out bus was made by men in common deliberation and on the strength of mutual pledges.*

[102] (...) *the chief problem of the American Revolution, once this source of authority had been severed from the colonial body politic in the New World, turned out to be the establishment and foundation not of power but of authority.*

Na análise da Revolução Americana, Arendt trouxe (i) da experiência grega, o governo pela persuasão, só possível se os homens estão libertos de suas necessidades e se unem não orientados pela utilidade, nem dominados pela violência, mas, sim, pela busca da felicidade pública, que se esgota no ato de agir e só é possível na vida política; e (ii) da experiência romana, a preocupação com o futuro, a requerer o estabelecimento de promessas que pudessem fortalecer o compromisso com a manutenção da liberdade constituída com a fundação da nova ordem, segundo o conceito de autoridade.

De acordo com Jacques Taminiaux, Arendt foi de Atenas a Roma para buscar a faculdade de fazer promessas, no *pacta sunt servanda* do sistema legal romano, o que lhe permitiu resgatar a importância de se conferir à *lex* uma dimensão política, como resultado da ação realizada sob o influxo do poder de prometer (TAMINIAUX, 2000, p. 171-172).[103]

Na mesma linha, Theresa Calvet de Magalhães assevera que, para Arendt, a promessa é uma potencialidade inerente à própria ação (MAGALHÃES, 2005) e, também, Leonardo Avritzer, ao aprofundar essas questões na análise da inter-relação entre os conceitos de *ação*, *fundação* e *autoridade* na obra de Arendt, anotando que ela vai a Atenas buscar o conceito de política e do político, e a Roma para resgatar o conceito de fundação e sua vinculação com a recuperação do conceito de autoridade, o que seria "(...) uma tentativa arendtiana de ir a Roma, à busca de uma forma de institucionalização para o conceito de ação resgatado de Atenas" (AVRITZER, 2006, p. 149).

O sentido de autoridade, revigorado por Arendt na análise da fundação da república norte-americana, permitiu-lhe compreender a eterna permanência do projeto constituinte norte-americano. Assim,

> (...) o próprio conceito romano de autoridade sugere que o ato de fundação desenvolve inevitavelmente sua própria estabilidade e permanência, e neste contexto a autoridade não é senão uma espécie de "aumento" necessário, em virtude do qual todas as inovações e mudanças continuam ligadas à fundação que, ao mesmo tempo, eles aumentam e ampliam[104] (ARENDT, 1990, p. 202, tradução livre).

---

[103] Taminiaux vai mais longe ao tratar dessa questão na obra de Arendt e chega mesmo a dizer que "a *polis* ateniense não tem em seu pensamento político o *status* de um paradigma" (TAMINIAUX, 2000, p. 165, tradução livre) (*"the Athenian polis does not have in her political thought the status of a paradigm"*).

[104] (...) *the very concept of Roman authority suggests that the act of foundation inevitably develops its own stability and permanence, and authority in this context is nothing more or less than a kind of necessary "augmentation" by virtue of which all innovations and changes remain tied back to the foundation which, at the same time, they augmented and increase.*

Daí ser possível compreender o esforço de recordação do ato de fundação, tão presente na história do constitucionalismo norte-americano, quando, por exemplo, a Suprema Corte rememora em seus grandes julgamentos as promessas depositadas na Constituição norte-americana para dar um sentido atual ao texto constitucional, mas em consonância com o projeto fundante da república, isto é, como continuação daquele início histórico de constituição de uma *novus ordo saeclorum*. Cada rememoração, nesse contexto, é um aumento e uma ampliação daquele mesmo ato de fundação, embora com ele não se confunda.

Ronald Dworkin, ao construir a ideia de integridade do direito, sustenta exatamente a tese de que o papel do juiz na atividade de aplicação do direito se desenvolve sob uma interpretação construtiva no âmbito da jurisdição, que se assemelha à interpretação literária por meio de um "romance em cadeia", em que cada decisão precisa buscar coerência com as decisões passadas, todas elas tomadas com fundamento na mesma Constituição (DWORKIN, 1986, p. 228-232). Ora, esse romance em cadeia tem por enredo a própria história do constitucionalismo norte-americano.

Arendt chega a apontar a existência de uma "(...) 'veneração cega e indiscriminada' com que desde então o povo dos Estados Unidos vê sua 'constituição' (...)"[105] (ARENDT, 1990, p. 204), concluindo que

> (...) a rememoração do acontecimento em si – um povo fundando deliberadamente um novo corpo político – continua a envolver o resultado concreto desse ato, o documento em si, numa atmosfera de admiração e reverência que tem protegido tanto o acontecimento quanto o documento contra as investidas do tempo e da mudança de circunstâncias. E podemos nos sentir tentados inclusive a predizer que a autoridade da república continuará incólume e segura enquanto o ato em si, o início como tal, for rememorado sempre que surgirem questões constitucionais no sentido mais estrito da palavra[106] (ARENDT, 1990, p. 204, tradução livre).

---

[105] (...) *the 'undiscriminating and blind worship' with which people of the United States have looked upon their "constitution" ever since.*

[106] (...) *the remembrance of the event itself – a people deliberately founding a new body politic – has continued to shroud the actual outcome of this act, the document itself, in an atmosphere of reverent awe which has shielded both event and document against the onslaught of time and change circumstances. And one may be tempted even to predict that the authority of the republic will be safe and intact as long as the act itself, the beginning as such, is remembered whenever constitutional questions in the narrower sense of the world come into play.*

Com isso, os norte-americanos, preocupados com a preservação de um mesmo texto constitucional que já vigora há mais de 200 anos, discutem como deve ser (e como não deve ser) lida a Constituição,[107] rememorando permanentemente aquele ato de fundação, tornando eterno o projeto constituinte.

E desde os gregos, a eternidade, como categoria da política, tem relação direta com a história. Com efeito, Arendt traça a origem da constituição da vida política, pelos gregos, através da preservação da história. Foi o desejo de imortalidade que motivou Heródoto a preservar os feitos gloriosos dos homens, tanto dos gregos como dos bárbaros, por meio da palavra escrita, razão pela qual passou a ser considerado o pai da história ocidental (ARENDT, 1961, p. 42).

Ora, sendo a mortalidade um "(...) mover-se ao longo de uma linha retilínea em um universo onde tudo, se é que se move, se move em um ordem cíclica"[108] (ARENDT, 1961, p. 42, tradução livre), a maneira encontrada pelos gregos para conferir imortalidade aos feitos humanos, principalmente às ações realizadas por intermédio da *palavra falada* (*práksis*), que não deixariam qualquer vestígio se não houvesse a recordação, foi a fabricação da *palavra escrita* (*poíesis*) (ARENDT, 1961, p. 44).

A solução, então, para lidar com esse paradoxo, "(...) ser a grandeza compreendida em termos de permanência enquanto a grandeza humana era vista precisamente nas mais fúteis e menos duradouras atividades dos homens",[109] era a poética e "(...) consistia na fama imortal que os poetas podiam conferir à palavra e aos feitos, de modo a fazê-los perdurar não somente além do fútil momento do discurso e da ação, mas até mesmo da vida mortal de seu agente"[110] (ARENDT, 1961, p. 46, tradução livre).

Essa preocupação dos gregos com a preservação da grandeza dos feitos humanos decorre justamente da conexão entre natureza e história, unidas sob o amálgama da imortalidade, no sentido de que:

---

[107] Nesse sentido, pode ser citado o instigante trabalho de Laurence Tribe e Michael Dorf, *On reading the Constitution* (TRIBE; DORF, 1991).

[108] (...) *to move along a rectilinear line in a universe where everything, if it moves at all, moves in a cyclical order.*

[109] (...) *that greatness was understood in terms of permanence while human greatness was seen in precisely the most futile and least lasting activities of men.*

[110] (...) *it consisted in the immortal fame which the poets could bestow upon word and deed to make them outlast not only the futile moment of speech and action but even the mortal life of their agent.*

A História acolhe em sua memória aqueles mortais que, através de feitos e palavras, se provaram dignos da natureza, e sua fama eterna significa que eles, em que pese sua mortalidade, podem permanecer na companhia das coisas que duram para sempre[111] (ARENDT, 1961, p. 48, tradução livre).

Nessa tarefa de registrar a história, os gregos acostumaram-se, pautados pela *imparcialidade* de Homero (que decidiu contar os feitos não somente dos gregos, mas também dos troianos, dos aqueus etc.) e pela *objetividade* de Tucídides (que articulava as opiniões em conflito a partir do diálogo dos cidadãos na *polis*), a compreender o mundo de diversos ângulos, que projetavam, no debate público, argumentos distintos sobre uma mesma questão, dialogando através da *opinião* – "(...) o modo como o mundo lhe parecia e se lhe abria (*dokeí moi*, 'parece-me', donde *dóksa*, ou 'opinião')"[112] –, fazendo com que os gregos pudessem *compreender*, "(...) não a compreender um ao outro como pessoas individuais, mas a olhar sobre o mesmo mundo do ponto de vista do outro, a ver o mesmo em aspectos bem diferentes e frequentemente opostos"[113] (ARENDT, 1961, p. 51, tradução livre).

Daí Arendt extrai que a ação, embora seja absolutamente fútil, por não deixar um produto final, como a fabricação (ARENDT, 1961, p. 59), guarda pertinência com a história, uma vez que:

(...) a História, prolongando-se na dúplice infinidade do passado e do futuro, pode assegurar a imortalidade sobre a Terra de maneira muito semelhante àquela em que a *polis* grega ou a república romana haviam garantido que a vida e os feitos humanos, na medida em que desvelassem algo de essencial e grande, recebiam uma permanência estritamente humana e terrena neste mundo[114] (ARENDT, 1961, p. 75, tradução livre).

---

[111] *History receives into its remembrance those mortals who trough deed and word have proved themselves worthy of nature, and their everlasting fame means that they, despite their mortality, may remain in the company of the things that last forever.*

[112] *(...) the way the world appeared and opened up to him* (dokeí moi, *"it appears to me", from which comes* dóksa, *or "opinion".*

[113] *(...) not to understand one another as individual persons, but to look upon the same world from one another's standpoint, to see the same in very different and frequently opposing aspects.*

[114] *(...) History, stretching into the twofold infinity of past and future, can guarantee immortality on earth in much the same way as Greek* polis *or the Roman republic had guaranteed by the human life and human deeds, insofar as they disclosed something essential and something great, would receive a strictly human and earthly presence in this world.*

É bem verdade que, na modernidade, esse conceito antigo de história se modifica substancialmente, a partir dos princípios de razão que passaram a orientar as filosofias da história, em torno da ideia de história universal, como já abordado anteriormente (vide item 2.2.2 *supra*).

Arendt anota sua crítica a esse conceito moderno de história identificando nele uma perigosa alienação do mundo na medida em que passou a possibilitar a determinação racional das leis de movimento que regeriam o processo histórico, o que, todavia, "(...) é incapaz de garantir ao homem qualquer espécie de imortalidade, porque cancela e destitui de importância o que quer que tenha vindo antes"[115] (ARENDT, 1961, p. 79, tradução livre).

Afinal, se o processo histórico, na perspectiva moderna, é guiado por uma intenção da natureza desconhecida pelos homens em ação, como se eles estivessem sendo conduzidos por um fio condutor da razão, cujo resultado só seria desfrutado e plenamente conhecido pelas últimas gerações, na leitura de Kant (ARENDT, 1961, p. 82-83), o próprio sentido da ação, valorizado no conceito antigo de história, perde completamente a sua importância, e mesmo a sua razão de ser, para a história.

Como observa André Duarte, é possível encontrar o legado de Walter Benjamin na crítica que Arendt faz ao conceito moderno de história, mas com diferenças relevantes (DUARTE, 2000, p. 141-154).

À semelhança de Benjamin, Arendt se recusa a receber o passado com a imagem dada pelo historiador que escreve a história universal. Ela, de fato, concebe o passado como algo fragmentado, acessível pela possibilidade da narrativa de determinadas experiências políticas que se perdem quando não são preservadas pela história.

O historiador deve assumir como sua a tarefa de "pescador de pérolas" exatamente o papel que Arendt viu em Benjamin ao descrever sua obra, considerando que ele "(...) sabia que a ruptura com a tradição e a perda de autoridade que se verificaram no seu tempo eram irreparáveis, e concluiu daí que era preciso descobrir novas formas de relação com o passado"[116] (ARENDT, 1968, p. 193, tradução livre).

---

[115] (...) *is incapable of guaranteeing men any kind of immortality because its end cancels out and makes unimportant whatever went before.*
[116] (...) *knew that the break in tradition and the loss of authority which occurred in his life-time, were irreparable, and he concluded that he had to discover new ways of dealing with the past.*

É por isso que, "como historiadora, Arendt é muito mais uma narradora em busca de estórias esquecidas do que uma cientista preocupada com a estrita recuperação do passado (...)", o que "(...) explica o seu privilégio às causas políticas derrotadas, única maneira de protegê-las contra a ameaça do perpétuo esquecimento (...)" (DUARTE, 2000, p. 144).

Para tanto, também inspirada em Benjamin, Arendt assume uma atitude semelhante à figura extravagante do colecionador, que se interessa por coisas que não tem valor de uso e "(...) recolhe os seus fragmentos e vestígios no meio dos escombros do passado (...)"[117] (ARENDT, 1968, p. 201, tradução livre) para resgatar a originalidade dos eventos particulares não mais transmitidos pela tradição, como tesouros perdidos no passado que iluminam o presente (DUARTE, 2000, p. 146).

Essa figura do colecionador parece mais adequada para se designar a tarefa do historiador, tal como proposta por Benjamin, do que a noção, sugerida por Reyes Mate, de um filósofo convertido em catador ou trapeiro (aquele que recolhe trapos na rua) (MATE, 2011a, p. 32-33), isso porque o colecionador tem uma relação de admiração com os objetos colecionados, como verdadeiros tesouros, ensejando uma paixão que se estabelece em torno de um fetiche, em que "o valor de autenticidade, decisivo para o colecionador e para o mercado determinado por ele, substitui o 'valor de culto' e representa a sua secularização"[118] (ARENDT, 1968, p. 197, tradução livre).

Assim, embora trabalhe nos escombros do passado, o que o historiador procura são verdadeiros tesouros, que são considerados trapos apenas para os historiadores que escrevem a história universal, e não para o historiador benjaminiano, que os retém como objetos com um valor intrínseco, porque redimidos de sua condição de coisa.

Para retomar os termos utilizados anteriormente (vide item 2.2.2 *supra*), o passado-inédito, descoberto pelo historiador ao encarar o objeto histórico como mônada, fornece uma nova chave de compreensão do presente-dado, que carrega consigo os vestígios do passado.

Arendt compartilha com Benjamin essa visão monadológica na análise das experiências políticas originárias da antiguidade greco-romana para, assim, descontextualizar e transformar a *polis* grega e a *res publica* romana em fragmentos cristalizados da origem essencial

---

[117] (...) *who gathers his fragments and scraps from the debris of the past* (...).
[118] *The value of genuineness which is decisive for the collector as well as for the market determined by him has replaced the "cult value" and is its secularization.*

do político; desse modo, "(...) ela pode desvendar o acesso secreto ao sentido dos eventos políticos que impõem descontinuidades na história moderna e contemporânea" (DUARTE, 2000, p. 151).

Com Benjamin, Arendt também viu a vantagem do totalitarismo em ter ao seu lado o conceito moderno de história, inspirado na ideia de progresso irresistível da humanidade, como uma norma histórica (DUARTE, 2000, p. 145), cujo perigo, ao colocar o significado da história no processo como um todo, é assim descrito por ela:

> (...) o que está realmente solapando a toda a moderna noção de que o significado está contido no processo como um todo, do qual a ocorrência particular deriva sua inteligibilidade, é que não somente podemos provar isso, no sentido de uma dedução coerente, como podemos tomar praticamente qualquer hipótese e *agir* sobre ela, com uma sequência de resultados na realidade que não apenas fazem sentido, mas *funcionam*. Isso significa, de modo absolutamente literal, que tudo é possível não somente no âmbito das ideias, mas no campo da própria realidade[119] (ARENDT, 1961, p. 87, tradução livre).

Arendt assevera a assustadora arbitrariedade com que o totalitarismo levou essa convicção de que tudo é possível às últimas consequências (ARENDT, 1961, p. 87-88) com (i) a sua pretensão de explicação total mediante "(...) a explanação total do passado, o conhecimento total do presente e a previsão segura do futuro"[120] (ARENDT, 1985, p. 470, tradução livre), (ii) a alteração da realidade, segundo a chave de compreensão total do mundo fornecida exclusivamente pela ideologia que anima o movimento totalitário, (iii) o uso de métodos de demonstração mediante uma argumentação ideológica, segundo a qual "(...) o pensamento ideológico arruma os fatos sob a forma de um processo absolutamente lógico, que se inicia a partir de uma premissa aceita axiomaticamente, tudo mais sendo deduzido dela"[121] (ARENDT, 1985, p. 471, tradução livre).

---

[119] (...) *what is really undermining the whole modern notion that meaning is contained in the process as a whole, from which the particular occurrence derives its intelligibility, is that not only can we prove this, in the sense of consistent deduction, but we can take almost any hypothesis and act upon it, with a sequence of results in reality which not only make sense but* work. *This means quite literally that everything is possible not only in the realm of ideas but in the field of reality itself.*

[120] (...) *the total explanation of past, the total knowledge of the present, and the reliable prediction of the future.*

[121] (...) *ideological thinking orders facts into an absolutely logical procedure which starts from an axiomatically accepted premise, deducing everything else from it.*

E é contra esse conceito moderno de história que Arendt se dirige ao colocar, deliberadamente, a natalidade como categoria central do pensamento político; afinal, "porque é um começo, o homem pode começar; ser humano e ser livre são uma única e mesma coisa. Deus criou o homem para introduzir no mundo a faculdade de começar: a liberdade"[122] (ARENDT, 1961, p. 167, tradução livre).

Compreender o processo histórico como um processo automático, assim como os processos cósmicos ou naturais, resultaria na ruína da vida humana, precisamente pela condução do *ser* para o *não ser*, do nascimento para a morte, aniquilando-se toda a liberdade de ação na vida política (ARENDT, 1961, p. 168).

A liberdade, em termos políticos, vista como ação traz consigo a crença na *fé* e na *esperança*, essas duas características essenciais da existência humana, que acompanham o homem desde tempos imemoriais e se renovam com o nascimento de novos seres humanos, sobrevindo daí "(...) o milagre que salva o mundo, o domínio dos assuntos humanos, de sua ruína normal e 'natural' (...)"[123] (ARENDT, 1998, p. 247, tradução livre). Porém, diferentemente de Benjamin:

> Para Arendt, a interrupção do fluxo contínuo da história pela intervenção revolucionária nada tem a ver com a suspensão messiânica do tempo histórico, implicada no conceito benjaminiano de *Jetztzeit* ("tempo-agora"), mas com a fundação de novos começos políticos que não escapam à história (DUARTE, 2000, p. 147).

Quer dizer, Arendt enfatiza mais o caráter fundador das revoluções, ao instituírem novos começos políticos, do que o seu caráter destruidor da ordem vigente. Para Arendt, as experiências políticas presentes na história revelam mais uma sucessão de oportunidades perdidas e projetos incompletos do que, propriamente, uma sequência de desastres, segundo a visada catastrófica de Benjamin (DUARTE, 2000, p. 147-148).

E o sentido de revolução não deve ser concebido como uma eterna repetição ou mera reinstituição da origem, mas, sim, "(...) em termos de uma *transfiguração* da origem a cada momento histórico" (DUARTE, 2000, p. 152). Pensar a existência política segundo a *polis*

---

[122] *Because he is a beginning, man can begin; to be human and to be free are one and the same. God created man in order to introduce into the world the faculty of beginning: freedom.*

[123] (...) *the miracle that saves the world, the realm of human affairs, from its normal, "natural" ruin* (...).

grega não significa um desejo nostálgico, mas, sim, reconhecer a eternidade de sua permanência entre nós: "A *polis* grega continuará a existir no mais fundo da nossa experiência política – ou seja, no fundo do mar – enquanto utilizarmos a palavra 'política'"[124] (ARENDT, 1968, p. 204, tradução livre).

A transfiguração da origem do político, em cada tempo histórico, ocorre à maneira de "(...) um pescador de pérolas que desce ao fundo do mar, não para escavá-lo e trazê-lo à luz, mas para extrair o rico e o estranho, as pérolas e o coral das profundezas, e trazê-los à superfície (...)" (DUARTE, 2000, p. 153).

Assim, acreditando-se na suprema capacidade dos homens de sempre começarem de novo, o que equivale, politicamente, à liberdade, resta sempre a possibilidade de ser (re)descoberto o tesouro perdido da tradição revolucionária quando os tempos sombrios se abatem sobre a humanidade, como ocorreu com o fim da história provocado pela ruptura totalitária (ARENDT, 1985, p. 478-479).

A história precisa assumir a sua infinita improbabilidade na medida em que é contada a partir da ação dos homens, que desencadeiam processos de resultados imprevisíveis, de modo que a incerteza é uma característica decisiva dos assuntos humanos, mais do que a fragilidade (ARENDT, 1998, p. 232).

É por isso que o ato de fundação precisa ser permanentemente rememorado, a fim de que a promessa então feita quando da transfiguração da origem do político seja preservada ao longo do tempo histórico. Cada ato de rememoração do ato de fundação é, em si, um novo começo, que traz o milagre do aumento e da ampliação do projeto constituinte já inaugurado no passado.

Portanto, somente a rememoração do ato de fundação (a Constituição), aumentado e ampliado a cada novo ato que se faz a partir dele (e em memória dele), tem o condão de assegurar a sua eternidade e tornar permanente o projeto constituinte por ele iniciado.

Assim se faz a história de um constitucionalismo, por meio de narrativas que procuram encontrar uma linha de continuidade, entrecortada por avanços e retrocessos, entre o ato de fundação e os atos seguintes de ampliação do projeto constituinte.

Mas qual seria a origem do projeto constituinte no Brasil? Qual seria o seu ato de fundação e onde estariam os atos seguintes de

---

[124] *The Greek* polis *will continue to exist at the bottom of our political existence – that is, at the bottom of the sea – for as long as we use the word "politics".*

ampliação desse projeto constituinte para tornar possível se falar em uma história do constitucionalismo brasileiro?

A resposta para essas perguntas se insere em um campo mais difícil, porque é preciso lidar com o fato das sucessivas Constituições que surgiram ao longo do tempo histórico, bem assim, com as narrativas sobre a história do constitucionalismo brasileiro que contam histórias de tragédias e de sucessivos fracassos em se fundar um Estado de Direito no Brasil.

3.2.1.2 Memória e esquecimento das lutas por direitos no Brasil

A rigor, para que a história do constitucionalismo não seja uma *história infeliz*, exige-se um *sentimento constitucional*, traduzido no desejo de se aumentar e ampliar o projeto constituinte, mantendo-se a eternidade e a permanência da Constituição ao longo do tempo histórico que ela mesma, como ato de fundação, inaugurou.

Essa perspectiva de um sentimento constitucional, apresentada por Pablo Lucas Verdú, pressupõe que as conexões normativo-institucionais do *estar-na-Constituição* estejam sedimentadas nas motivações emocionais de *ter-Constituição* e de conviver conforme a Constituição.

O *ter* e o *estar-na* Constituição foram sentimentos patentes de países que lutaram por independência (LUCAS VERDÚ, 1985, p. 66-69), sendo a Revolução Americana, como visto, um exemplo privilegiado e pioneiro na inauguração desse tipo de constitucionalismo.

Todavia, as narrativas sobre a história do constitucionalismo brasileiro têm sido marcadas por um verdadeiro *elogio ao ressentimento* (CATTONI DE OLIVEIRA; GOMES, 2012, p. 22-27), e não por um elogio ao sentimento constitucional.

Essa visada ressentida se apresenta mais preocupante, como anota Marcelo Cattoni, quando grandes juristas brasileiros, pouco mais de 10 anos após a Constituição de 1988, "(...) chegaram a lançar um livro em que um deles dizia que a Constituição e não só a Constituição, mas quem sabe o próprio projeto constitucional brasileiro, estaria morto" (CATTONI DE OLIVEIRA, 2006, p. 49). A referência explícita foi ao texto de Fabio Konder Comparato, que escreveu um *réquiem* para a Constituição de 1988 (COMPARATO, 2001, p. 77).

Essa postura reflete aquela mesma posição predominante na doutrina constitucional brasileira, na percepção da história constitucional brasileira como a história de uma *tragédia do constitucionalismo brasileiro*

(BONAVIDES; ANDRADE, 1991, p. 10) ou de um *passado que não soube ser* (BARROSO; BARCELLOS, 2003, p. 330).

Como se vê, tais narrativas sobre a história do constitucionalismo brasileiro revelam, realmente, um ressentimento constitucional, naquela dimensão do ressentimento jurídico, como convicção vivida e ressentida, porque reiterada pela decepção e pela indignação com a ordem jurídica vigente por não acolher aquelas concepções particulares sobre justiça e equidade que mantêm a existência política da comunidade (LUCAS VERDÚ, 1985, p. 65).

Embora Lucas Verdú trate do ressentimento jurídico na perspectiva da ordem jurídica em vigor, nada impede que seja utilizada a estrutura do conceito para aplicá-lo, também, na expressão do ressentimento que se tem sobre a ordem jurídica passada. O ressentimento constitucional no Brasil pode ser visto pela decepção e pela indignação reiteradas em relação à experiência política e constitucional brasileira.

No fundo, esse ressentimento constitucional marca, decisivamente, as narrativas acerca da história do constitucionalismo brasileiro, combinando o impedimento e a manipulação da memória com a melancolia constitucional, os quais, juntos, mantêm a eternidade e a permanência do fracasso, ou da tragédia, do constitucionalismo brasileiro.

Tais reflexões são feitas aqui com Paul Ricœur a partir de uma fenomenologia da memória, uma epistemologia da história e uma hermenêutica da condição histórica (RICŒUR, 2000, p. I-III). A razão dessa escolha decorre exatamente dessa suspeita inicial de que a história do constitucionalismo brasileiro, tal como vem sendo contada, é pródiga em excessos e em erros de memória e de esquecimentos.

Ricœur confessa, já logo de partida, o que seria uma preocupação pública sua com "(...) o inquietante espetáculo que apresentam o excesso de memória aqui, o excesso de esquecimento acolá, sem falar da influência das comemorações e dos erros de memória – e de esquecimento"[125] (RICŒUR, 2000, p. I, tradução livre), resultando daí seu interesse em elaborar "(...) uma política da justa memória"[126] (RICŒUR, 2000, p. I, tradução livre).

Em seu esboço fenomenológico da memória, Ricœur parte do caráter objetal da memória (lembramo-nos de alguma coisa), distinguindo, linguisticamente, a memória como visada e a lembrança como coisa visada (RICŒUR, 2000, p. 27).

---

[125] (...) *l'inquiétant spectacle que donnent le trop de mémoire ici, le trop d'oubli ailleurs, pour ne rien dire de l'influence des commémorations et des abus de mémoire – et d'oubli.*
[126] (...) *une politique de la juste mémoire.*

Para tanto, ele resgata de Platão a ideia de que a memória é vinculada à imaginação como representação presente de uma coisa ausente, e de Aristóteles a concepção de memória como uma imagem da lembrança, como representação de uma coisa anteriormente percebida (RICŒUR, 2000, p. 7-8).

Assim, Ricœur se vale de alguns pares oposicionais que se estabelecem entre memória e lembrança (hábito e memória, evocação e busca, reflexividade e mundanidade) (RICŒUR, 2000, p. 30-44) para destacar, a partir de Edward Casey, os modos mnemônicos que transitam entre esses polos, quais sejam, *reminding* (o esforço individual da memória para a recordação), *reminiscing* (o esforço da recordação a partir de uma rememoração compartilhadas entre várias pessoas) e *recognizing* (a recordação como o momento do reconhecimento) (RICŒUR, 2000, p. 45-48).

Ricœur conclui essa parte de sua investigação asseverando a dimensão veritativa da memória, ou seja, a busca da verdade que inspira o exercício da memória, que pretende escapar da cilada do imaginário, da função alucinatória da imaginação, apontando

> que uma busca específica de verdade está implicada na visão da "coisa" passada, do que anteriormente visto, ouvido, experimentado, aprendido. Essa busca de verdade especifica a memória como grandeza cognitiva. Mais precisamente, é no momento do reconhecimento, em que culmina o esforço da recordação, que essa busca de verdade se declara enquanto tal[127] (RICŒUR, 2000, p. 66, tradução livre).

Ao lado dessa dimensão veritativa da memória, há uma dimensão pragmática ligada ao exercício da memória, podendo se falar nos usos e abusos da memória, cabendo destaque aqui para os abusos da memória natural e, sem preocupação com uma simetria, para os usos e abusos do esquecimento de recordação.

Ricœur decodifica os abusos da memória natural situando-os em três níveis: no nível patológico-terapêutico, a *memória impedida*; no nível prático, a *memória manipulada*; e no nível ético-político, a *memória obrigada*.

---

[127] (...) *qu'une requête spécifique de vérité est impliquée dans la visée de la 'chose' passée, du quoi antérireurement vu, entendu, éprouvé, appris. Cette requête de vérité spécifie la mémoire comme grandeur cognitive. Plus précisément, c'est dans le moment de la reconnaissance, sur lequel s'achève l'effort du rappel, que cette requête de vérité se déclare elle-même.*

No nível da memória impedida, manifesta-se uma memória ferida e até mesmo enferma, decorrente da recordação de lembranças traumáticas. Ricœur estabelece um interessante diálogo com Freud em torno da rememoração, da repetição, da perlaboração, do luto e da melancolia, sem descurar, todavia, da dificuldade de se aplicar no plano da memória coletiva a terapêutica originada no plano da memória individual, bem assim, de se inscrever o tratamento de uma patologia da memória na investigação sobre o exercício da memória (RICŒUR, 2000, p. 83-84).

Com Freud, Ricœur indica que, enquanto não realizado o trabalho de rememoração orientado para o luto (o trabalho de luto), numa colaboração entre o terapeuta e o analisando (perlaboração) para que este possa se reconciliar com o seu passado, permanece a compulsão de repetição, isto é, a repetição em forma de ação (não em forma de lembrança). O trabalho de luto, em síntese, é o "(...) trabalho de rememoração contra a compulsão de repetição"[128] (RICŒUR, 2000, p. 85, tradução livre).

O que se ressalta aí é a necessidade de as lembranças serem trabalhadas em um exercício libertador de reflexividade, em que o analisando, em trabalho de rememoração, assume as perdas e os traumas do passado, sublimando a tristeza da melancolia e, com isso, a compulsão de repetição.

Transportando essa terapêutica originada no plano da memória individual para o plano da memória coletiva, em que o terapeuta é substituído pelo espaço público de discussão, Ricœur aponta os traumatismos coletivos e, por correspondência, os lutos coletivos presentes na constituição da identidade comunitária como estrutura fundamental da existência coletiva, porque "(...) não existe nenhuma comunidade histórica que não tenha nascido de uma relação que se possa comparar sem hesitação à guerra"[129] (RICŒUR, 2000, p. 96, tradução livre). Prossegue Ricœur:

> O que celebramos como atos fundadores são essencialmente atos violentos legitimados posteriormente por um estado de direito precário. A glória de uns foi a humilhação para outros. Assim se armazenam, nos arquivos da memória coletiva, feridas simbólicas que pedem uma

---

[128] (...) *travail de remémoration contre compulsion de répétition*.

[129] (...) *n'existe-t-il aucune communauté historique qui ne soit née d'un rapport qu'on peut assimiler sans hésitation à la guerre*.

cura. Mais precisamente, o que, na experiência histórica, surge como um paradoxo, a saber, *excesso* de memória aqui, *insuficiência* de memória ali, se deixa reinterpretar dentro das categorias da resistência, da compulsão de repetição e, finalmente, encontra-se submetido à prova do difícil trabalho de rememoração[130] (RICŒUR, 2000, p. 96, tradução livre).

Essa relação fundamental da história com a violência não se restringe ao ato de fundação, que reclama um difícil trabalho de rememoração, o qual, quando bem sucedido, dá origem às celebrações patrióticas, isto é, às comemorações cívicas da comunidade histórica.

Os traumas coletivos fazem parte da história de qualquer comunidade histórica e não se situam apenas no seu início histórico, mas, sim, atravessam toda a sua existência enquanto tal, pelo que deve estar permanentemente aberta a possibilidade de terapia no espaço público de discussão sobre a memória coletiva, colocando-a sob as exigências de reinterpretações críticas, até que as perdas sejam definitivamente interiorizadas (RICŒUR, 2000, p. 95-97).

Do ponto de vista do esquecimento, a memória impedida revela que "(...) o problema do esquecimento é que muitos esquecimentos se devem ao impedimento de ter acesso aos tesouros enterrados na memória"[131] (RICŒUR, 2000, p. 575, tradução livre).

Sob esse viés, as duas lições trazidas da psicanálise demonstram, de um lado, que o trauma permanece mesmo quando inacessível, retornando como recalque sob diversos modos pelos fenômenos de substituição, e de outro lado, aquilo que se pensava esquecido e perdido no passado pode voltar (RICŒUR, 2000, p. 576).

É por isso, mais uma vez, que deve estar aberto o espaço público de discussão sobre a memória coletiva, a fim de que os esquecimentos, as lembranças encobridoras e os atos falhos da história de vida da comunidade sejam colocados em terapia.

Já no nível prático, onde se manifesta a *memória manipulada*, aqui se fala mais em memória instrumental do que em memória ferida,

---

[130] *Ce que nous célébrons sous le titre d'événements fondateurs sont pour l'essentiel des actes violents légitimés après coup par un état de droit précaire. Ce qui fut gloire pour les uns, fut humiliation pour les autres. A la célébration d'un côté correspond de l'autre l'exécration. C'est ainsi que sont emmagasinés dans les archives de la mémoire collective des blessures symboliques appelant guérison. Plus précisément, ce qui, dans l'expérience historique, fait figure de paradoxe, à savoir trop de mémoire ici, pas assez de mémoire là, se laisse réinterpréter sous les catégories de la résistance, de la compulsion de répétition, et finalement se trouve soumis à l'épreuve du difficile travail de remémoration.*

[131] *(...) le problème de l'oubli est que maints oublis sont dus à l'empêchement d'accéder aux trésors enfouis de la mémoire.*

sendo o campo dos abusos da memória (excesso de memória) e dos abusos do esquecimento (insuficiência de memória), o que revela, então, a fragilidade da memória assim manipulada (RICŒUR, 2000, p. 98).

Ricœur vislumbra na fragilidade da memória uma fragilidade da identidade, que se abre às manipulações da memória em razão do fenômeno da ideologia, "(...) que se intercala entre a reivindicação de identidade e as expressões públicas da memória"[132] (RICŒUR, 2000, p. 99, tradução livre).

A intervenção da ideologia se dá, na verdade, em diversos níveis operatórios, cujos efeitos são "(...) de distorção da realidade, de legitimação do sistema de poder, de integração do mundo comum por meio de sistemas simbólicos imanentes à ação"[133] (RICŒUR, 2000, p. 100, tradução livre), sendo que, "no plano mais profundo, o das mediações simbólicas da ação, a memória é incorporada à identidade por meio da função narrativa"[134] (RICŒUR, 2000, p. 103, tradução livre), fechando-se, desse modo, a identidade da comunidade:

> Uma memória exercida é, de fato, no plano institucional, uma memória ensinada; a memorização forçada encontra-se assim arrolada em benefício da rememoração das peripécias da história comum tidas como os acontecimentos fundadores da identidade comum. O fechamento da narrativa é assim posto a serviço do fechamento identitário da comunidade. História ensinada, história aprendida, mas também história celebrada. À memorização forçada somam-se as comemorações convencionadas. Um pacto temível se estabelece assim entre rememoração, memorização e comemoração[135] (RICŒUR, 2000, p. 104, tradução livre).

No que concerne ao esquecimento, o problema da memória manipulada reside na impossibilidade de se narrar tudo; afinal, "a narrativa comporta necessariamente uma dimensão seletiva"[136] (RICŒUR, 2000, p. 579, tradução livre).

---

[132] (...) qui s'intercale entre la revendication d'identité et les expressions publiques de la mémoire.

[133] (...) de distorsion de la réalité, de légitimation du système de pouvoir, d'intégration du monde commun par le moyen de systèmes symboliques immanents à l'action.

[134] Au plan les profond, celui des médiations symboliques de l'action, c'est à travers la fonction narrative que la mémoire est incorporée à la constitution de l'identité.

[135] Une mémoire exercée, en effet, c'est, au plan institutionnel, une mémoire enseignée; la mémorisation forcée se trouve ainsi enrôlée au bénéfice de la remémoration des péripéties de l'histoire commune tenues pour les événements fondateurs de l'identité commune. La clôture du récit est mise ainsi au service de la clôture identitaire de la communauté. Histoire enseignée, histoire apprise, mais aussi histoire célébrée. À la m'morisation forcée s'ajoutent les commémorations convenues. Un pacte redoutable se noue ainsi entre remémoration, mémorisation et commémoration.

[136] Le récit comporte par nécessité une dimension sélective.

Nesse aspecto, a ideologização da memória coletiva trabalha em favor das estratégias do esquecimento (RICŒUR, 2000, p. 579), retendo na história oficial apenas o que interessa ser contado e o modo como deve ser contado. Há, no limite, uma organização do esquecimento a serviço da memória manipulada.

Finalmente, no que diz respeito ao nível ético-político, da *memória obrigada*, Ricœur reconhece que essa questão ultrapassa uma simples fenomenologia da memória, e até mesmo uma epistemologia da história, indo até o coração da hermenêutica da condição histórica. Trata-se aí de um dever de memória requerido, e "a injunção só passa a fazer sentido em relação à dificuldade, vivenciada pela comunidade nacional ou pelas partes feridas do corpo político, de constituir uma memória desses acontecimentos de modo apaziguado"[137] (RICŒUR, 2000, p. 105, tradução livre).

Ricœur coloca em questão a relação do dever de memória com a ideia de justiça, segundo a relação do objetivo veritativo com o objetivo pragmático da memória, do trabalho de memória com o trabalho de luto. Para tanto, ele constrói uma resposta para essa questão com três elementos, que valem como verdadeiras premissas em torno dessa questão: (i) "o dever de memória é o dever de fazer justiça, pela lembrança, a outro que não o si"[138] (RICŒUR, 2000, p. 108, tradução livre); (ii) "o dever de memória não se limita a guardar o rastro material, escrito ou outro, dos fatos acabados, mas entretém o sentimento de dever a outros (...). Pagar a dívida, diremos, mas também submeter a herança a inventário"[139] (RICŒUR, 2000, p. 108, tradução livre); (iii) "(...) dentre esses outros com quem estamos endividados, uma prioridade moral cabe às vítimas",[140] com o destaque, para se evitar a vitimização, que "a vítima em questão aqui é a vítima outra, outra que não nós"[141] (RICŒUR, 2000, p. 108, tradução livre).

Todavia, aqui também no nível da memória obrigada, aparecem os abusos do esquecimento, quando a anistia e o direito de graça rompem a fronteira entre esquecimento e perdão (RICŒUR, 2000, p. 585).

---

[137] *L'injonction ne prend sens que par rapport à la difficulté ressentie par la communauté nationale, ou par des parties blessées du corps polique, à faire mémoire de ces événements d'une manière apaisée.*

[138] *Le devoir de mémoire est le devoir de rendre justice, par le souvenir, à une autre que soi.*

[139] *Le devoir de mémoire ne se borne pas à garder la trace matérielle, scripturaire ou autre, des faits révolus, mais entretient le sentiment d'être obligés à l'égard de ces autres (...). Payer la dette, dirons-nous, mais aussi soumettre a l'héritage à inventaire.*

[140] *(...) desquels nous sommes endettés, une priorité moralie revient aux victimes.*

[141] *La victime dont il est ici question, c'est la vitime autre, autre que nous.*

Ricœur se preocupa com o uso dessas instituições, que dizem respeito a processos judiciais e à imposição de pena, para se promover um dever de esquecimento, uma espécie de amnésia comandada, a qual, se lograr êxito, faria com que "(...) a memória privada e coletiva seria privada da salutar crise de identidade que possibilita uma reapropriação lúcida do passado e de sua carga traumática"[142] (RICŒUR, 2000, p. 589, tradução livre).

A organização das ideias de Ricœur em torno da fenomenologia da memória cumpre com o objetivo aqui de trazer condições de possibilidade para se criticar as narrativas sobre a história do constitucionalismo brasileiro. Em sua obra, Ricœur se dedica, ainda, a uma epistemologia da história e a uma hermenêutica da condição histórica, que não serão, contudo, exploradas aqui, dados os limites deste trabalho.

Indo, então, direto ao ponto, há nas narrativas da história do constitucionalismo brasileiro um problema quanto à *origem* e um problema quanto à *eternidade da permanência* do ato de fundação e do projeto constituinte.

Como se sabe, a aventura do projeto constituinte começa no Brasil com a Constituição de 1824, quando, pela primeira vez, ocorre a fundação de um Estado de Direito no Brasil. Já se foram, desde então, sucessivas Constituições até se chegar à Constituição de 1988.

Embora não se possa destituir a Constituição de 1824 dessa posição de primeiro ato de fundação do projeto constituinte no Brasil, situando-se na origem da história do constitucionalismo brasileiro, isso não significa um eterno retorno a ela mesma.

Pelo contrário, as sucessivas Constituições surgidas na história do constitucionalismo brasileiro devem ser entendidas, para falar novamente com André Duarte na leitura que faz da obra de Hannah Arendt, como uma *transfiguração da origem* em cada momento histórico.

Trata-se aí de uma aplicação do princípio monadológico que Walter Benjamin propõe em seu conceito de história, apropriado por Arendt para desvendar o sentido da política a partir das experiências históricas originárias da *polis* grega e da *res publica* romana, que continuam a iluminar os eventos políticos do presente.

Se assim é, a Constituição de 1988 cristaliza as tensões do passado do constitucionalismo brasileiro, cujos significados só se dão a conhecer com a abertura da memória das lutas por direitos forjadas ao

---

[142] (...) *la mémoire privée et collective serait privée de la salutaire crise d'identité permettant une réappropriation lucide du passé et de sa charge traumatique.*

longo do tempo histórico desde a origem do projeto constituinte, mas transfigurados em suas sucessivas (re)fundações.

A Constituição de 1988 é aí encarada como uma mônada, em cujo interior estão os vestígios do passado do constitucionalismo brasileiro (o passado-inédito), cuja descoberta fornece uma nova chave de compreensão do presente-dado.

Esse modo de compreensão da história do constitucionalismo brasileiro explica como é possível ampliar e aumentar o projeto constituinte, reivindicando a eternidade de sua permanência (re)iniciada pela Constituição de 1988 sem desprezar as experiências políticas anteriores.

Explica, também, o problema das narrativas da história do constitucionalismo brasileiro quanto à eternidade da permanência do ato de fundação e do projeto constituinte. Por não encontrarem a origem do projeto constituinte no Brasil e não compreenderem o significado das sucessivas Constituições surgidas ao longo do tempo histórico, as narrativas da história do constitucionalismo brasileiro são marcadas por um excesso de memória em relação às tragédias e aos fracassos e um excesso de esquecimento em relação às lutas por direitos.

E por sob qualquer ângulo de enfrentamento dessa questão, seja pelo excesso de memória, seja pelo excesso de esquecimento, o resultado é a melancolia, aquele estado de permanente tristeza, de falta de reconciliação com o passado. O que se tem aí são as feridas abertas dos fracassos e das tragédias vivas na lembrança, um excesso de memória que enseja uma compulsão de repetição em encarar as experiências políticas e constitucionais com decepção e indignação.

As perdas do constitucionalismo brasileiro seguem sem ser submetidas ao trabalho de luto, de libertação da melancolia, no espaço público de discussão sobre a memória coletiva, onde tem lugar a terapia que pode elaborar essas perdas até que elas sejam definitivamente interiorizadas.

Trata-se de um estado permanente de melancolia constitucional, uma tristeza cívica sem fim. O esquecimento se vê aí a serviço da memória impedida e manipulada, em uma relação de complementariedade: excesso de esquecimento, insuficiência de memória.

É como se as Constituições anteriores à Constituição de 1988 não tivessem constituído nada, pois a dimensão da luta por direitos na história do constitucionalismo brasileiro é, de uma maneira geral, relegada ao mais absoluto esquecimento.

Mesmo os autores que poderiam ser considerados críticos, por denunciarem o déficit de cidadania na história do constitucionalismo brasileiro, acabam por reforçar ainda mais essa questão que pretendem criticar, deixando no esquecimento importantes momentos de afirmação da cidadania no Brasil. Com isso, contribuem para fortalecer a ideia de que sempre faltaram exemplos dignos de lutas por direitos que merecessem ficar guardados para sempre na memória, como lugar de sentido da tradição constitucional brasileira.

Mas há, certamente, inúmeros tesouros enterrados na memória do constitucionalismo brasileiro, em um passado-inédito à espera de descoberta. Enquanto esses tesouros jazem esquecidos, enquanto outra história não é contada, a memória impedida e manipulada do constitucionalismo brasileiro contribui para reforçar a decepção e a indignação com a experiência política e constitucional brasileira, com reflexos profundos sobre o presente e o futuro do constitucionalismo brasileiro.

Por essa razão, há uma necessidade urgente de se reconfigurar o campo de experiência das lutas por direitos no Brasil para se inseri-las adequadamente no discurso constitucional, isto é, como atos que, em seu tempo histórico, rememoraram o ato de fundação (a Constituição), aumentando-o e ampliando-o para assegurar a sua eternidade e tornar permanente o projeto constituinte por ele iniciado.

Para tanto, é útil recorrer, com João Maurício Adeodato, às dimensões da retórica como método (retórica material), metodologia (retórica estratégica) e metódica (retórica analítica) no estudo do direito (ADEODATO, 2008, p. 69-79), que podem encontrar um campo fértil de desenvolvimento na compreensão da história do constitucionalismo brasileiro, mediada pelo acesso do tempo através da narrativa.

Tomando-se tal perspectiva, tem-se que a descrição do ambiente histórico, que fica mais próxima da historiografia tradicional, se situa no âmbito da retórica material. Depois, no nível da retórica estratégica, a atenção se volta à argumentação adotada na historiografia tradicional para se analisar como, por meio das ideias aí sustentadas, tentou-se influir nos métodos e fatos descritos no nível da retórica material. Por fim, a retórica metódica procede da análise de ambos os níveis anteriores (ADEODATO, 2009, p. 245).

Com efeito, "(...) tudo aquilo que se chama de 'realidade', a sucessão temporal de eventos únicos e irrepetíveis, consiste em um relato vencedor" (ADEODATO, 2011, p. 18). Em outras palavras, o relato vencedor acaba, de fato, sempre se formando por "(...) acordos lingüísticos intersubjetivos de maior ou menor importância no tempo, mas todos circunstanciais, temporários, autorreferentes e assim passíveis de constantes rompimentos" (ADEODATO, 2009, p. 248).

Essa perspectiva, como se vê, rejeita qualquer etiologia ou escatologia na concepção da história (ADEODATO, 2009, p. 49) e contribui para que seja possível compreender, descritivamente, em que medida as experiências esquecidas no passado do constitucionalismo brasileiro podem ser relacionadas com o exercício dos direitos previstos em cada uma das Constituições brasileiras (retórica analítica), tomando-se, como objeto de estudo, a historiografia recente (retórica estratégica) sobre essas experiências tal como narradas (retórica material).

Assim, ao procurarem narrar, sob uma nova perspectiva, os fatos históricos, os historiadores pretendem, no fundo, reconstituí-los – ou ressignificá-los – em suas narrativas historiográficas. É essa disputa entre narrativas historiográficas que se pretende observar aqui do ponto de vista da retórica analítica, "(...) como a atitude filosófica mais adequada, tanto para conhecer o mundo (gnoseologia) como para avaliá-lo (ética) e agir" (ADEODATO, 2008, p. 80), voltada para o campo da história do constitucionalismo brasileiro.

Colocada a história do constitucionalismo brasileiro sob essa visada, conclui-se que a linha de continuidade não se apaga diante das sucessivas Constituições que sobrevieram no decurso do tempo histórico. Desde que tudo começou no Brasil, em termos de projeto constituinte, com a fundação de um Estado de Direito através da Constituição de 1824, foram se lhe acrescendo novos acontecimentos que podem ser entendidos como pontos de reflexão sobre a história que vinha se fazendo e que pretendia se fazer. Como já se disse, as sucessivas Constituições representam, na história do constitucionalismo brasileiro, transfigurações da origem do político.

O surgimento de uma nova Constituição, como ato de fundação que é, sempre coloca em questão sua relação com as experiências políticas do passado. Mas daí não se segue que a Constituição necessariamente rejeite toda a experiência política e constitucional que lhe é anterior, sobretudo se a Constituição "nova" também se inserir, ainda que sob uma renovada perspectiva, em um projeto constituinte de um Estado de Direito.

Nesse passo, a Constituição "nova", ao mesmo tempo em que rejeita a Constituição "antiga", é, também, resultado dela, como um ganho de experiência, um aprendizado com o passado, aliado à esperança de que um novo começo sempre traz, com a renovação da promessa.

Por isso, as lutas por direitos forjadas no passado, com fundamento na "antiga" Constituição, superpõem-se no mesmo campo de experiência das lutas por direitos manifestadas com fundamento na "nova" Constituição, todas elas orientadas pelo projeto constituinte de um Estado de Direito, quando, então, podem ser ressignificadas no tempo presente, à luz do horizonte mais amplo da história do constitucionalismo que repercute sobre elas.

Podem, então, ser sintetizadas as seguintes conclusões das reflexões feitas em torno da política da justa memória do constitucionalismo brasileiro:

(i) só é possível falar em história de um constitucionalismo quando se tem o desejo de se preservar a eternidade da permanência da Constituição como ato de fundação, que é ampliado e aumentado em cada novo ato que se faz a partir dele (e em memória dele);

(ii) o problema das narrativas da história do constitucionalismo brasileiro é, em primeiro lugar, um problema com a origem, ou seja, a dificuldade de se encontrar o ato de fundação do projeto constituinte e de se entender a sua transfiguração ao longo do tempo histórico. Em segundo lugar, é um problema com o excesso de memória em relação às tragédias e aos fracassos e com o excesso de esquecimento em relação às lutas por direitos;

(iii) tais narrativas são problemáticas porque não encontram nem a origem do projeto constituinte no Brasil, nem atos posteriores que tenham ampliado e aumentado o ato de fundação, mostrando-se totalmente arbitrário se contar a história do constitucionalismo brasileiro desde tal perspectiva;

(iv) a política da justa memória procura identificar em que medida a memória do constitucionalismo brasileiro é impedida e manipulada, reivindicando uma linha de continuidade da história constitucional do Brasil, considerando a origem na Constituição de 1824 e as Constituições subsequentes como transfigurações dessa origem;

(v) para tanto, as lutas por direitos em todo o tempo histórico que constitui a história do constitucionalismo brasileiro, desde a sua origem em 1824, devem ser analisadas retoricamente em seus momentos históricos e ressignificadas à luz da Constituição de 1988, que hoje reivindica para si a eternidade da permanência como ato de (re)fundação do projeto constituinte por ela (re)iniciado.

É chegada a hora, então, de pôr em prática um ensaio de interpretação da Revolta da Vacina, segundo uma política da justa memória, com o objetivo de se inserir adequadamente esse acontecimento na história do constitucionalismo brasileiro.

3.2.2 Um possível significado da Revolta da Vacina para a história do constitucionalismo brasileiro

Como se expôs no início deste capítulo, a Revolta da Vacina, segundo a historiografia recente, não pode ser compreendida apenas como uma mera manifestação de rebeldia gratuita da turba ignara, facilmente manipulada por aqueles que pretendiam ver abaixo o governo, tampouco uma rebelião insana contra os evidentes benefícios que poderiam advir da vacinação.

A insurreição popular foi apenas a demonstração mais visível – e certamente a mais dramática – da resistência do povo às ações do governo motivadas pelo desejo de se proceder a uma higienização da cidade, a partir de investidas sobre os corpos e as casas das pessoas, sobretudo daquelas que eram consideradas um verdadeiro expurgo social.

De fato, a resistência do povo não se limitou à revolta, tão somente. Outros espaços foram buscados para se discutir a legitimidade das ações de governo que vinham sendo tomadas no âmbito da ampla reforma sanitária e urbana que vinha sendo realizada no Rio de Janeiro.

A proposta aqui, então, é compreender em que medida a atuação dos revoltosos, para além da Revolta da Vacina, pode ser entendida como exercício de luta por direitos e de cidadania. Mais especificamente, a proposta é compreender, descritivamente, em que medida a atuação dos revoltosos pode ser relacionada com o exercício dos direitos previstos na Constituição de 1891 (retórica analítica), tomando-se, como objeto de estudo, a historiografia recente (retórica estratégica) sobre a Revolta da Vacina (retórica material).

Para tanto, vale rememorar que as medidas sanitárias previstas à época eram bastante severas, sob o ponto de vista da intervenção do Estado na vida privada. Conforme se depreende do Decreto nº 1.151/04, aprovado pelo Congresso Nacional, e, depois, do próprio Regulamento Sanitário (Decreto nº 5.156/04), em nome da proteção e defesa da higiene pública era permitido às autoridades sanitárias, inclusive com o apoio da polícia, invadir, vistoriar, fiscalizar, interditar e demolir casas e construções, além de adotar medidas preventivas de apreensão, destruição de gêneros deteriorados ou considerados nocivos à saúde pública, sequestro e venda de animais ou objetos cuja existência nas habitações fosse proibida, com previsão de penas de multa e de prisão para aqueles que resistissem.

E para dirimir os conflitos que poderiam advir da aplicação dessas medidas pelas autoridades sanitárias, com o processamento e julgamento das ações cíveis e criminais em matéria de higiene pública, foi instituída uma Justiça Sanitária pelo Decreto nº 1.151/04, com a criação do Juízo dos Feitos da Saúde Pública no âmbito da Justiça Federal.

Somente há pouco tempo foram descobertos e sistematizados, em termos historiográficos, os documentos e as informações relacionados à atuação da Justiça Sanitária nesse período, o que foi resultado de um projeto de organização do acervo arquivístico da Justiça Federal da 2ª Região, coordenado por Gladys Sabina Ribeiro, entre os anos de 2004 e 2007 (RIBEIRO, 2008, p. 388).

Da análise dos autos dos processos judiciais, é possível reconstruir as práticas discursivas do período e, com isso, (re)contar a história do constitucionalismo brasileiro sob o enfoque aqui pretendido.

Nesse sentido, após ter acesso a vários tipos de processos judiciais (ações possessórias, ações de responsabilidade civil do Estado, ações de depósitos, desapropriações, despejos etc.), Gladys Sabina Ribeiro destaca que:

> (...) o acesso à Justiça existia e passou a ser uma forma privilegiada de resolução de conflitos e de luta por direitos naquela sociedade. A chamada sociedade civil percebia esta possibilidade de uma forma absolutamente moderna, entendendo a Lei como espaço de conflitos e como fruto desses conflitos (RIBEIRO, 2009, p. 113).

Eneida Quadros Queiroz, que participou da equipe de pesquisa coordenada por Gladys Sabina Ribeiro, em sua dissertação de mestrado, apresentada ao Programa de Pós-Graduação em História da Universidade Federal Fluminense, sobre a atuação da Justiça Sanitária nesse período, reconstrói os argumentos que eram utilizados por aqueles que recorriam e lutavam judicialmente quando atingidos pelas reformas urbana e sanitária para concluir que o Poder Judiciário se transformou em um campo de lutas por direitos e pela cidadania frente às mudanças na cidade (QUEIROZ, 2008).

As mudanças trazidas pelas reformas urbana e sanitária impactaram diretamente o modo de vida da população carioca, que foi às ruas e ao Poder Judiciário reclamar a proteção de seus direitos, reivindicando o respeito à livre conformação de suas vidas no âmbito privado.

Recorrer ao Poder Judiciário foi a forma encontrada pelas pessoas para reagirem contra a violação dos valores da inviolabilidade da casa e da família, tidos como protegidos pela Constituição de 1891, ao prescrever, em seu artigo 72, §11, que "(...) a casa é o asilo inviolável do indivíduo; ninguém pode aí penetrar de noite, sem consentimento do morador, senão para acudir as vítimas de crimes ou desastres, nem de dia, senão nos casos e pela forma prescritos na lei".

Basicamente, as ações judiciais eram intentadas pelas pessoas quando eram intimadas pelas autoridades sanitárias a procederem às melhorias em seus imóveis ou para provarem que satisfaziam as condições de higiene exigidas ou mesmo quando tinham seus imóveis interditados ou selecionados para demolição. Havia, ainda, as ações criminais propostas por infração sanitária (QUEIROZ, 2008, p. 103).

Além de protestarem com veemência contra a invasão da vida privada em suas ações judiciais, as pessoas levantavam, com frequência, o argumento de que as autoridades sanitárias não poderiam, sob pena de violação da separação dos poderes, executar as medidas de interdição de demolição dos imóveis considerados insalubres (QUEIROZ, 2008, p. 104-106).

A argumentação era desenvolvida, portanto, debaixo do sistema de direitos e da separação de poderes instituído na Constituição de 1891, e assim era apreciada pelo Poder Judiciário ao julgar as demandas que eram propostas.

É bem verdade que se misturava, muitas vezes, nas questões que eram levadas à Justiça o próprio discurso higienista da reforma sanitária. Eneida Queiroz reconstrói o caso que envolveu a ação judicial proposta por Antonio Alves do Valle, com o intuito de provar a habitabilidade, as condições de asseio, de higiene e de solidez de seu imóvel.

Na fundamentação de seu pedido, argumentava que era vítima de perseguição da autoridade sanitária, fazendo juntar aos autos do processo laudo de vistoria, acompanhado de fotografias, comparando o seu imóvel com outro casebre localizado na periferia da cidade. Mais do que isso, reclamava proteção da propriedade privada e alegava a inconstitucionalidade das disposições do Regulamento Sanitário (QUEIROZ, 2008, p. 117-120).

Houve, também, situação em que, mesmo com um sacrifício maior do que o representado pela obediência às ordens das autoridades sanitárias, buscou-se proteção judicial contra os alegados abusos que eram cometidos.

Esse é o caso da ação judicial proposta por Carlos da Silva Rocha. Ele já era réu de uma ação na qual a Procuradoria dos Feitos da Saúde Pública buscava a execução de multa de 200$000 (duzentos mil contos de réis) que lhe fora aplicada por não ter atendido a duas intimações para desocupar e fazer obras no pavimento superior do prédio em que residia. Irresignado, requereu vistoria *ad perpetuam rei memoriam* para provar o bom estado do imóvel, tendo obtido êxito que lhe livrou do pagamento da multa, muito embora tenha arcado com o custo para a realização da perícia, no montante de 300$000 (trezentos mil contos de réis), superior, portanto, ao valor da multa excluída, muito provavelmente para se ver livre de nova inspeção das autoridades sanitárias (QUEIROZ, 2008, p. 121-122 e 128-130).

A análise dos processos judiciais demonstra, ainda, que as reformas urbana e sanitária não atingiram apenas as classes pobres, já que os autores das ações judiciais eram proprietários de imóveis, estalagens, ou mesmo comerciantes, muitos deles prósperos.

Mas isso não muda o fato de que a população pobre foi realmente a mais afetada, "(...) porque para ela sobraram os custos sociais mais altos, como a perda de casas e poucos bens, necessidade de mudanças emergenciais, além de nenhuma proposta alternativa para a falta de moradias" (QUEIROZ, 2008, p. 123).

Se a Justiça Sanitária foi, ou não, concebida apenas para a legitimação das ações de governo tomadas no âmbito das reformas urbana e sanitária, o fato é que dela também se serviram as pessoas, pelo que "(...) foi um campo legítimo para o embate de duas visões antagônicas sobre aquele presente na cidade do Rio de Janeiro", revelando "(...) a tensão existente entre o Executivo e o Judiciário nos anos iniciais da República" e "(...) a capacidade dos cidadãos ocuparem os espaços institucionais existentes para encaminhar suas necessidades e reivindicações" (QUEIROZ, 2008, p. 143).

Aliás, a resposta mais contundente do Poder Judiciário veio quando o Supremo Tribunal Federal, na apreciação do Recurso em *Habeas Corpus* nº 2.244, em 31 de janeiro de 1905, considerou inconstitucional o artigo 172 do Regulamento Sanitário, que permitia ao inspetor sanitário requisitar o auxílio da polícia para proceder à desinfecção de imóveis quando houvesse a recusa do inquilino ou do proprietário (BRASIL, 1905). Ainda hoje o julgamento é considerado histórico no sítio eletrônico do Supremo Tribunal Federal.[143]

---

[143] Disponível em: <http://www.stf.jus.br/portal/cms/verTexto.asp?servico=sobreStfConheca StfJulgamentoHistorico&pagina=STFPaginaPrincipal1> Acesso em: 11 set. 2015.

Tal ação judicial foi proposta em favor de Manoel Fortunato de Araújo Costa, que houvera recebido pela segunda vez uma intimação para franquear o acesso à sua casa a um inspetor sanitário para que houvesse a desinfecção por motivo de febre amarela, cujo um dos focos fora encontrado em um prédio vizinho.

O tribunal concedeu a ordem de *habeas corpus* requerida, considerando violado o princípio da legalidade e, assim, "(...) inconstitucional a disposição regulamentar que faculta à autoridade sanitária penetrar, até com o auxílio da força pública, em casa particular para levar a efeito operações de expurgo".

Para tanto, considerou que o artigo 72, §11, da Constituição de 1891 era claro ao prever que somente por lei seria possível "(...) prescrever em quais casos é permitido, de dia, a entrada em casa particular sem consentimento do respectivo morador".

O julgamento do caso teve grande repercussão na imprensa e motivou a impetração de vários outros *habeas corpus*, até mesmo um *habeas corpus* coletivo por Augusto Queirós junto ao Supremo Tribunal Federal em favor das classes operárias do Rio de Janeiro.

Por mais que esse caso não tenha tido a mesma cobertura, revela o novo campo de possibilidades que se abriu após a decisão judicial, colocando as classes pobres na mesma arena de embates, isto é, no Poder Judiciário, revelando-se aí a consciência de que as invasões domiciliares violavam um direito protegido pela Constituição de 1891 (CANTISANO, 2015, p. 312-318).

Ora, em um cenário marcado pela preponderância do Poder Executivo na elaboração e na execução das reformas urbana e sanitária, uma decisão judicial que impusesse limites, a partir da separação de poderes, às ações de governo constitui algo extremamente importante para a história do constitucionalismo brasileiro.

Assim, a partir do novo quadro traçado pela historiografia, depreende-se que a lei da vacinação obrigatória foi o estopim da Revolta da Vacina, mas havia muito mais coisa envolvida naquele cenário do Rio de Janeiro na virada do século XIX para o século XX.

O Regulamento Sanitário pretendeu instrumentalizar uma invasão ampla do Estado sobre a vida privada das pessoas, tudo em nome da proteção e da defesa da higiene pública, como se fosse possível controlar a vida (e a morte) das pessoas desde uma perspectiva pautada unicamente em critérios técnicos e científicos, no bojo de uma política de higienização e de ordenação dos espaços da cidade.

O sentimento de indignação cresceu, motivado por diversos fatores, e muitos decidiram arriscar a própria vida contra o absurdo dessa política de higienização, indo às ruas para protestar violentamente contra o governo, sem descurar do acesso à justiça para fazer valer seus direitos.

De concreto, houve a revogação quase que imediata da lei da vacinação obrigatória, sendo que o Poder Judiciário foi palco de lutas por direitos, onde se invocava a normatividade constitucional para protegê-los contra as ações do governo concebidas em torno de um discurso epidemiológico, do qual emergiu, naquela ocasião, um estado de exceção em nome da proteção e da defesa da higiene pública.

E mesmo diante do alegado perigo público e da necessidade de serem executadas as ações de governo a bem do interesse coletivo, a resposta dada pelo Poder Judiciário buscou preservar a normatividade constitucional, afastando a possibilidade de se prever, fora da lei, em contrariedade ao que determinava o artigo 72, §11, da Constituição de 1891, as situações em que seria admitido o ingresso forçado nas casas, além daquelas previstas constitucionalmente (para acudir as vítimas de crimes ou desastres).

A reação do governo contra a Revolta da Vacina foi igualmente violenta, com a decretação do estado de sítio, na forma prevista no artigo 34, 20, da Constituição de 1891, e a perseguição implacável de todos quantos se puseram a favor da revolta ou se encontrassem em situação suspeita, bastando, para tanto, que fossem pobres.

Como se vê, a mesma Constituição de 1891, invocada para a proteção dos direitos fundamentais violados pela intervenção estatal na vida privada, então justificada na necessidade de prevenção e controle da peste para proteção e defesa da higiene pública, amparou o acionamento soberano do estado de exceção previsto constitucionalmente para pôr fim à insurreição popular.

Em tal época, ainda não havia aparecido, na experiência política, o fenômeno do totalitarismo, tampouco o constitucionalismo democrático, muito menos o risco, mais recente, do estado de exceção permanente como um paradigma de governo, mas, mesmo assim, a construção e a inserção dessa experiência política e constitucional na história do constitucionalismo brasileiro são importantes para a análise, no próximo capítulo, dos limites e possibilidades da intervenção estatal na vida privada nas situações de emergência na saúde pública, segundo os pressupostos de um constitucionalismo democrático, bem assim, da revolta contra a política de higienização, entendida em termos de ação política, produzida segundo uma ética da responsabilidade.

CAPÍTULO 4

A DIGNIDADE DA REVOLTA: CONTRA TODA POLÍTICA DE HIGIENIZAÇÃO

4.1 Em guerra contra a peste: limites e possibilidades da intervenção do Estado na vida privada no estado de emergência na saúde pública

Recapitulando o que foi dito no primeiro capítulo, tem-se que a atuação do Estado no estado de emergência na saúde pública é marcada por um paradoxo: de um lado, exige-se dele as tomadas de decisão e a execução de ações para debelar, o quanto antes, a peste a fim de se preservar a saúde e a vida das pessoas; de outro lado, as tomadas de decisão por parte do Estado e suas ações, desde o advento do constitucionalismo, só podem se dar segundo os limites fixados pela Constituição e a partir de escolhas políticas democráticas, o que pode dificultar ou mesmo frustrar o combate da peste.

E dentre os limites fixados pela Constituição para as ações de governo estão os direitos fundamentais, que interditam o livre acesso do Estado à vida privada das pessoas, o que, muitas vezes, é apontado como necessário dentre as medidas de prevenção e controle da peste, tais como o ingresso forçado em imóveis particulares, o isolamento de indivíduos, grupos populacionais ou áreas, a exigência de tratamento por parte de portadores de moléstias transmissíveis, inclusive através do uso da força, se necessário, entre outras.

Assim, apresenta-se, neste quarto e último capítulo, o desafio de se apontar os limites e possibilidades da intervenção estatal na vida privada no estado de emergência na saúde pública, sem desconsiderar o risco, apresentado no segundo capítulo a partir de uma crítica da Teoria da Constituição, de se instaurar um estado de exceção permanente como um paradigma de governo, bem como as peculiaridades do caso brasileiro, para se pensar esse risco a partir da análise das próprias experiências que podem ser encontradas na história constitucional do Brasil, dentre as quais se destaca a Revolta da Vacina, devidamente inserida na história do constitucionalismo brasileiro no terceiro capítulo.

Não se desconsidera aqui o fato de que o aparecimento de uma peste, ensejando um estado de emergência na saúde pública, causa pânico às pessoas diante da possibilidade da morte iminente de grande parcela ou da totalidade da população.

A mobilização de esforços do governo, em tal contexto, impõe-se diante dessa situação de perigo público como exigência tanto para se combater, efetivamente, a peste quanto para se tranquilizar a população, aplacando-se o pânico generalizado causado pela possibilidade da morte iminente. Invariavelmente, o combate às pestes é marcado pela necessidade de intervenção do Estado na vida privada, com uma série de medidas de restrição forçada da liberdade individual.

Todavia, exatamente porque o discurso epidemiológico abriga unidades discursivas típicas da formação do discurso jurídico do poder soberano no estado de exceção (vigilância e perigo), é indispensável que as ações de governo no estado de emergência na saúde pública sejam traduzidas em discursos de justificação e de aplicação do direito, de acordo com o sistema de direitos e da separação de poderes instituído na Constituição de 1988, inclusive para ser acionado, nos termos em que previsto constitucionalmente, o estado de exceção em nome da saúde pública, sob a forma de estado de defesa ou de estado de sítio, o qual, mesmo assim, também tem suas limitações.

4.1.1 Ações de governo no estado de emergência na saúde pública e limites dos direitos fundamentais

O quadro normativo que hoje regulamenta as ações de governo nas situações de emergência na saúde pública precisa ser lido a partir da Constituição de 1988. Vale dizer, é necessário dar um tratamento constitucionalmente adequado para o assunto, de acordo com o sistema de direitos e da separação de poderes instituído na Constituição de 1988, que deve ser entendido segundo os pressupostos de um constitucionalismo democrático.

Não é possível conceber que, diante da previsão dos artigos 11 a 13 da Lei nº 6.259/75, seja admissível, na execução da investigação epidemiológica junto a indivíduos e a grupos populacionais determinados, reconhecer-se à autoridade sanitária a possibilidade de determinar *qualquer medida* indicada para o controle da doença, sempre que julgar oportuno, visando à proteção da saúde pública, estando as pessoas, físicas ou jurídicas, obrigadas a atender tais medidas.

Se tais medidas importarem restrição forçada da liberdade individual, entra em jogo a necessidade de as ações de governo serem traduzidas em discursos de justificação e de aplicação do direito, bem como inseridas coerentemente no sistema de direitos e da separação de poderes a fim de que sejam legitimadas.

E somente se atendidos os requisitos exigidos constitucionalmente é que pode haver a decretação, por ato soberano, do estado de exceção em nome da saúde pública, sob a forma de estado de defesa ou de estado de sítio (artigos 136 e 137 da Constituição de 1988), com limitação jurídica das ações de governo, seja nos termos em que prevista constitucionalmente, seja de acordo com o direito internacional.

Assim, a primeira questão a ser considerada é a necessidade de haver previsão em lei de qualquer medida de restrição forçada da liberdade individual para que seja possível sua aplicação nas ações de governo em situação de emergência na saúde pública e, ainda assim, tais medidas devem respeitar os limites fixados na Constituição.

Trata-se da expressão primeira do princípio da legalidade, que se encontra abrigado no artigo 5º, inciso II, da Constituição de 1988 (e esteve presente em todas as Constituições brasileiras, desde a de 1824), cuja observância deve se dar em conjunto com os demais direitos fundamentais, pois é certo que a lei não pode conter previsões que atentem contra o sistema de direitos e de separação de poderes considerado em sua integridade.

No entanto, Deisy Ventura assevera que "(...) falta no direito brasileiro a regulamentação específica sobre situações especiais vinculadas à saúde pública" (VENTURA, 2009, p. 170), pois "(...) prossegue em vigor a Lei 6.259, de 30 de outubro de 1975, incipiente e anacrônica em relação à vigilância epidemiológica em geral, e silente no que atine às restrições de direitos fundamentais" (VENTURA, 2009, p. 172).

Essa omissão se mostra ainda mais grave porque o Brasil se encontra vinculado no plano internacional ao direito de ingerência sanitária, estruturado em termos de cooperação internacional entre os Estados, que é operado pela Organização Mundial da Saúde, que tem competência para decidir sobre uma urgência de saúde pública de alcance internacional, como é o caso das pandemias, com base em um sistema complexo de procedimentos previstos no Regulamento Sanitário Internacional (VENTURA, 2009, p. 172-173).

Aliás, o governo brasileiro, por meio da Secretaria de Vigilância em Saúde do Ministério da Saúde, concluiu em 2010, após avaliação das capacidades de vigilância e resposta às emergências de saúde pública de importância internacional, segundo os padrões estabelecidos no Regulamento Sanitário Internacional, que possui um conjunto de capacidades básicas quanto aos aspectos de marco legal, institucional e administrativo com percentual próximo a 100% do desempenho esperado, de acordo com o instrumento de avaliação (CARMO, 2013).

Contudo, o marco legal no Brasil, como dito, resume-se às previsões da Lei nº 6.259/75, e, no plano infralegal, além do Decreto nº 78.231/76, que regulamenta a lei, há o Decreto nº 7.616/11, que dispõe sobre a declaração de emergência em saúde pública de importância nacional, adotando em seu artigo 10, inciso II, a mesma modelagem do art. 12 da Lei nº 6.259/75 (reproduzida no artigo 24 do Decreto nº 78.231/76), que prevê apenas que as medidas a serem tomadas para a solução da emergência pública deverão vir discriminadas no ato que a declarar.

Apenas mais recentemente foi promulgada a Lei nº 13.301/16, resultado da conversão da Medida Provisória nº 712/16, com previsão expressa, entre as medidas que podem ser determinadas e executadas para a contenção das doenças causadas pelos vírus da dengue, chikungunya e zika, da (i) instituição, em âmbito nacional, do dia de sábado como destinado a atividades de limpeza nos imóveis, com identificação e eliminação de focos de mosquitos vetores, com ampla mobilização da comunidade; (ii) realização de campanhas educativas e de orientação à população, em especial às mulheres em idade fértil e gestantes, divulgadas em todos os meios de comunicação, incluindo programas radiofônicos estatais; (iii) realização de visitas ampla e antecipadamente comunicadas a todos os imóveis públicos e particulares, ainda que com posse precária, para eliminação do mosquito e de seus criadouros, em área identificada como potencial possuidora de focos de transmissão; (iv) ingresso forçado em imóveis públicos e particulares, no caso de situação de abandono, ausência ou recusa de pessoa que possa permitir o acesso de agente público, regularmente designado e identificado, quando se mostre essencial para a contenção das doenças (artigo 1º, §1º, incisos I, II, III e IV).

Quer dizer, não há previsão, em lei, do regime de restrição de direitos fundamentais para a adoção de eventuais medidas de restrição forçada da liberdade individual no estado de emergência na saúde pública, sendo tais medidas concebidas exclusivamente no âmbito do discurso epidemiológico, que orienta as ações de governo desde uma perspectiva potencialmente geradora de um estado de exceção que pode se tornar um paradigma de governo ao combinar o saber epidemiológico com o poder soberano, tanto que a Secretaria de Vigilância em Saúde do Ministério da Saúde, quando da implantação do Programa Nacional de Controle da Dengue, baixou orientação sobre os procedimentos a serem tomados para a adoção de medidas de vigilância sanitária e epidemiológica voltadas ao controle de quaisquer doenças ou agravos à saúde com potencial de crescimento ou de disseminação que representem risco ou ameaça à saúde pública, recomendando a edição de decreto municipal, nas situações de emergência na saúde pública, prevendo várias medidas de restrição forçada da liberdade individual, quais sejam: (i) ingresso forçado em imóveis particulares; (ii) isolamento de indivíduos, grupos populacionais ou áreas; (iii) exigência de tratamento por parte de portadores de moléstias transmissíveis, inclusive através do uso da força, se necessário; e (iv) outras medidas que auxiliem, de qualquer forma, na contenção das doenças ou agravos à saúde identificados (BRASIL, 2006).

Como se vê, com base em previsão bastante genérica do artigo 12 da Lei nº 6.259/75, a solução apresentada e endossada pela dogmática jurídica tem sido a possibilidade de edição de decretos pelo Poder Executivo ou mesmo de atos da autoridade sanitária, estipulando as medidas de restrição forçada da liberdade individual a serem adotadas na gestão de crises na saúde pública.

Vale ressaltar que, na vigência da Constituição de 1891, que admitia em seu artigo 72, §11, a possibilidade de haver o ingresso forçado na casa das pessoas nas situações previstas em lei, além daquelas previstas constitucionalmente (para acudir as vítimas de crimes ou desastres), o Supremo Tribunal Federal reconheceu a inconstitucionalidade do artigo 172 do Regulamento Sanitário (aprovado pelo Decreto nº 5.156/04), que permitia ao inspetor sanitário requisitar o auxílio da polícia para proceder à desinfecção de imóveis quando houvesse a recusa do inquilino ou do proprietário.

Tal entendimento foi adotado mesmo diante do alegado perigo público e da necessidade de serem executadas as ações de governo a bem do interesse coletivo, naquele cenário marcado pela preponderância do Poder Executivo na elaboração e na execução das reformas urbana e sanitária no início do século XX.

Atualmente, embora a Constituição de 1988, em seu artigo 5º, inciso XI, só admita o ingresso forçado na casa das pessoas em situações específicas (nos casos de flagrante delito ou desastre, ou para prestar socorro, ou, durante o dia, por determinação judicial), não havendo sequer previsão de virem a ser estabelecidas outras hipóteses em lei, há de se considerar a previsão do artigo 5º, inciso XXV, que autoriza, no caso de iminente perigo público, que a autoridade competente use de propriedade particular, assegurada ao proprietário indenização ulterior se houver dano. Não havia, na Constituição de 1891, previsão semelhante.

Assim, o ingresso forçado em imóveis particulares, no âmbito da vigilância epidemiológica, tal como agora previsto no artigo 1º, inciso IV, da Lei nº 13.301/16, deve encontrar fundamento na previsão do artigo 5º, inciso XXV, da Constituição de 1988, devendo ser devidamente caracterizado o perigo público por ato da autoridade competente, ou seja, por um dos órgãos que compõem o Sistema Nacional de Vigilância Epidemiológica (artigo 7º do Decreto nº 78.231/76), consoante, aliás, expressa previsão do artigo 4º da Lei nº 13.301/16.

Quanto à determinação de vacinação obrigatória, há previsão em lei, constante do artigo 3º da Lei nº 6.259/76, incumbindo ao Ministério da Saúde elaborar relações dos tipos de vacina cuja aplicação será obrigatória em todo o território nacional e em determinadas regiões do país, de acordo com o comportamento epidemiológico das doenças (artigo 27 do Decreto nº 78.231/76).

Já quanto às demais medidas de restrição forçada da liberdade individual, a exigência de tratamento por parte de portadores de moléstias transmissíveis, inclusive através do uso da força, se necessário, só tem previsão no contexto da assistência à saúde das pessoas portadoras de transtornos mentais, conforme disciplina estabelecida na Lei nº 10.216/01, não servindo de amparo para a determinação de internação compulsória para tratamento de qualquer tipo de doença, mesmo se infecciosa.

E no que concerne ao isolamento de indivíduos, grupos populacionais ou áreas, não há nenhuma previsão em lei, cabendo ressaltar a amplitude do direito de ir e vir, por ser livre a locomoção no território nacional em tempos de paz, nos termos do artigo 5º, inciso XV, da Constituição de 1988.

É indispensável, portanto, que seja estabelecido um marco regulatório mais específico sobre as ações de governo no estado de emergência na saúde pública, uma vez afastada a possibilidade de serem adotadas medidas de restrição da liberdade individual com base, exclusivamente, no discurso epidemiológico. Isso porque as medidas de restrição forçada da liberdade individual anunciadas como possíveis no discurso epidemiológico precisam ser devidamente reconfiguradas no sistema de direitos e da separação de poderes instituído na Constituição de 1988, transformando-se em previsões legais que possam amparar as ações de governo no estado de emergência na saúde pública.

É no discurso legislativo de produção de normas jurídicas que devem ser consideradas não somente as *questões técnico-científicas* trazidas pela epidemiologia sobre quais são as medidas de restrição forçada da liberdade individual recomendadas para a prevenção e controle das pestes, mas, igualmente, as *questões pragmáticas* (a construção e a seleção das possíveis estratégias de ação, que serão, depois, aplicadas pelo governo), as *questões* ético-políticas (a autocompreensão sobre o interesse coletivo em torno da prevenção e do controle da peste, que justifica a previsão de tais medidas em lei) e as *questões morais* (a exigência de universalização dessas questões discursivamente, no sentido de que seja possível justificar racionalmente as normas jurídicas produzidas no discurso legislativo perante todos os que virão a ser afetados por elas).

Levando-se em consideração as particularidades do caso brasileiro, não se pode perder de vista que há uma parcela enorme da população brasileira não integrada na esfera política, formada por subcidadãos, os quais, desprovidos cotidianamente dos direitos mais básicos de cidadania, não têm condições, por isso mesmo, de participar dos processos discursivos de formação da opinião e da vontade que originam os discursos de fundamentação do direito de onde sairão as normas jurídicas preordenadas a disciplinar as ações de governo no estado de emergência na saúde pública.

A face mais perversa desse sofrimento político se revela quando esses subcidadãos se tornam o principal alvo do governo, transformados em seres indesejáveis por serem o abrigo da peste ou por favorecerem a sua propagação, segundo a ótica de uma política de higienização que engendra práticas higienistas sobre essa parcela indesejada da população.

O absurdo dessa política de higienização será tratado mais à frente, mas o que se destaca aqui é a necessidade de se levar em consideração essa assimetria nos discursos de fundamentação do direito para se assumir estrategicamente a compaixão na ética do discurso mediante a sensibilização da esfera política pelo sofrimento e pela miséria de quem mais necessita da efetivação do direito à saúde, cuja causa deve ser, então, assumida como uma questão ético-política, com priorização dos direitos desses mais necessitados em qualquer deliberação política, sem se recusar à possibilidade de uma análise crítica.

Seja como for, o primeiro *locus* de tomada de decisão sobre as medidas de restrição forçada da liberdade que poderão vir a ser tomadas nas ações de governo no estado de emergência na saúde pública é o Poder Legislativo.

Faltando previsão em lei tanto para a exigência de tratamento por parte de portadores de moléstias transmissíveis, inclusive através do uso da força, se necessário, quanto para o isolamento de indivíduos, grupos populacionais ou áreas, tais medidas, por mais que sejam consideradas possíveis segundo o discurso epidemiológico, não podem ser tomadas nas situações de emergência na saúde pública, salvo se, especificamente em relação ao isolamento, for decretado estado de sítio na forma prevista constitucionalmente (artigo 139, inciso I, da Constituição de 1988), como se verá logo abaixo.

Deve-se destacar, contudo, que a necessidade de lei cuidando das emergências em matéria de saúde pública, com previsão de quais medidas de restrição forçada da liberdade podem vir a ser admitidas diante de crises na saúde pública, não pode servir de mote para que seja desmantelado o sistema de direitos e da separação de poderes instituído pela Constituição de 1988.

Ainda que a peste possa ser uma ameaça grave à saúde pública (e o discurso epidemiológico pautado nas unidades discursivas da vigilância e do perigo tende a tornar essa ameaça permanente), a criação de um direito da emergência na saúde pública precisa atender os limites e possibilidades que decorrem da normatividade constitucional.

Nesse sentido, Deisy Ventura faz questão de ressaltar que, por mais que seja possível impor regime mais severo para os direitos fundamentais nas situações de emergência em saúde pública, há alguns direitos que jamais poderão ser objeto de suspensão: direito à personalidade jurídica, direito à vida, direito a um tratamento humano, proibição de escravidão, proibição de retroatividade das leis, direito à liberdade de consciência e de religião, proteção da família, direito a um nome, direito das crianças, direito à nacionalidade, direito de participar do governo e as garantias judiciais essenciais, especialmente o *habeas corpus* e o mandado de segurança (VENTURA, 2009, p. 168).[144]

---

[144] Como se abordou acima no item 2.2.1.1, a Suprema Corte norte-americana, ao apreciar o regime mais severo de direitos fundamentais imposto pelo *USA Patriot Act*, no âmbito

Por outro lado, todas as medidas de restrição forçada da liberdade individual, quando tomadas pelo governo no estado de emergência na saúde pública, precisam ser devidamente fundamentadas no discurso de aplicação do direito, naquele modelo procedimental de formação racional da opinião e da vontade de que fala Habermas; afinal, a opacidade da produção das ações de governo em situações de emergência na saúde pública pode revelar uma estratégia de redução (ou supressão) de direitos fundamentais apoiada no discurso epidemiológico.

É importante insistir nesse ponto. A decisão sobre a própria caracterização de uma emergência em saúde pública, bem assim, sobre quais serão as medidas previstas em lei adotadas pelo governo para enfrentar essa situação de emergência na saúde pública, precisa ser devidamente fundamentada, assegurando-se uma efetiva possibilidade de participação da comunidade no processo de deliberação política.

O que deve ou não ser considerado uma situação de emergência na saúde pública e quais as medidas deverão ser adotadas pelo governo em tal situação para prevenir e controlar a doença ou o agravo à saúde com potencial de crescimento ou de disseminação que representem risco ou ameaça à saúde pública precisam, necessariamente, ser construídos em processos discursivos de formação da opinião e da vontade.

Tal exigência pode, inclusive, ser derivada das próprias diretrizes que regem o Sistema Único de Saúde, declinadas no artigo 198 da Constituição de 1988 e minudenciadas no artigo 7º da Lei nº 8.080/90, ao preceituar, no que interessa mais de perto aqui, que as ações e serviços públicos de saúde devem obedecer a preservação da autonomia das pessoas na defesa de sua integridade física e moral (inciso III), com igualdade da assistência à saúde, sem preconceitos ou privilégios de qualquer espécie (inciso IV), com a utilização da epidemiologia para o estabelecimento de prioridades, a alocação de recursos e a orientação programática (inciso VII), com participação da comunidade (inciso VIII).

A proclamação do estado de emergência na saúde pública e as possíveis medidas de restrição forçada da liberdade que se encontram previstas em lei precisam entrar no discurso de aplicação do direito, com efetiva observância desse arcabouço normativo que deve conformar a

---

da "guerra contra o terror", decidiu, no caso *Boumediene v. Bush*, que qualquer detento, mesmo estrangeiro e ainda que tenha sido capturado em território estrangeiro, tem o direito de discutir, pela via do *habeas corpus*, perante as cortes norte-americanas, a sua classificação como combatente inimigo.

produção das ações de governo, devendo ser coerentemente aplicado a fim de que as medidas a serem adotadas possam ter legitimidade.

E a participação da comunidade deve se dar não apenas nas instâncias formais de deliberação do Sistema Único de Saúde, em sua rede regionalizada e hierarquizada, mas, principalmente, em uma esfera política mais ampliada, onde comparece a importância dos meios de comunicação social, que podem conferir uma maior publicidade para as questões relevantes em torno do estado de emergência na saúde pública, razão pela qual podem se desenvolver mais efetivamente as campanhas educativas e de orientação à população.

Na verdade, essa estratégia de comunicação social, no interesse da prevenção e do controle das doenças, sobretudo em situações de emergência na saúde pública, deve assumir uma posição de destaque nas ações de governo, com todos os desafios que lhes são postos.

Como asseveram Ângela Pôrto e Carlos Fidelis Ponte, pesquisadores da Casa de Oswaldo Cruz, "transmitir a informação é algo vital para a gestão da saúde. E a capacidade de entendimento da mensagem por diferentes públicos é essencial para alcançar os resultados desejados" (PÔRTO; PONTE, 2003, p. 735).

Eles fazem uma abordagem interessante sobre os desafios das campanhas publicitárias voltadas à conscientização da população quanto à importância da vacinação para a erradicação de doenças, cabendo reproduzir, aqui, a história da imunização contra a poliomielite – que causa a paralisia infantil –, marcada por sucessivas inovações a partir da década de 1970.

Os pesquisadores anotam que uma novidade importante foi a instituição, em 1980, dos dias nacionais de vacinação contra a poliomielite, cercados por uma estratégia de ampla divulgação, com a produção de material informativo, como cartazes, folhetos e manuais distribuídos maciçamente para a população, com o objetivo de "(...) despertar a consciência da população para a necessidade da vacina, em especial pais e responsáveis por crianças menores de cinco anos, mobilizar a sociedade em torno dessa questão e envolver outras entidades nesta tarefa" (PÔRTO; PONTE, 2003, p. 736).

A estratégia foi bem-sucedida e, em 1985, a própria Organização Pan-Americana de Saúde conclamou todos os países das Américas a se engajarem na luta pela erradicação da poliomielite, ensejando a adoção de novas estratégias pelo Ministério da Saúde, dentre as quais se destaca a criação de um personagem para a campanha, o "Zé Gotinha", pelo artista plástico mineiro Darlan Rosa:

Darlan calcou seu estudo na idéia de não se privar a criança do direito de andar. Inspirou-se nas séries de fotos de Eadweard Muybrigde que, em 1887, desenvolveu estudos sobre a locomoção, imprimindo movimento às fotos que mostravam em seqüência o caminhar de uma criança. No traço de Darlan, o corpo da criança evoluiu para duas gotas, representando as doses necessárias de vacina; e o seu caminhar acompanha o cronograma de compromisso do governo brasileiro em erradicar a poliomielite. A logomarca foi batizada com o nome de Zé Gotinha, a partir de um concurso, que contou com a participação de escolas públicas de todo o Brasil e tinha por objetivo popularizar o símbolo da campanha (PÔRTO; PONTE, 2003, p. 736).

Na busca de se aproximar ainda mais da população, o Ministério da Saúde desenvolveu outras estratégias de comunicação, fazendo uso de personalidades públicas (atores, cantores, jogadores de futebol etc.), mas com uma nova forma de abordagem: associava-se a poliomielite ao terror, à culpa e ao medo. Buscava-se, com isso, impor aos pais a responsabilidade exclusiva pelo acometimento da doença, e "as imagens veiculadas eram sempre de crianças usando aparelhos tutores nas pernas, muletas, ou cadeira de rodas, ou seja, traziam a marca de sua deficiência física e eram mostradas em situação de dependência" (PÔRTO; PONTE, 2003, p. 736).

Todavia, a campanha, assim formulada, estigmatizava as pessoas já acometidas pela doença, revelando uma insensibilidade tremenda com a luta diária contra o preconceito que já era dirigido a todas as pessoas com deficiências físicas, o que suscitou polêmica:

> Na tevê chegou a ser veiculada uma chamada convocando para o Dia Nacional de Vacinação, mostrando Ronaldinho sentado numa cadeira de rodas e a legenda: "Imagine se ele poderia ser um campeão se não tivesse tomado a gotinha". Essa imagem provocou a ira dos portadores de paralisia infantil, que lutam diariamente para mostrar suas aptidões, para provar que são capazes frente ao mercado de trabalho, ou para desenvolver atividades ditas "normais", para tudo ser colocado em questão em apenas três segundos de comercial (PÔRTO; PONTE, 2003, p. 737).

E a polêmica em torno da estratégia de abordagem das campanhas de vacinação contra a poliomielite resultou em algumas mudanças, passando a se utilizar crianças, sósias de heróis nacionais, mostradas sem as marcas da doença, mas ainda com uma desqualificação das pessoas com paralisia infantil.

No ano seguinte, mesmo sem se vincular a criança à imagem de atletas, a mensagem ainda trazia essa desqualificação, mas, aos poucos, essas representações foram sendo substituídas pelo apelo à responsabilidade individual e "passou-se a falar em compromisso, no comprometimento da população convocada a participar, a comparecer aos postos" (PÔRTO; PONTE, 2003, p. 738), até que "hoje quase não se usam mais palavras, basta um sinal. O gesto da criança mostrando a língua e pedindo a gotinha supre a necessidade de produzir linguagem. E nem é preciso mais convocar os pais, a estratégia de *marketing* está voltada para a criança" (PÔRTO; PONTE, 2003, p. 738).

Esse relato sobre a história da campanha de vacinação contra a poliomielite no Brasil evidencia as potencialidades de legitimação das ações de governo no estado de emergência na saúde pública para além das instâncias formais da esfera política.

É claro que isso não se dá sem riscos, pois sempre haverá a possibilidade de se frustrar completamente o intento do governo em conscientizar a população. Mas, ao adentrar na esfera pública pela via dos meios de comunicação social e por outras formas de divulgação, as campanhas educativas e de orientação à população cumprem o importante papel de dar visibilidade para o problema concreto que afeta a saúde pública.

Os resultados são imprevisíveis, mas se abre a possibilidade tanto de virem a ser questionadas as ações de governo, por qualquer que seja a razão, quanto de ser obtido o consentimento da população, necessário à legitimação dessas mesmas ações.

Podem ser tomadas como exemplo as situações de emergência na saúde pública que estão sendo vivenciadas atualmente no Brasil, quais sejam, o surto das doenças causadas pelos vírus da dengue, zika e chikungunya transmitidos pelo *Aedes aegypti* e o aumento do número de casos da gripe influenza, causada pelo vírus H1N1 .

É louvável, nesse aspecto, o artigo 1º, incisos I e II, da Lei nº 13.301/16 ao prever expressamente, dentre as medidas que podem ser determinadas e executadas para a contenção das doenças causadas pelos vírus da dengue, zika e chikungunya, tanto a instituição, em âmbito nacional, do dia de sábado como destinado a atividades de limpeza nos imóveis, com identificação e eliminação de focos de mosquitos vetores, com ampla mobilização da comunidade, quanto a realização de campanhas educativas e de orientação à população, em especial às mulheres em idade fértil e gestantes, divulgadas em todos os meios de comunicação, incluindo programas radiofônicos estatais.

Tem havido, já há algum tempo, um esforço do governo em conscientizar a população quanto à necessidade de se erradicar o *Aedes aegypti*, mosquito transmissor de todos esses vírus, mas os resultados têm sido inexpressivos, tendo em vista os ciclos epidêmicos frequentes das doenças.

O dia 13 de fevereiro de 2016, por exemplo, foi marcado como o Dia Nacional de Mobilização Zika Zero, com mobilização que contou com o apoio de autoridades públicas, militares e agentes de saúde, tendo por objetivo conscientizar a população sobre a importância de eliminar o mosquito.[145]

Em seguida, no dia 19 de fevereiro de 2016 foi realizada uma mobilização nacional da educação pelo combate ao *Aedes aegypti* nas escolas de todo o país, com ações que envolveram professores, diretores, reitores de universidades e de institutos federais, agentes de saúde e da vigilância sanitária, forças armadas, governadores e prefeitos.[146]

É por isso que os debates sobre a prevenção e o controle das doenças transmitidas pelo *Aedes aegypti*, refletindo-se sobre eventuais medidas de restrição forçada da liberdade individual a serem tomadas para a erradicação do mosquito, precisam ser mediados não só nas instâncias formais da esfera política, mas devem se apoiar, também, no acesso da população às informações sobre a necessidade de adotar medidas para o combate do mosquito.

No que diz respeito ao vírus H1N1, a situação é diferente. Mesmo sem uma campanha tão massiva para a vacinação, as próprias pessoas colocaram-se em busca da vacina, conscientizando-se da necessidade da imunização como uma medida de proteção eficaz da saúde.

Essa consciência manifestada pela população serviu aos propósitos da ação de governo, sob o ponto de vista da saúde pública, mas o problema aqui foi outro, com uma procura desenfreada da população pela vacinação: a falta de capacidade do governo de atender a demanda da população por vacina. Isso explica a revolta das pessoas contra a falta de vacina, que não vem sendo encontrada nem no sistema público de saúde, nem nas clínicas particulares.

É por isso que o governo teve de explicar publicamente que foram disponibilizadas no Sistema Único de Saúde doses de vacina apenas

---

[145] Disponível em: <http://www.brasil.gov.br/saude/2016/02/brasil-vive-hoje-dia-nacional-de-mobilizacao-zika-zero-saiba-como-participar>.

[146] Disponível em: <http://www.brasil.gov.br/saude/2016/02/mobilizacao-nacional-da-educacao-contra-o-aedes-comeca-nesta-sexta-19>.

para os grupos de risco que compõem o público-alvo da campanha, definido por estudos epidemiológicos, com priorização dos grupos mais suscetíveis ao agravamento de doenças respiratórias.

Mas essa decisão é eminentemente política e não haveria qualquer problema em se estender a uma faixa mais ampla da população o acesso à vacina, tendo em vista o acesso universal e igualitário às ações e serviços de saúde para sua promoção, proteção e recuperação, como característica fundante da saúde pública como um dever do Estado (artigo 196 da Constituição de 1988).

Todas essas considerações em torno da participação da comunidade na legitimação das ações de governo, mesmo fora das instâncias formais da esfera política, servem para colocar o discurso epidemiológico em seu devido lugar.

Com efeito, o papel da epidemiologia, como deflui do arcabouço normativo que rege o funcionamento da saúde pública, deve ser o de orientação programática, de modo que não pode se esgotar no discurso epidemiológico o estabelecimento das medidas de restrição forçada da liberdade individual.

E há outro aspecto relevante que precisa ser levado em consideração: uma vez que os estudos epidemiológicos, ao procurarem identificar as características da população afetada pela doença, incorporam a perspectiva de gênero, raça e etnia, bem como as diferenças e desigualdades regionais e sociais, há de se ter o cuidado de não ser levada para os discursos jurídicos de justificação e de aplicação do direito uma leitura preconceituosa e discriminatória dos problemas que afetam a saúde pública.

Quer dizer, as características da população podem ser levadas em consideração na produção de ações de governo na administração da saúde pública, inclusive nas situações de emergência na saúde pública, mas o que não se pode admitir é que sejam concebidas medidas preconceituosas e discriminatórias para se prevenir e controlar as doenças da população, o que atentaria contra os objetivos fundamentais do Estado brasileiro, dentre os quais estão a redução das desigualdades sociais e regionais e a promoção do bem de todos, sem preconceitos de origem, raça, sexo, cor, idade e quaisquer outras formas de discriminação (artigo 3º, incisos III e IV, da Constituição de 1988).

Cite-se como exemplo a Política Nacional de Saúde Integral da População Negra, que define os princípios, a marca, os objetivos, as diretrizes, as estratégias e as responsabilidades de gestão voltados para a melhoria das condições de saúde desse segmento da população, incluindo ações de cuidado, atenção, promoção à saúde e prevenção de doenças, bem como de gestão participativa, participação popular e controle social, produção de conhecimento, formação e educação permanente para trabalhadores de saúde, visando à promoção da equidade em saúde da população negra (BRASIL, 2013).

A formulação dos objetivos, das diretrizes e das estratégias de ação deve levar em conta as características da população negra não para excluí-la ou para colocá-la sob um regime de menor acesso à saúde pública, mas, sim, para lhe oferecer melhores condições para serem superados os desafios relacionados à prevenção e ao tratamento de doenças que atingem de modo mais específico esse segmento da população a fim de que se promova equidade em termos de saúde pública.

Trata-se aí daquela noção de uma aplicação constitucionalmente adequada da igualdade, sob o critério da maior inclusão, no sentido de uma igualdade aritmeticamente inclusiva, que possa incluir um maior número de cidadãos no discurso de aplicação do direito fundamental à saúde.

Todas as ações de governo no estado de emergência na saúde pública precisam, então, ser devidamente fundamentadas para que seja possível analisá-las criticamente, a fim de que se possa identificar se se sustentam ou não à luz dos limites e possibilidades que decorrem do marco regulatório estabelecido segundo o sistema de direitos e da separação de poderes instituído na Constituição de 1988.

Há situações, porém, em que as ações de governo, limitadas pelos direitos fundamentais e amarradas pela separação de poderes, não dão conta de atender eficazmente a necessidade e a urgência da adoção de medidas de proteção e de defesa contra agravos à saúde com potencial de crescimento ou de disseminação que representem risco ou ameaça à saúde pública.

Nesses casos, há possibilidade de ser acionado o estado de exceção em nome da saúde pública, instaurado sob a forma de estado de defesa ou de sítio (artigos 136 e 137 da Constituição de 1988), situação em que se impõe um regime mais severo para os direitos fundamentais, com possibilidade, no estado de defesa, de restrição do direito de reunião, do sigilo da correspondência e das comunicações (artigo 136, inciso I, da Constituição de 1988) e, no estado de sítio, de (i) obrigação de permanência em localidade determinada; (ii) detenção em edifício não destinado a acusados ou condenados por crimes comuns; (iii) restrições relativas à inviolabilidade da correspondência, ao sigilo das comunicações, à prestação de informações e à liberdade de imprensa, radiodifusão e televisão, na forma da lei; (iv) suspensão da liberdade de reunião; (v) busca e apreensão em domicílio; (vi) intervenção nas empresas de serviços públicos; (vii) requisição de bens (artigo 139 da Constituição de 1988).

Mas, mesmo no caso de decretação de estado de exceção em nome da saúde pública, há limites, além desses previstos constitucionalmente, que decorrem do direito internacional: (i) *legalidade* (a possibilidade de decretação do estado de exceção tem que estar prevista constitucionalmente); (ii) *proclamação* (exige-se um ato que declare o estado de exceção e, sujeitando-se a um controle interno, indique a situação excepcional que a justificou, o âmbito de sua abrangência, o período de duração, as medidas autorizadas e as interdições e o fundamento legal, além da notificação da comunidade internacional, como condição para o não atendimento de certas obrigações, atendidos os mesmos requisitos da proclamação); (iii) *transitoriedade* (as medidas de emergência devem ser temporárias); (iv) *ameaça excepcional* (a exigência de que haja um perigo atual ou iminente que ameace toda a população do Estado e a própria existência da comunidade, sendo os meios ordinários da ordem jurídica insuficientes para conter a ameaça; (v) *proporcionalidade* (há de se ter equilíbrio entre as medidas adotadas e a gravidade da ameaça); (vi) *não discriminação* (as restrições devem atingir a todos, sem preconceitos de qualquer natureza); (vii) *compatibilidade, concordância e complementaridade com as normas internacionais* (VENTURA, 2009, p. 169).

Como se vê, o estado de exceção em nome da saúde pública encontra também limites, muito embora aumente as possibilidades para as ações de governo nas situações de emergência na saúde pública na medida em que são tanto admitidas restrições de direitos fundamentais quanto afrouxadas as amarras da separação de poderes.

4.1.2 Estratégia epidemiológica na gestão de problemas sociais orientada pelos impactos que eles trazem à saúde pública

Convém retomar aqui a discussão sobre a estratégia epidemiológica de gestão de problemas sociais, orientada pelos impactos que eles trazem à saúde pública. Isso tem ocorrido naquelas situações em que se verifica um aumento expressivo do número de casos de morte ou de atendimentos na rede pública de saúde e se procura identificar a(s) causa(s) desse problema a fim de que ele possa ser enfrentado como uma epidemia.

A rigor, não se vislumbra óbice na adoção dessa estratégia na gestão de problemas sociais quando seja possível aferir algum impacto trazido à saúde pública, desde que sejam respeitados os limites quanto à adoção de medidas que envolvam a restrição da liberdade individual.

Aliás, os estudos epidemiológicos realizados para se identificar as características da população afetada podem contribuir efetivamente para uma melhor formulação de políticas públicas voltadas ao enfrentamento do problema social que se procura prevenir e controlar desde o discurso epidemiológico, muito embora a potencialidade de aparecer um estado de exceção permanente precise ser assumida e considerada como um risco.

O exemplo trazido anteriormente, no segundo capítulo, diz respeito ao enfrentamento epidemiológico da violência, que mobilizou o Conselho Nacional de Secretários de Saúde na elaboração de propostas, estratégias, parcerias por áreas de atuação, indicação de medidas de prevenção às violências e promoção da saúde.

Para se compreender melhor como se manifesta concretamente essa estratégia epidemiológica de prevenção e controle das causas da violência, apresentam-se aqui como amostra as medidas sugeridas de prevenção da violência e promoção da saúde para a redução da morbimortalidade em decorrência do uso abusivo de álcool.

Dentre as propostas apresentadas, está o apoio à restrição de acesso a bebidas alcoólicas de acordo com o perfil epidemiológico de dado território, protegendo segmentos vulneráveis e priorizando situações de violência e danos sociais (BRASIL, 2008a, p. 25). Para se cumprir tal desiderato, ressaltou-se a atuação estratégica do Poder Legislativo e seu papel fundamental para o enfrentamento da violência:

> Estrategicamente a elaboração de leis que possibilitem o seu enfrentamento (seja nos aspectos penais, de regulamentação das relações de trânsito, de medidas que tenham impactos sociais, entre outras) e a priorização política do tema constituem ações fundamentais do Poder Legislativo para em conjunto com os demais poderes (Executivo e Judiciário) e a sociedade em geral promover-se um amplo movimento no sentido de modificar o atual cenário da violência no Brasil (BRASIL, 2008b, p. 47-48).

Até aqui, a exigência de lei se coaduna com o limite da legalidade exigido para a adoção de medidas de restrição forçada da liberdade individual em nome da proteção e da defesa da saúde pública.

Nesse passo, as propostas de alteração da legislação que trata da comercialização e do consumo de bebidas alcoólicas recaíram nos seguintes pontos: (i) reforço na fiscalização e punição sobre venda de bebidas alcoólicas a menores de 18 anos; (ii) aumento de taxação de bebidas alcoólicas; (iii) restrição do acesso às bebidas alcoólicas (licenças de pontos de vendas, horários de vendas, áreas restritas em supermercados); (iv) restrição total de uso de bebida alcoólica nos campos de futebol e em eventos com grande concentração de pessoas em que, por sua natureza, haja um forte potencial de situações de violência; (v) limitação do horário de funcionamento de bares; (vi) restrições à venda e ao consumo também na proximidade de escolas, estradas, postos de gasolina, hospitais e em transportes coletivos (BRASIL, 2008a, p. 50).

A partir dos estudos epidemiológicos realizados para se identificar as características da população afetada pela violência causada pelo uso abusivo de álcool, organiza-se a distribuição de frequência da violência e, com isso, recomenda-se a adoção de uma ou mais dessas medidas de prevenção e controle concebidas para essa causa específica de violência.

Então, os locais da cidade onde serão proibidos a comercialização e o consumo de bebidas alcóolicas, em quais tipos de eventos com grande concentração de pessoas será restringido totalmente o seu uso, onde se dará a limitação do horário de funcionamento de bares, enfim, todas essas medidas serão adotadas com base na situação epidemiológica da violência causada pelo uso abusivo de álcool, territorialmente localizada.

Entretanto, a tendência é que sejam selecionados, para aplicação dessas proibições e limitações, os locais da cidade que são frequentados pela população pobre; afinal, as classes pobres acabam sendo identificadas como classes perigosas (isto é, como causa da violência), dada a alta incidência dos casos violentos nessa população, razão pela qual devem se sujeitar a uma administração orientada por políticas públicas baseadas no saber epidemiológico, cujos estudos incorporam a perspectiva de gênero, raça e etnia, bem como as diferenças e desigualdades regionais e sociais.

Isso explica por que a limitação do horário de funcionamento de bares tem sido aplicada nas leis municipais quase que exclusivamente em bairros de periferia, ao passo que tem sido admitida a comercialização de bebidas alcóolicas nos campos de futebol, depois da "elitização" do acesso aos jogos, verificada após as obras de construção e reforma dos estádios que foram realizadas para a Copa do Mundo FIFA 2014 (o chamado "padrão FIFA").

Realmente, ainda antes desta empreitada realizada pelo Conselho Nacional de Secretários de Saúde, o Município de Diadema, em 2002, aprovou lei limitando o funcionamento dos bares da cidade entre as 6 e 23 horas, prevendo que tal horário poderia ser alterado, mediante solicitação do interessado, conforme as peculiaridades do estabelecimento e do local onde se encontra instalado, desde que houvesse interesse público, preservadas as condições de higiene e de segurança do público e do prédio e, em especial, a prevenção à violência (artigo 1º, §2º, da Lei Municipal nº 2.107/02).

Mesmo tendo obtido resultados expressivos na diminuição da incidência de homicídios, a estratégia não escapou da crítica de que a aplicação da lei revelou um caráter discriminatório, "(...) uma vez que limitava o acesso a bares na periferia, onde estes são pontos de lazer, enquanto liberava a venda de bebidas alcóolicas em ambientes situados nos bairros de classes mais altas" (MOROSINI, 2013, p. 20).

Já quanto à venda de bebidas alcóolicas nos estádios de futebol, a lei editada para disciplinar as medidas relativas à Copa das Confederações FIFA 2013 e à Copa do Mundo FIFA 2014 (artigo 68, §1º, da Lei nº 12.663/12) excluiu, expressamente, durante o período das competições a aplicação da proibição do porte de bebidas alcóolicas pelos torcedores prevista no Estatuto do Torcedor (art. 13-A da Lei nº 10.671/03, com a redação dada pela Lei nº 12.299/10).

E tem se apontado que um dos legados decorrentes da adoção do "padrão FIFA" nos estádios de futebol brasileiros foi a modificação do perfil dos torcedores que os frequentam e sua forma de participar dos eventos, com "(...) uma substituição do torcedor de menor poder aquisitivo por uma elite mais próxima ao perfil dos sócios e detentores de camarotes nos atuais estádios" (NASCIMENTO; BARRETO, 2013).

Seguindo no mesmo rumo, algumas leis estaduais, diante de uma possível omissão do Estatuto do Torcedor a esse respeito – que teria proibido o *porte*, e não a *comercialização* –, têm admitido a venda de bebidas alcóolicas nos estádios de futebol, mesmo após as competições organizadas pela FIFA.

O Estado da Bahia aprovou a Lei Estadual nº 12.959/14, admitindo a comercialização de bebidas alcóolicas em eventos esportivos, estádios e arenas desportivas em bares, lanchonetes e congêneres destinados aos torcedores, bem como nos camarotes e espaços VIP.[147]

---

[147] A referida lei estadual foi alvo de ação direta de inconstitucionalidade proposta no Supremo Tribunal Federal pelo Procurador Geral da República, que aponta ter havido a invasão

Assim, retoma-se a já tradicional identificação no Brasil das classes pobres como classe perigosas, que passam a sofrer, com certa exclusividade, reduções ou mesmo supressões de direitos fundamentais que não alcançam, igualitariamente, as demais classes da população, pelo que acabam sendo reforçadas as diferenças e desigualdades regionais e sociais por uma leitura preconceituosa e discriminatória das causas da violência, numa evidente deformação do sistema de direitos constitutivo do Estado Democrático de Direito e instituído pela Constituição de 1988.

Esse exemplo, colhido da estratégia epidemiológica de prevenção e controle das causas da violência, bem demonstra o risco de se instaurar um estado de exceção permanente pelo possível uso do discurso epidemiológico para se encobrir uma estratégia de redução, ou mesmo de supressão, de direitos fundamentais, inclusive na gestão de outros problemas sociais que trazem algum impacto à saúde pública.

Esse mesmo risco também existe na prevenção e controle das pestes; afinal, o discurso epidemiológico abriga as unidades discursivas típicas da formação do discurso jurídico do poder soberano no estado de exceção, como já se afirmou.

Daí a necessidade de as ações de governo no estado de emergência na saúde pública, inspiradas no discurso epidemiológico, serem traduzidas em discursos de justificação e de aplicação do direito e inseridas coerentemente no sistema de direitos e da separação de poderes a fim de que sejam legitimadas.

4.2 Em defesa da revolta: a ação diante do absurdo

A análise do discurso epidemiológico feita no segundo capítulo mostrou que, além de suas unidades discursivas serem típicas da formação do discurso jurídico do poder soberano no estado de exceção (perigo e vigilância), ele engendrou também o surgimento do discurso da higiene pública, cuja análise revela o interesse político de se prevenir e controlar as pestes desde uma perspectiva apresentada como técnica

---

de competência da União para legislar sobre consumo e desporto (artigo 24, incisos V e IX, da Constituição Federal), bem como a contrariedade à norma geral encartada na Lei nº 12.299/10, que, ao incluir o artigo 13-A no Estatuto do Torcedor, teria o objetivo de proibir o porte de bebidas alcoólicas em eventos esportivos para reprimir fenômenos de violência por ocasião de competições esportivas, o que seria frustrado, acaso se admitisse a comercialização nos estádios e arenas desportivas (Ação Direta de Inconstitucionalidade nº 5.112/BA, Relator Ministro Ricardo Lewandowski).

e científica, mas que encobre, no paradigma da biopolítica em sua forma mais visível, a administração soberana da vida da população e da ordenação dos espaços da cidade.

Já no terceiro capítulo, apontou-se como o discurso da higiene pública se fez efetivo no Brasil, especialmente na execução do projeto de reforma urbana e sanitária ocorrido na virada do século XIX para o século XX, cuja execução se deu sob a forma de uma política de higienização, tendo resultado na Revolta da Vacina, quando o povo foi às ruas e ao Poder Judiciário reivindicar a proteção de seus direitos fundamentais violados pela invasão do Estado na vida privada.

Assim, quando as ações de governo no estado de emergência na saúde pública se orientam pelo discurso epidemiológico e deixam de levar em consideração o respeito aos direitos fundamentais para assumir a forma de uma prática higienista, levando a que algumas pessoas sejam tratadas como objeto de pura dominação e seus corpos sejam colocados à livre disposição do poder soberano, surgem as condições para se conceber uma revolta contra o absurdo da política de higienização.

A revolta, aqui entendida em termos políticos, inclusive sob a forma de desobediência civil, procura lidar com os restos da política de higienização no Brasil, deixados na história desde que se iniciou a era higienista de administração das cidades na virada do século XIX para o século XX, o que simboliza, como anota Sidney Chalhoub, o mito de origem tanto das intervenções violentas das autoridades públicas sobre o cotidiano dos habitantes da cidade quanto dessa forma de gestão das diferenças sociais (CHALHOUB, 1996, p. 19).

Reivindica-se, assim, uma responsabilidade pela manutenção do caráter político das ações de governo tomadas no estado de emergência na saúde pública, a ser exigida por meio da revolta contra toda política de higienização.

4.2.1 O absurdo da política de higienização

A noção de absurdo é construída aqui a partir de uma interpretação da obra literária e filosófica de Albert Camus, como ponto de partida para se refletir, em termos políticos, o absurdo da política de higienização e a possibilidade de revolta.

Em *O estrangeiro*, Camus conta a história de um funcionário público, Mersault, que é surpreendido no marasmo de sua vida cotidiana pela notícia da morte de sua mãe. Mersault se incomoda com as inconveniências daí decorrentes (comunicar ao chefe, pedir dias de licença, viajar para a cidade onde vivia a mãe etc.) e, após alguma hesitação, decide ir ao velório e ao enterro, mas não consegue chorar a morte da mãe, causando perplexidade (CAMUS, 1942a, p. 9-19).

De volta à monotonia de sua vida, em um dia qualquer, quando passeava pela praia com dois amigos, Masson e Raymond, Mersault encontra dois árabes ao acaso e acaba por assassinar um deles, sem qualquer motivo aparente, por mais que tenha havido um desentendimento entre eles (CAMUS, 1942a, p. 43-51).

Preso e julgado, escandaliza o juiz, o promotor e os jurados ao não demonstrar arrependimento e por sequer conseguir indicar os motivos que o levaram a tirar a vida do árabe (CAMUS, 1942a, p. 80-86).

No final, é condenado à morte não por ter assassinado o árabe, mas por não ter chorado no enterro de sua mãe. Ainda na prisão, antes de ser executado, Mersault se depara com a indiferença do mundo e, por isso, da vida absurda que levava aos olhos dos outros (por não se importar com a morte dos outros, com o amor de sua mãe, a importância de Deus etc.).

Sua vida passa, então, a ter sentido, paradoxalmente, à medida que a morte se aproxima, quando espera ser reconhecido no dia de sua execução, com a presença de vários expectadores, ainda que fosse recebido com gritos de ódio, o que representaria a sua abertura à indiferença do mundo (CAMUS, 1942a, p. 97).

Em *O mito de Sísifo*, Camus tematiza o suicídio como um problema filosófico realmente sério, porque, ao julgar se a vida vale a pena ser vivida, o que está em questão é o próprio sentido da vida, a questão fundamental da filosofia (CAMUS, 1942b, p. 15).

Aqui há uma abordagem mais explícita sobre o absurdo da existência humana, que se revela no sentimento do absurdo, quando, no mundo em que vive, o homem se sente um estrangeiro, deixando de ter uma relação de familiaridade com ele, como um exílio sem volta, "(...) porque é privado das lembranças de uma pátria perdida ou da esperança de uma terra prometida"[148] (CAMUS, 1942b, p. 18, tradução livre).

Camus se interessa em analisar o suicídio como uma solução para o absurdo, propondo-se a investigar se haveria alguma lógica que pudesse chegar à morte, o que seria, para ele, um raciocínio absurdo (CAMUS, 1942b, p. 22), cuja conclusão última "(...) é, na verdade, a

---

[148] (...) *puisqu'il est privé des souvenirs d'une patrie perdue ou de l'espoir d'une terre promise.*

rejeição do suicídio e a manutenção desse confronto desesperado entre a interrogação humana e o silêncio do mundo"[149] (CAMUS, 1951, p. 16, tradução livre).

O sentimento do absurdo pode ser despertado por um fato qualquer e em qualquer lugar. Seu aparecimento é imprevisto e não pode ser evitado: "Numa esquina qualquer, o sentimento do absurdo pode bater no rosto de um homem qualquer"[150] (CAMUS, 1942b, p. 24-25, tradução livre).

Para explicar o aparecimento do sentimento absurdo, Camus usa, como representação, os muros absurdos. O mundo se torna familiar para o homem na medida em que ele consegue, de alguma maneira, explicá-lo, compreendê-lo: "Compreender o mundo, para um homem, é reduzi-lo ao humano, marcá-lo com seu selo"[151] (CAMUS, 1942b, p. 32, tradução livre).

Mas essa compreensão se dá à custa de artifícios, de cenários disfarçados pelo hábito, que escondem, como muros, a hostilidade primitiva do mundo. Após o sentimento de absurdo, o mundo volta a ser para o homem ele mesmo, perdendo o sentido humano de que era revestido. Mais do que uma paisagem desconhecida, o mundo torna-se denso, estranho, hostil e ameaçador, voltando a ser desumano (CAMUS, 1942b, p. 28-29).

Para Mersault, esse sentimento do absurdo lhe sobreveio à beira da morte, quando teve condições de se questionar sobre o sentido de sua própria vida e do estranhamento com o mundo que lhe rejeitava. Somente aí ele pode, pela primeira vez, entender o sentido de sua vida.

O absurdo não está no homem, tampouco no mundo, mas, sim, na sua presença comum (CAMUS, 1942b, p. 48). Ou seja, na presença do homem no mundo, mundo esse que se torna familiar para o homem apenas enquanto protegido pelos muros absurdos, que desmoronam diante de uma perda do sentimento de familiaridade e de pertencimento ao mundo. O absurdo é o que resta entre o homem e o mundo.

O absurdo coloca, portanto, a questão do sentido da existência do homem no mundo e, ao fazê-lo, revela a angústia existencial sobre a falta de sentido da vida, isto é, sobre "(...) a recusa de reconhecimento

---

[149] (...) est, en effet, le rejet du suicide et le maintien de cette confrontation désespé-rée entre l'interrogation humaine et le silence du monde.
[150] Le sentiment de l'absurdité au détour de n'importe quelle rue peut frapper à la face de n'importe quel homme.
[151] Comprendre le monde pour un homme, c'est le réduire à l'hu-main, le marquer de son sceau.

de uma verdade e um conhecimento absoluto para justificar a existência do homem" (SIQUEIRA, 2011, p. 115). Em outras palavras:

> (...) o absurdo da condição humana diz respeito à experiência fundadora do homem perante o mundo e a sua compreensão envolve sua sensibilidade, suas angústias e a sua percepção da morte, responsável por extinguir todas suas pretensões infinitas (...) (SIQUEIRA, 2011, p. 118).

Em termos políticos, a perda desse sentimento de pertencimento ao mundo equivale à incapacidade humana de compreender. Hannah Arendt esclarece que os homens são compelidos a compreender para que possam se sentir em casa no mundo, sendo que essa

> (...) é a maneira especificamente humana de viver; todo indivíduo precisa se sentir reconciliado com um mundo onde nasceu como estranho e onde sempre permanece como estranho, na medida de sua singularidade única[152] (ARENDT, 2005b, p. 308, tradução livre).

Arendt aponta que o governo totalitário soube explorar como nunca esse sentimento de falta de pertencimento ao mundo ao transformar o isolamento na esfera política em uma solidão que fez com que o homem vivesse a experiência de não pertencer ao mundo, ou seja, de não ter mais capacidade de compreender sua existência no mundo.

Daí a destruição do poder, da vida pública e da vida privada, que levou ao aniquilamento da capacidade dos homens de agirem, não somente porque isolados pelo terror que coloca em prática certa ideologia, resultando na degradação de toda a liberdade de ação na vida política, mas, também, porque desamparados em um mundo no qual não se sentem em casa (ARENDT, 1985, p. 475-479).[153]

Ora, nesse quadro, a política de higienização revela o absurdo da existência humana na medida em que os corpos e as vidas das pessoas deixam de ser medidos nas ações de governo por uma dignidade individual de igual valor universal, porque são manipulados como se fossem, apenas, a morada da peste, que precisa ser expurgada a qualquer custo.

---

[152] (...) *it is the specifically human way of being alive; for every single person needs to be reconciled to a world into which he was born a stranger and in which, to the extent of his distinct uniqueness, he always remains a stranger.*

[153] São seguidas aqui as distinções feitas por Theresa Calvet de Magalhães entre os termos "isolamento" (*isolation*), "desamparo" (*loneliness*) e "solidão" (*solitude*) aqui utilizadas (MAGALHÃES, 2006, p. 35-74).

Nesse sentido, a desinfecção se dá desumanamente, e as pessoas se veem privadas de seu lugar no mundo, desamparadas, incapazes de compreender o sentido de suas vidas em um mundo que rejeita sua humanidade. A política de higienização produz, portanto, dejetos humanos.

Voltando ao cenário do Rio de Janeiro na virada do século XIX para o século XX, as reformas urbana e sanitária, inspiradas na ideologia da higiene, sob a batuta da ordem e do progresso, tinham por objetivo um projeto de civilização, com uma transformação radical dos espaços da cidade e da vida das pessoas, em cujos discursos do governo "(...) o que se declara, literalmente, é o desejo de se fazer a civilização europeia nos trópicos; o que se procura, na prática, é fazer política deslegitimando o lugar da política na história" (CHALHOUB, 1996, p. 35).

Como já se expôs no capítulo terceiro, o governo pretendeu abolir práticas arraigadas na cultura da cidade, concebidas como verdadeiros direitos, mas considerados insalubres, tais como: de criar animais e de cultivar hortas nos quintais das casas para subsistência ou para venda; de ter uma cocheira ou um estábulo em qualquer área ou zona da cidade; de decidirem qual finalidade seria dada a seus imóveis, se para uso residencial ou comercial; de decidir qual a divisão de cômodos de sua casa; de cuidar de familiares doentes em casa sem se verem obrigados a interná-los em hospitais, dependendo da doença; de terem fogões ou fogareiros em qualquer cômodo da casa ao invés de uma cozinha central (QUEIROZ, 2008, p. 96-97).

Assim, as reformas atravessaram a vida das pessoas de maneira incisiva, sem que se lhes fosse dada a oportunidade de discutir politicamente o projeto de civilização que se impôs ao país, bem como de decidirem em que medida estariam de acordo com a nova disposição dos espaços da cidade e dispostas a mudar seus hábitos na vida privada em prol de um interesse coletivo.

Pelo contrário, houve a negação da política, substituída pela pretensão de se administrar a cidade unicamente segundo critérios que eram apresentados como técnicos e científicos, engendrada nos aparelhos burocráticos, encobrindo-se o desejo de se proceder a uma higienização da cidade a partir de investidas sobre os corpos e as casas das pessoas, sobretudo daquelas que eram consideradas um verdadeiro expurgo social. Eis o absurdo da política de higienização.

4.2.2 Ação, revolta e responsabilidade

Mas a desgraça política revelada no absurdo da existência humana, quando o homem perde a capacidade de se sentir em casa no mundo, essa incapacidade de compreensão diante de um mundo que lhe rejeita pode despertar uma ação diante do absurdo, que assume a forma de revolta.

Camus aponta que "a revolta nasce do espetáculo da desrazão diante de uma condição injusta e incompreensível"[154] (CAMUS, 1951, p. 21, tradução livre). O homem revoltado é, em síntese, um homem que decide dizer *não*, assim como "um escravo, que recebeu ordens durante toda a sua vida, julga subitamente inaceitável um novo comando"[155] (CAMUS, 1951, p. 25, tradução livre).

Mas por que o escravo decide, subitamente, dizer não? Camus explica que esse *não* "significa, por exemplo, 'as coisas já duram demais', 'até aí, sim; a partir daí, não'; 'assim já é demais', e, ainda, 'há um limite que você não vai ultrapassar'. Em suma, este não afirma a existência de uma fronteira"[156] (CAMUS, 1951, p. 25, tradução livre).

Essa consciência do limite do aceitável, cuja transposição pode deflagrar a revolta, é o sentimento do absurdo, cujo aparecimento, como visto, é repentino, como um arroubo que desperta o homem do marasmo de sua vida cotidiana, que pode levá-lo a questionar o sentido de sua existência no mundo, quando se sente um estrangeiro em que nele não é mais acolhido.

Mas o *não* do homem revoltado significa, também, um *sim*. Ao mesmo tempo em que ele nega uma ordem que o oprime, ele afirma um limite que não deve ser ultrapassado, um valor que deve ser preservado. A revolta lhe serve para recuperar e defender o que lhe foi violado (CAMUS, 1951, p. 25).

A revolta, então, constitui dois campos, entre aquilo que é aceitável e tolerável e aquilo que não o é. Desse modo, negando certas coisas, recusando-se, por exemplo, a obedecer a determinada ordem que se mostra inaceitável e intolerável, o homem afirma também o valor de algo que precisa ser defendido incondicionalmente, valor esse que só assume realidade histórica quando um homem decide dar a sua vida por ele ou a ele se consagra.

Nas palavras de Camus: "No limite, ele aceitará a derradeira derrota, que é a morte, se tiver que ser privado desta consagração exclusiva

---

[154] *La révolte naît du spectacle de la déraison, devant une condition injuste et incompréhensible.*

[155] *Un esclave, qui a reçu des ordres toute sa vie, juge soudain inacceptable un nouveau commandement.*

[156] *Il signifie, par exemple, 'les choses ont trop duré', 'jusque-là oui, au-delà non', 'vous allez trop loin', et encore, 'il y a une limi-te que vous ne dépasserez pas'. En somme, ce non affirme l'existence d'une frontière.*

a que chamará, por exemplo, de sua liberdade. Antes morrer de pé do que viver de joelhos"[157] (CAMUS, 1951, p. 27, tradução livre).

É na revolta que o homem descobre um valor transcendente e pelo qual vale a pena sacrificar a própria vida: "Se com efeito o indivíduo aceita morrer, e morre quando surge a ocasião, no movimento de sua revolta, ele mostra com isso que se sacrifica em prol de um bem que julga transcender o seu próprio destino"[158] (CAMUS, 1951, p. 28, tradução livre).

Trata-se aí de se conceber a solidariedade humana como uma solidariedade metafísica, a mesma que nasce nas prisões (CAMUS, 1951, p. 29), de modo que "aparentemente negativa, já que nada cria, a revolta é profundamente positiva, porque revela aquilo que no homem sempre deve ser defendido"[159] (CAMUS, 1951, p. 32, tradução livre). Em síntese:

> Na experiência do absurdo, o sofrimento é individual. A partir do movimento de revolta, ele ganha a consciência de ser coletivo, é a aventura de todos. O primeiro avanço da morte que se sente estranha é, portanto, reconhecer que ela compartilha esse sentimento com todos os homens, e que a realidade humana, em sua totalidade, sofre com esse distanciamento em relação a si mesma e ao mundo. O mal que apenas um homem sentia torna-se peste coletiva. Na nossa provação diária, a revolta desempenha o mesmo papel que o 'cogito' na ordem do pensamento: ela é a primeira evidência. Mas essa evidência tira o indivíduo de sua solidão. Ela é um território comum que fundamenta o primeiro valor dos homens. Eu me revolto, logo existimos[160] (CAMUS, 1951, p. 36, tradução livre).

Na obra literária de Camus, em *A peste*, ao contrário de *O estrangeiro*, o absurdo toma essa expressão coletiva quando os habitantes de

---

[157] À la limite, il ac-cepte la déchéance dernière qui est la mort, s'il doit être privé de cette consécration exclusive qu'il appellera, par exemple, sa liberté. Plutôt mourir debout que de vivre à genoux.

[158] Si l'individu, en effet, accepte de mourir, et meurt à l'occasion, dans le mouvement de sa révolte, il montre par là qu'il se sacrifie au bénéfice d'un bien dont il estime qu'il déborde sa propre destinée.

[159] Apparemment négative, puisqu'elle ne crée rien, la révolte est profondément positive puisqu'el-le révèle ce qui, en l'homme, est toujours à défendre.

[160] Dans l'expérience absurde, la souffrance est indi-viduelle. À partir du mouvement de révolte, elle a conscience d'être collective, elle est l'aventure de tous. Le premier progrès d'un esprit saisi d'étrangeté est donc de reconnaître qu'il partage cette étrangeté avec tous les hommes et que la réalité humaine, dans sa totalité, souf-fre de cette distance par rapport à soi et au monde. Le mal qui éprou-vait un seul homme devient peste collective. Dans l'épreuve quoti-dienne qui est la nôtre, la révolte joue le même rôle que le «cogito» dans l'ordre de la pensée: elle est la première évidence. Mais cette évidence tire l'individu de sa solitude. Elle est un lieu commun qui fonde sur tous les hommes la première valeur. Je me révolte, donc nous sommes.

Oran, aprisionados pelo aparecimento repentino e inexplicável de uma epidemia, são obrigados a viver uma realidade da qual fazem parte o medo, o sofrimento, o exílio e a morte.

Camus escreveu *A peste* para narrar literariamente o horror da Segunda Guerra Mundial, vivenciada por ele com a ocupação da França pelas tropas nazifascistas. A obra é inaugurada com uma citação de Daniel Defoe, escritor inglês que se notabilizou pelo romance *Robinson Crusoé:* "É tão válido representar um modo de aprisionamento por outro quanto representar qualquer coisa que de fato existe por alguma coisa que não existe"[161] (CAMUS, 1947, p. 9, tradução livre).

O escritor descreve a pequena cidade de Oran, onde veio a se instalar a peste, como uma cidade comum e, ao mesmo tempo, feia e tranquila, onde as pessoas vivem como em qualquer outra cidade moderna, ou seja, em torno do trabalho e da diversão, revelando um aspecto banal da cidade e da vida, sendo inimaginável que poderia ser palco dos acontecimentos narrados. Mas, embora as pestes não sejam guerras, "(...) as pestes, como as guerras, encontram sempre as pessoas igualmente desprevenidas"[162] (CAMUS, 1947, p. 41, tradução livre).

A chegada imprevisível da peste transformará a cidade e a vida das pessoas que nela vivem e é contada da perspectiva de Bernard Rieux, um médico que será colocado por Camus na condição de testemunha objetiva (CAMUS, 1947, p. 273).

Assim, ligados e aprisionados pela causa comum da peste, surge entre os habitantes de Oran aquela mesma solidariedade metafísica que nasce nas prisões, em que personagens tão distintos entre si lutarão para sobreviver segundo as condições dadas, unindo-se para, senão resistir, pelo menos suportar o mal até "(...) o momento em que a peste parece se afastar para o covil desconhecido de onde saíra em silêncio (...)"[163] (CAMUS, 1947, p. 249, tradução livre).

O sentido da revolta não se resume, portanto, apenas em uma reação violenta do homem a uma condição injusta e incompreensível, mas recobre também a ideia de resistir ao mal ou, pelo menos, suportá-lo. Se é possível identificar na narrativa de Camus um campo de concentração metaforizado na cidade de Oran, não parece arbitrário encontrar, por exemplo, revolta em Auschwitz.

---

[161] *Il est aussi raisonnable de représenter une espèce d'emprisonnement par une autre que de représenter n'importe quelle chose qui existe réellement par quelque chose qui n'existe pas.*

[162] *(...) pestes et guerres trouvent les gents toujours aussi dépourvus.*

[163] *(...) au moment òu la peste semblait s'éloigner pour regagner la tanière inconnue d'où elle était sortie en silence (...).*

Do testemunho de Primo Levi – considerado por Giorgio Agamben um tipo perfeito de testemunha sobre Auschwitz (AGAMBEN, 2008, p. 26) –, extrai-se um relato sobre a vida no campo de concentração e sobre como alguns puderam resistir ao mal e suportá-lo até a libertação, que não resultou, necessariamente, em redenção.

Levi assevera como aqueles que tiveram condições de decidir resistir (os salvos) puderam se diferenciar dos que sucumbiram (os submersos). "Sucumbir é mais fácil: basta executar cada ordem recebida, comer apenas a ração, obedecer à disciplina do trabalho e do Campo" (LEVI, 1988, p. 131).

Os muçulmanos eram os submersos, os prisioneiros do campo de concentração que compunham "(...) a multidão anônima, continuamente renovada e sempre igual, dos não homens que marcham e se esforçam em silêncio; já se apagou neles a centelha divina, já estão tão vazios, que nem podem realmente sofrer" (LEVI, 1988, p. 132).

Mas na absurda experiência humana no campo de concentração, ainda era possível recusar consentimento à dominação, mesmo considerando que lá "(...) a luta pela sobrevivência é sem remissão, porque cada qual está só, desesperadamente, cruelmente só" (LEVI, 1988, p. 129). E por que recusar consentimento à dominação? Responde Levi:

> Justamente porque o Campo é uma grande engrenagem para nos transformar em animais, não devemos nos transformar em animais; até num lugar como este, pode-se sobreviver, para relatar a verdade, para dar nosso depoimento; e, para viver, é essencial esforçar-nos para salvar ao menos a estrutura, a forma da civilização. Sim, somos escravos, despojados de qualquer direito, expostos a qualquer injúria, destinados a uma morte quase certa, mas ainda nos restar uma opção. Devemos nos esforçar por defendê-la a todo o custo, justamente porque é a última: a opção de recusar nosso consentimento. Portanto, devemos nos lavar sim; ainda que sem sabão, com essa água suja e usando o casaco como toalha. Devemos engraxar os sapatos, não porque assim reza o regulamento, e sim por dignidade e alinho. Devemos marchar ereto, sem arrastar os pés, não em homenagem à disciplina prussiana, e sim para continuarmos vivos, para não começarmos a morrer (LEVI, 1988, p. 55).

Essa recusa ao consentimento em ser transformado objeto de pura dominação totalitária consiste em um ato de revolta, encontrando-se aí aquele duplo significado do *não* do homem revoltado: ao mesmo tempo em que ele nega consentimento à sua transformação em animal, ele afirma um valor que deve ser preservado, a manutenção de uma forma mínima de civilização (e de uma aparência humana) mesmo no inferno do campo de concentração.

Essas reflexões podem ser aqui apropriadas para se fazer uma leitura da Revolta da Vacina e, mais à frente, para se pensar a revolta em termos políticos, como uma ação diante do absurdo da política de higienização.

Voltando à Revolta da Vacina, a política de higienização implantada no Rio de Janeiro no bojo das reformas sanitária e urbana só se despertou na consciência dos homens da época como um absurdo quando aprovada a lei de vacinação obrigatória da varíola.

O governo já estava, há algum tempo, invadindo a vida privada das pessoas para executar as medidas sanitárias em nome da higiene pública, e o serviço de vacinação vinha funcionando efetivamente, "(...) vacinando pessoas como nunca conseguira antes", como se a população já "(...) estivesse vivenciando uma espécie de lei não declarada de vacinação obrigatória" (CHALHOUB, 1996, p. 162).

Mas a divulgação, em um furo de reportagem, do regulamento da lei de vacinação obrigatória foi o estopim da revolta. Aqui se tomou consciência do absurdo da política de higienização, levando os homens a se questionarem sobre o sentido de suas vidas em um mundo que se pretendida higienizado, à custa da invasão de suas casas e de seus corpos.

A revolta, portanto, eclodiu quando os homens, tomando consciência do absurdo da política de higienização, despertado repentinamente pela divulgação do regulamento da lei de vacinação obrigatória, decidiram (i) resistir violentamente às ações do governo, recusando-se a obedecer as ordens das autoridades sanitárias, assumindo, com suas próprias vidas, a defesa do valor da inviolabilidade de suas casas e de seus corpos, bem como (ii) articular juridicamente suas pretensões por meio de ações judiciais intentadas com fundamento nos direitos previstos na Constituição de 1891, reivindicando no Poder Judiciário limites às ações do governo.

Nesse sentido, seria mais apropriado nominar a revolta não como a Revolta da Vacina, pois a vacinação obrigatória constituiu apenas o gatilho que deflagrou o sentimento do absurdo da política de higienização; seria mais adequado conhecê-la, na história, como a *Revolta contra a Vacina*.

E o que essa revolta tem a dizer ainda hoje?

A rigor, propõe-se aqui uma *leitura terapêutica* da história do constitucionalismo brasileiro, isto é, resgatando-se do esquecimento não os tesouros perdidos no passado, mas, sim, os traumas que não foram ainda definitivamente elaborados na memória coletiva que constitui a existência do Estado brasileiro enquanto comunidade política.

É preciso, pois, falar a respeito dessa era higienista de administração das cidades, desse mito de origem das intervenções violentas das autoridades públicas sobre o cotidiano dos habitantes da cidade e dessa forma de gestão das diferenças sociais, que ensejou, ao mesmo tempo, a origem das favelas no Rio de Janeiro.

Realmente, é sintomático observar que, com a demolição dos cortiços, permitiu-se à gente pobre que morava nesses recintos aproveitar as madeiras para construir casas precárias, em um morro próximo, onde mais tarde vieram a se estabelecer, com autorização dos chefes militares, os soldados egressos da campanha de Canudos. O lugar passou a ser conhecido como o Morro da Favela: "Nem bem se anunciava o fim da era dos cortiços, e a cidade do Rio já entrava no século das favelas" (CHALHOUB, 1996, p. 17).

Esse mito de origem retorna hoje sob a forma de recalque, por exemplo, na estratégia epidemiológica de gestão de problemas sociais, orientada pelos impactos que eles trazem à saúde pública.

Basta ver que, nos exemplos que foram citados anteriormente (vide item 4.1.2 *supra*), quanto às medidas sugeridas de prevenção da violência e promoção da saúde para a redução da morbimortalidade em decorrência do uso abusivo de álcool, as classes pobres, mais uma vez, continuam sendo tratadas como classes perigosas, sujeitando-se a sofrer reduções ou mesmo supressões de direitos fundamentais que não alcançam, igualitariamente, as demais classes da população.

E enquanto não se enfrentar, com um trabalho de luto, num difícil trabalho de rememoração em busca de uma relação verídica com esse passado, essa forma de se conceber a gestão das diferenças sociais na administração das cidades, não se libertará a compulsão de repetição dessas práticas em nossa experiência política.

No fundo, a questão volta à dignidade da política para ocupar o espaço de mediação entre o direito e a violência, cabendo retomar aqui as considerações de Giorgio Agamben sobre a relação política originária em torno da vida nua, como a vida matável e, ao mesmo tempo, insacrificável do *homo sacer* (AGAMGEN, 2010, p. 16), porque tem a ver, exatamente, com o paradigma da biopolítica moderna, cuja visibilidade se faz presente na política de higienização.

Essa sacralização do corpo e da vida privada se dá mediante uma integração entre medicina e política, como característica essencial da biopolítica moderna, de modo que a decisão soberana sobre a vida (e a morte) se desloca do âmbito estritamente político para um terreno mais ambíguo, "(...) no qual o médico e o soberano parecem trocar seus papéis" (AGAMBEN, 2010, p. 139).

Na verdade, Agamben resgatou a figura do *homo sacer* do direito romano arcaico para identificar o que seria uma estrutura política originária, "(...) que tem seu lugar em uma zona que precede a distinção entre sacro e profano, entre religioso e jurídico" (AGAMBEN, 2010, p. 76).

Homo sacer era aquela pessoa colocada pelo poder soberano entre a jurisdição humana e a jurisdição divina, numa dupla relação de inclusão/exclusão, que configurava, por conseguinte, uma dupla exceção. Na jurisdição humana, era condenado por um delito (inclusão), e qualquer um poderia matá-lo sem ser punido por homicídio (exclusão); na jurisdição divina, era consagrado a uma determinada divindade (inclusão), sem poder ser sacrificado (exclusão) (AGAMBEN, 2010, p. 83-85).

Agamben saca daí uma simetria entre sacralidade e soberania para identificar "(...) a forma originária da implicação da vida nua na ordem jurídico-política", pois "(...) o sintagma *homo sacer* nomeia algo como a relação 'política' originária, ou seja, a vida enquanto, na exclusão inclusiva, serve como referência à decisão soberana" (AGAMBEN, 2010, p. 86).

A vida nua corresponde à antiga distinção grega entre *zoé*, como a vida humana que se exprimia pelo simples fato de o homem viver como os demais seres vivos, e *bíos*, a vida especificamente humana que é qualificada pela vida política em comunidade (AGAMBEN, 2010, p. 09).

A inclusão da vida nua na ordem jurídico-político é vista, então, como um elemento político originário que desconstrói o espaço da política em termos de direitos do cidadão, de contrato social, e o estado da natureza passa a ser concebido como um estado de exceção, dispensando-se o ato político originário como um contrato entre homens livres e iguais, na medida em que o ingresso dos homens na vida política se dá sob a concessão ao soberano de uma decisão sobre a vida e a morte (AGAMBEN, 2010, p. 108-109).

Como paradigma oculto do espaço político da modernidade, na biopolítica as declarações de direitos passam a ser vistas "(...) como o local em que se efetua a passagem da soberania régia de origem divina à soberania nacional" (AGAMBEN, 2010, p. 125). Portanto, "(...) a vida, que, com as declarações dos direitos, tinha sido investida como tal do princípio de soberania, torna-se agora ela mesma o local de uma decisão soberana" (AGAMBEN, 2010, p. 138).

Daí porque o campo de concentração se torna o *nomos* do direito moderno, por ser o local, por excelência, do estado de exceção permanente (AGAMBEN, 2010, p. 161-164), naquele projeto de dominação total que anima os movimentos totalitários, cujo aparecimento ocorre toda vez que se cria "(...) um espaço em que a vida nua e a norma entram em um limiar de indistinção" (AGAMBEN, 2010, p. 169), onde o poder soberano já não faz morrer, nem faz viver, mas faz apenas sobreviver, de modo que "(...) nem a vida nem a morte, mas a produção de uma sobrevivência modulável e virtualmente infinita constitui a tarefa decisiva do biopoder em nosso tempo" (AGAMBEN, 2008, p. 155).

Para Agamben, essa é a estrutura político-jurídica que está por detrás do estado de exceção permanente como um paradigma de governo, que já havia, em certo sentido, sido denunciada por Hannah Arendt ao apontar o processo que levou progressivamente o homem, como *animal laborans*, na expressão de sua vida biológica, a ocupar o centro da política no mundo moderno, trazendo como resultado a decadência do espaço público (e da política), muito embora ela não tenha estabelecido essa conexão com a biopolítica. Assim também Michel Foucault, que teria apontado a animalização do homem a partir da sofisticação da técnica política sem ter, contudo, se ocupado da investigação das áreas por excelência da biopolítica moderna: o campo de concentração e a estrutura dos estados totalitários (AGAMBEN, 2010, p. 11-12).

Para o que interessa aqui, seja na perspectiva de Arendt, quanto à vitória do *animal laborans*, que trouxe para o domínio público o próprio processo vital e ciclicamente interminável da luta por sobrevivência dos homens, levando à degradação da política, seja sob o olhar de Foucault quanto à inclusão da vida biológica nos mecanismos e nos cálculos do poder estatal, seja, por fim, na análise crítica de Agamben quanto à implicação da vida nua na ordem jurídica como elemento político originário, o que está em jogo é, mais uma vez, o sentido da política e da legitimidade do poder.

É por isso que, em torno dessa questão, importa insistir em uma análise da capacidade humana para agir politicamente, mesmo diante do absurdo da política de higienização. Em outras palavras, no interesse de se enfrentar essa forma de se conceber a gestão das diferenças sociais na administração das cidades que ainda resta entre nós, convém propor uma ética política que possa ser orientada na responsabilidade pela preservação de um mundo que seja, realmente, comum entre os homens.

Nesse sentido, Bethânia Assy faz uma leitura da teoria política de Arendt inspirada "(...) na responsabilidade para com a durabilidade do mundo por meio de um agir consistente" (ASSY, 2004, p. 38). Assy pretende articular "(...) a visibilidade do espaço público arendtiano, de modo a ofertar um fórum para a liberdade humana, entendido não como um horizonte de experiência interior, mas como espaço para o exercício da virtude pública" (ASSY, 2015, p. XXXII).

Nessa perspectiva, *alteridade, publicidade* e *pontos de vista alheios* conformam o vocabulário de uma vida pública, desde a concepção de um *self* resgatado por Arendt de Sócrates para os membros de uma coletividade (ASSY, 2004, p. 42), o que proscreve, decisivamente, o isolamento na esfera política e, por via de consequência, toda política de higienização.

Para Arendt, a essência do governo totalitário estava no isolamento na esfera política, que impede os homens de agirem, uma vez que "(...) os homens isolados são impotentes por definição"[164] (ARENDT, 1985, p. 474, tradução livre).

Ora, o conceito de poder (e de política) gravita, justamente, em torno da ideia da capacidade humana de agir em conjunto: "(...) o poder passa a existir entre os homens quando eles agem juntos, e desaparece no momento em que eles se dispersam"[165] (ARENDT, 1998, p. 200, tradução livre).

Logo, "(...) o único fator material indispensável para a geração do poder é a convivência entre os homens",[166] e "(...) sua única limitação é a existência de outras pessoas, limitação que não é acidental, pois o poder humano corresponde, antes de tudo, à condição humana da pluralidade"[167] (ARENDT, 1998, p. 201, tradução livre).

Decorre dessa concepção uma noção de responsabilidade pela manutenção de um domínio público como aquilo que é comum a todos (*koinon*), pelo que Arendt adota para o termo público um duplo significado:

---

[164] *(...) isolated men are powerless by definition.*
[165] *(...) power springs up between men when they act together and vanishes the moment they disperse.*
[166] *(...) the only indispensable material factor in the generation of power is the living together of people.*
[167] *(...) its only limitation is the existence of other people, but this limitation is not accidental, because human power corresponds to the condition of plurality to begin with.*

(i) *aparência*, porque "(...) tudo o que aparece em público pode ser visto e ouvido por todos e tem a maior divulgação possível"[168] (ARENDT, 1998, p. 50, tradução livre), reservando para o domínio público, nesse sentido, apenas "(...) o que é considerado relevante, digno de ser visto e ouvido, de sorte que o irrelevante se torna automaticamente um assunto privado"[169] (ARENDT, 1998, p. 51, tradução livre);

(ii) *mundo*, "(...) na medida em que é comum a todos nós e diferente do lugar que privadamente possuímos nele"[170] (ARENDT, 1998, p. 52, tradução livre), sendo uma obra das mãos humanas que se distingue da Terra ou da natureza, o ambiente natural onde vivem os homens, de tal maneira que, revelando-se como um "(...) espaço-entre, o mundo ao mesmo tempo separa e relaciona os homens entre si"[171] (ARENDT, 2010, p. 64).

Essa concepção do domínio público, marcada pelo que é comum, exige, para a sua permanência, a responsabilidade dos homens em criarem e manterem um espaço público que "(...) não pode ser construído apenas para uma geração e planejado somente para os que estão vivos, mas tem de transcender a duração da vida de homens mortais"[172] (ARENDT, 1998, p. 55, tradução livre), sem o que nenhuma vida política é possível, pois "(...) é isso o que temos em comum não só com aqueles que vivem conosco, mas também com aqueles que estiveram aqui antes, e com aqueles que virão depois de nós"[173] (ARENDT, 1998, p. 55, tradução livre).

Para Arendt, as condições básicas sob as quais a vida foi dada ao homem na Terra são a "vida" (*life*), a "mundanidade" (*wordliness*) e a "pluralidade" (*plurality*), que correspondem, respectivamente, às três atividades humanas que constituem a *vita activa:* "labor" ou "trabalho"

---

[168] (...) *everything that appears in public can be seen and heard by everybody and has the widest possible publicity.*

[169] (...) *what is considered to be relevant, worthy of being seen and heard, can be tolerated, so that the irrelevant becomes automatically a private matter.*

[170] (...) *in so far as it is common to all of us and distinguished from our privately owned place in it.*

[171] (...) *the world, like every in-between, relates and separates men at the same time* (ARENDT, 1998, p. 52).

[172] (...) *it cannot be erected for one generation and planned for the living only; it must transcended the life-span of mortal men.*

[173] (...) *it is what we have in common not only with those who live with us, but also with those who were here before and with those who will come after us.*

(*labor*), "obra" ou "fabricação" (*work*) e "ação" (*action*) (ARENDT, 1998, p. 7; ARENDT, 2010, p. 8).[174]

Assim é que a *vida* é a condição humana do labor, porque, para lidar com as suas necessidades vitais, o homem é compelido a trabalhar, feito um *animal laborans*, a fim de obter o alimento e as coisas necessárias à sua sobrevivência (ARENDT, 1998, p. 99).

Já a *mundanidade* é a condição humana da fabricação, porque, para construir o mundo sobre a Terra (o ambiente natural em que vive), emprestando durabilidade às coisas mundanas, o homem produz suas obras, feito um *homo faber*, a fim de estabilizar a vida humana mediante a interposição da objetividade do mundo à subjetividade dos homens, com a reificação (ARENDT, 1998, p. 139).

E a *pluralidade* é a condição humana da ação, sendo, em verdade, "(...) especificamente *a* condição – não apenas a *conditio sine a qua non*, mas a *conditio per quam* – de toda a vida política",[175] pelo "(...) fato de que os homens, e não o Homem, vivem na Terra e habitam o mundo"[176] (ARENDT, 1998, p. 7, tradução livre).

Os homens agem em conjunto a fim de lidarem com as vicissitudes advindas dessa convivência comum, o que os força a compartilhar o mundo, exercendo, assim, o poder, "(...) que mantém a existência do domínio público, o espaço potencial da aparência entre homens que agem e falam"[177] (ARENDT, 1998, p. 200, tradução livre), constituindo o domínio dos assuntos humanos, que "(...) consiste na rede de relações humanas que existe onde quer que os homens vivam juntos"[178] (ARENDT, 1998, p. 183-184, tradução livre).

---

[174] Na décima primeira edição brasileira, com revisão técnica de Adriano Correia, foi profundamente revista a tradução de *The human condition*, feita originalmente por Roberto Raposo, atendendo-se às várias críticas recebidas quanto à tradução equivocada de alguns termos, sobretudo a tradução de *labor* como "labor" e *work* como "trabalho" (ARENDT, 2010). Já em 1985, Theresa Calvet de Magalhães traduziu *labor* por "labor" ou 'trabalho' e *work* por "obra' ou "fabricação' e asseverou que a leitura da obra, na edição brasileira, ficava bastante prejudicada, por ser "(...) uma tradução não apenas infeliz, mas incorreta", uma vez que essas "(...) duas atividades estão claramente definidas e separadas na edição original desta obra", acentuando que, "(...) caso queira compreender e até mesmo simplesmente ler esta obra de Hannah Arendt, o leitor terá de consultar o original em inglês ou a versão alemã deste livro" (MAGALHÃES, 1985, p. 166). A mesma crítica pode ser endereçada à edição argentina (ARENDT, 2009), em que também se traduz *labor* por "labor" e *work* por "trabajo".

[175] (...) *specifically the condition – not only the conditio sine qua non, but the conditio per quam – of all political life.*

[176] (...) *to the fact that men, not Man, live on the earth and inhabit the world.*

[177] (...) *power is what keeps the public realm, the potential space of appearance between acting and speaking men.*

[178] (...) *consists of the web of human relationships which exists wherever men live together.*

Assim, a afirmação e a preservação da condição humana da pluralidade é indispensável à preservação do mundo comum, porque leva os homens a se interessarem pelo mesmo objeto, articulando suas diferentes opiniões a respeito dele, o que se torna impossível nas situações de isolamento radical, que emerge tanto nas tiranias quanto nas sociedades de massa, deixando os homens privados em um duplo sentido, "(...) privados de ver e ouvir os outros e privados de ser vistos e ouvidos por eles",[179] resultando daí a conclusão de Arendt de que "(...) o mundo comum acaba quando é visto somente sob um aspecto e só se lhe permite apresentar-se em uma única perspectiva"[180] (ARENDT, 1998, p. 58, tradução livre).

A política de higienização destrói o mundo comum ao reduzir os homens à condição de dejetos humanos, privados da capacidade de ver e ouvir e de se fazerem ver e ouvir no espaço de aparência onde se constituem a vida humana e a vida política.

Assy anota que "somente em pluralidade construímos um mundo que cria as condições de possibilidade de nossa própria existência" (ASSY, 2015, p. 34). É nesse sentido de responsabilidade pelo mundo que surge uma ética da responsabilidade que

> não remete a uma ética normativa ou prescritiva, baseada na ideia de um sujeito razoável ou moralmente bom. Ao contrário, uma ética de responsabilidade pessoal está ligada à visibilidade de nossas ações e opiniões articuladas publicamente, que, por sua vez, estão associadas ao cultivo de um *ethos* público (ASSY, 2015, p. XXXIV).

Em termos políticos, além da marca da alteridade, da publicidade e da preocupação com os pontos de vista alheios, traz consigo uma ética da impotência, um tipo negativo de moralidade, que "(...) é capaz de obstacularizar as nossas formas de agir, *'não nos diz o que fazer, mas quando parar'*" (ASSY, 2004, p. 43) e, pode-se acrescentar, diz também quando se pode exigir politicamente que o outro pare ou, simplesmente, que não haverá consentimento ao que está sendo feito. Enfim:

> (...) uma ética da responsabilidade está intimamente relacionada a um agir consistente, *vis-à-vis* nossas ações públicas, interações e opiniões,

---

[179] (...) been deprived of seeing and hearing others, of being seen and being heard by them.
[180] (...) the end of the common world has come when it is seen only under one aspect and is permitted to present itself in only one perspective.

cuja qualidade estaria comprometida pelo encorajamento, exercício e cultivo de um *ethos* público, da capacidade de sentir satisfação com aquilo que interessa apenas em sociedade (ASSY, 2004, p. 52).

É bem verdade que a afirmação dessa ética da responsabilidade encontra grandes obstáculos nos dias atuais na medida em que a busca por uma felicidade pública tem se esvaído, porque "(...) a promessa mais urgente do mundo tornou-se a busca da felicidade de um paraíso fabricado no corpo do homem" (ASSY, 2004, p. 59), como se fosse possível consumir uma felicidade fabricada exclusivamente em termos privados, no limite de nossos corpos.

Mesmo assim, diante de qualquer política de higienização que se estabeleça sobre a vida e sobre os corpos dos homens, desumanizando-os, a atitude política por excelência para a preservação de um mundo comum é a reivindicação, por meio da revolta, de limites às ações de governo ou, quando menos, para se recusar qualquer consentimento a tal pretensão governamental.

É por isso que a revolta pode assumir a forma clássica da desobediência civil, como forma não violenta de contestação do governo, que não se confunde com a simples desobediência da lei:

> A desobediência civil aparece quando um número significativo de cidadãos se convence de que, ou os canais normais para mudanças já não funcionam, e que as queixas não serão ouvidas nem terão qualquer efeito, ou então, pelo contrário, o governo está em vias de efetuar mudanças e se envolve e persiste em modos de agir cuja legalidade e constitucionalidade estão expostas a graves dúvidas[181] (ARENDT, 1972, p. 74, tradução livre).

Portanto, conceber a revolta, em termos de ação política, significa, antes de tudo, reivindicar uma responsabilidade pela manutenção do caráter político das ações de governo tomadas no estado de emergência na saúde pública, por meio de um agir politicamente consistente que recusa e denuncia toda e qualquer política de higienização.

---

[181] *Civil disobedience arises when a significant number of citizens have become convinced either that the normal channels of change no longer function, and grievances will not be heard or acted upon, or that, on contrary, the government is about to change and has embarked upon and persists in modes of actions whose legality and constitutionality are open to grave doubt.*

CONCLUSÃO

Algumas conclusões podem ser sintetizadas ao término deste trabalho de pesquisa, relacionadas ao desenvolvimento da hipótese formulada sobre o problema da legitimidade das ações de governo no estado de emergência na saúde pública, levando-se em consideração tanto o risco do aparecimento de um estado de exceção em nome da saúde pública como um paradigma de governo quanto o fenômeno da subcidadania no Brasil, que priva grande parte da população do acesso aos direitos mais básicos de cidadania.

Com efeito, as ações de governo, para enfrentar as situações de emergência na saúde pública, não podem ser concebidas exclusivamente no âmbito do discurso epidemiológico, sob pena de ser caracterizado um estado de exceção permanente em nome da saúde pública, o que coloca em risco o projeto constituinte de um Estado Democrático de Direito no Brasil, segundo os pressupostos de um constitucionalismo democrático, no sentido de que a legitimidade do poder resulta do direito democraticamente estabelecido.

Isso porque o discurso epidemiológico, que orienta as providências que podem ser tomadas no interesse da prevenção, do controle ou da erradicação de doenças ou agravos à saúde com potencial de crescimento ou de disseminação que representem risco ou ameaça à saúde pública, além de abrigar unidades discursivas típicas da formação do discurso jurídico do poder soberano no estado de exceção (vigilância e perigo), pode ser usado estrategicamente no interesse político de se prevenir e controlar as pestes desde uma perspectiva apresentada como técnica e científica, mas que encobre, no paradigma da biopolítica em sua forma mais visível, a administração soberana da vida da população e da ordenação dos espaços da cidade.

Por isso, é indispensável que as ações de governo no estado de emergência na saúde pública sejam traduzidas em discursos de justificação e de aplicação do direito, de acordo com o sistema de direitos e da separação de poderes instituído na Constituição de 1988, inclusive para ser acionado, nos termos em que previsto constitucionalmente, o estado de exceção em nome da saúde pública, sob a forma de estado de defesa ou de estado de sítio, o qual, mesmo assim, também tem suas limitações, inclusive decorrentes do direito internacional.

Qualquer medida de restrição forçada da liberdade individual, para ser adotada no controle e na prevenção de doenças que coloquem em risco a saúde pública (internação compulsória para realização de tratamento de saúde; vacinação obrigatória; ingresso forçado em imóveis particulares para fins de controle sanitário; isolamento de pessoas, grupos populacionais ou áreas), só se torna legítima se estiver previamente estabelecida em lei e se sua aplicação decorrer de ações de governo que sejam discursivamente construídas com a participação da comunidade.

Tais exigências se aplicam, também, quando são adotadas estratégias epidemiológicas na gestão de outros problemas sociais, quando é possível aferir algum impacto à saúde pública, o que reclama, igualmente, que as ações de governo sejam inseridas coerentemente no sistema de direitos e justificadas argumentativamente segundo a separação de poderes.

Em qualquer caso, a necessidade de participação política da comunidade nas ações de governo deve se dar não apenas nas instâncias formais de deliberação do Sistema Único de Saúde, em sua rede regionalizada e hierarquizada, mas, também, em uma esfera política mais ampliada, sobrevindo daí a importância dos meios de comunicação social, que podem conferir uma maior publicidade para as questões relevantes em torno do estado de emergência na saúde pública, razão pela qual podem se desenvolver mais efetivamente as campanhas educativas e de orientação à população.

Dessa forma, propõe-se uma via mais aberta e inclusiva de integração na esfera política, o que se mostra indispensável para o contexto brasileiro como uma possibilidade para se enfrentar os desafios da subcidadania ao se forçar o governo a se legitimar para além de um discurso meramente formal de justificação e de aplicação do direito.

Na base dessas considerações, está a necessidade de se levar a sério os restos da política de higienização ainda presentes no Brasil, com práticas governamentais que insistem em organizar os espaços das cidades e controlar as diferenças sociais tendo como pressuposto não declarado um estado de exceção permanente, com investidas sobre as pessoas que são consideradas um verdadeiro expurgo social, cujos direitos fundamentais são violentamente reduzidos, ou mesmo suprimidos, em flagrante ofensa ao projeto de constituição de um Estado Democrático de Direito no Brasil.

Com isso, pretende-se compreender o sistema de direitos e da separação de poderes instituído na Constituição de 1988, que traça os limites e possibilidades das ações de governo no estado de emergência na saúde pública sem se desprezar os vestígios do passado constitucional que jazem submersos em cada ato de atribuição de sentido ao texto constitucional, cuja existência se insere no contexto mais amplo de uma história do constitucionalismo brasileiro, que não pode ser simplesmente dada, porque é sempre aberta.

Realmente, ao invés de se procurar sentido para as normas constitucionais apenas no presente do constitucionalismo brasileiro, há se se enfrentar a historicidade do direito e da democracia no Brasil, encontrando-se os inúmeros tesouros enterrados na memória do constitucionalismo brasileiro, em um passado-inédito à espera de descoberta que tem muito a dizer sobre o presente-dado.

Enquanto esses tesouros jazem esquecidos, enquanto outra história não é contada, a memória impedida e manipulada do constitucionalismo brasileiro contribui para reforçar a decepção e a indignação com a experiência política e constitucional brasileira, naquele estado de melancolia constitucional, com reflexos profundos sobre o presente e o futuro do constitucionalismo brasileiro.

Exemplo claro desse reflexo é a incapacidade revelada pela dogmática constitucional de lidar com os resquícios da política de higienização, nas respostas que oferece para o problema da legitimidade das ações de governo no estado de emergência na saúde pública.

Compreender o direito e a democracia no Brasil, bem assim, o sentido das normas constitucionais, exige mais do que a adoção de teorias forjadas no ambiente do constitucionalismo democrático. Tais teorias (como a teoria discursiva do direito e da democracia de Jürgen Habermas) precisam efetivamente assumir a historicidade do direito e da democracia no contexto particular da história do constitucionalismo brasileiro a fim de que seja produtiva, do ponto de vista da Teoria da Constituição, a análise crítica das respostas apresentadas pela dogmática jurídica sobre a interpretação da Constituição no Brasil.

Neste trabalho de pesquisa, o tesouro encontrado na memória do constitucionalismo brasileiro foi o significado que pode ser dado para a Revolta da Vacina, com a resistência violenta do povo à investida do governo, que pretendeu proceder à higienização da cidade do Rio de Janeiro na virada do século XIX para o século XX, movido pelos ideais da modernização, do progresso e da civilização, sem estabelecer democraticamente pela via da política a tomada de decisão sobre o projeto então concebido no alvorecer da República.

A revolta se deu também no Poder Judiciário, com a tentativa de se fazer valer os direitos fundamentais então previstos na Constituição de 1891, sendo certo que, para muitos subcidadãos brasileiros, desprovidos dos direitos mais básicos de cidadania, o único meio para a revolta foi a violência.

Dessa lição da Revolta da Vacina, inserida na história do constitucionalismo brasileiro, extrai-se que, quando as ações de governo no estado de emergência na saúde pública se orientam pelo discurso epidemiológico e deixam de levar em consideração o respeito aos direitos fundamentais para assumir a forma de uma prática higienista, levando a que algumas pessoas sejam tratadas como objeto de pura dominação e seus corpos sejam colocados à livre disposição do poder soberano, surgem as condições para se conceber uma revolta contra o absurdo da política de higienização.

A questão sempre será como despertar o sentimento do absurdo que impele o homem à revolta, a resistir com o sacrifício da própria vida ou mesmo a recusar consentimento a essa dominação, por decisão própria em uma ação política consistente, responsabilizando-se pela manutenção do caráter político das ações de governo tomadas no estado de emergência na saúde pública.

Daí ser possível afirmar que a possibilidade da revolta, em termos de ação política contra a política de higienização, coloca em primeiro plano o significado do direito fundamental à privacidade. Não se trata aqui de se apostar ingenuamente apenas na normatividade constitucional, mas, sim, de se criar condições de possibilidade para se despertar o sentimento do absurdo da política de higienização.

O resgate da ideia do corpo como propriedade privada e como morada da vida, por isso mesmo inviolável por ato soberano e defensável com o próprio sacrifício da vida, parece, então, ser um dos maiores desafios que se põe diante do projeto constituinte de um Estado Democrático de Direito no Brasil.

É por isso que a revolta contra a política de higienização, em termos de ação política, parece se tornar ainda mais difícil no Brasil, porque grande parte da população, formada por subcidadãos incluídos/excluídos socialmente, que sofrem politicamente com a naturalização da desigualdade, já vive a dupla exceção de se ver incluída/excluída do projeto constituinte ao longo da história constitucional, o que certamente torna mais improvável a possibilidade de qualquer revolta.

Mas em condições talvez muito mais precárias, sob o ponto de vista político e jurídico, os primeiros cidadãos da recém-inventada República brasileira tiveram a capacidade de se revoltar contra a invasão do Estado na vida privada tão logo tiveram a consciência de se verem despojados desse seu bem mais precioso. Convém, então, sempre apostar na possibilidade da revolta e, por isso, talvez seja possível afirmar que os *bestializados* nunca tiveram tanto a nos ensinar.

Seja como for, as ações de governo no estado de emergência na saúde pública não representam, sempre, uma invasão do Estado na vida privada, a ensejar, como resposta, uma revolta. Para além da invasão e da revolta, é possível, sim, que seja democraticamente caracterizada determinada situação como uma emergência na saúde pública, com a conscientização da população sobre os riscos representados pela disseminação da doença ou do agravo à saúde pública, a fim de que sejam legitimamente adotadas ações de governo, com participação da comunidade, que sejam vistas como justas e necessárias para a efetivação do direito fundamental à saúde.

Há sempre o risco da manipulação, da tentativa de serem utilizados os meios democráticos para se legitimar práticas higienistas não declaradas. No entanto, a exigência de participação mais ampla da comunidade na tomada de decisão pelo governo nas situações de emergência na saúde pública, se não impede, pelo menos cria condições de possibilidade para que se tornem mais visíveis, na esfera pública, eventuais resquícios de qualquer política de higienização.

Essa visibilidade pode realmente despertar o sentimento do absurdo da existência humana nessas condições e propiciar, como último recurso contra a política de higienização, uma revolta não necessariamente violenta, mas, quando menos, sob a forma de desobediência civil, com a recusa ao cumprimento das determinações contidas nas ações de governo que vierem a ser consideradas ilegítimas.

REFERÊNCIAS

ACKERMAN, Bruce. The emergency constitution. *The Yale Law Journal*, v. 113, n. 05, p. 1.029-1.079, jun. 2004. Disponível em: <http://www.yalelawjournal.org/pdf/289_jz567rmk.pdf>. Acesso em: 11 set. 2015.

ADEODATO, João Maurício. Retórica como metódica para o estudo do direito. *Revista Sequencia*, Florianópolis, n. 56, p. 55-82, jun. 2008.

ADEODATO, João Maurício. As retóricas na história das idéias jurídicas no Brasil – originalidade e continuidade como questões de um pensamento periférico. *Revista da ESMAPE*, Recife, v. 14, n. 29, p. 243-278, jan./jun. 2009.

ADEODATO, João Maurício. *Uma teoria retórica da norma jurídica e do direito subjetivo*. São Paulo: Noeses, 2011.

AGAMBEN, Giorgio. *Estado de exceção*. Tradução Iraci D. Poleti. São Paulo: Boitempo, 2004.

AGAMBEN. Giorgio. *O que resta de Auschwitz*: o arquivo e a testemunha (Homo Sacer III). Tradução Selvino J. Assmann. São Paulo: Boitempo, 2008.

AGAMBEN, Giorgio. *Homo sacer*: o poder soberano e a vida nua I. Tradução Henrique Burigo. 2. ed. Belo Horizonte: Editora UFMG, 2010.

AGUIAR, Odilio Alves. O espectador como metáfora do filosofar em Hannah Arendt. In: CORREIA, Adriano (Coord.). *Transpondo o abismo*: Hannah Arendt entre a filosofia e a política. Rio de Janeiro: Forense Universitária, 2002. p. 79-99.

ARAÚJO, Renato dos Santos. Profilaxia da peste. *Revista da Sociedade Brasileira de Medicina Tropical*. Uberaba, v. 1, n. 6, p. 327-336, nov./dez. 1967.

ARENDT, Hannah. *Between past and future*: six exercises in political thought. New York: The Viking Press, 1961.

ARENDT, Hannah. *Men in dark times*. New York: Harcourt, Brace & World, 1968.

ARENDT, Hannah. *On violence*. New York: Harcourt, Brace & World, 1970.

ARENDT, Hannah. Civil disobedience. In: ARENDT, Hannah. *Crisis of the republic*. New York: Harcourt, Brace & World, 1972. p. 49-102.

ARENDT, Hannah. *The origins of totalitarianism*. New York: Harvest Book, 1985.

ARENDT, Hannah. *Origens do totalitarismo*: anti-semitismo, imperialismo e totalitarismo. Tradução Roberto Raposo. São Paulo: Companhia das Letras, 1989.

ARENDT, Hannah. *On revolution*. London: Penguin Books, 1990.

ARENDT, Hannah. *Homens em tempos sombrios*. Tradução Ana Luísa Faria. Lisboa: Relógio D'Água, 1991.

ARENDT, Hannah. *The human condition*. 2. ed. Chicago: University of Chicago Press, 1998.

ARENDT, Hannah. On the nature of Totalitarianism: an essay in understanding. In: ARENDT, Hannah. *Essays in understanding*: formation, exile and Totalitarianism. 1930-1954. New York: Shocken Books, 2005a. p. 328-360.

ARENDT, Hannah. Understanding and politics (the difficulties of understanding). In: ARENDT, Hannah. *Essays in understanding*: formation, exile and totalitarianism. 1930-1954. New York: Shocken Books, 2005b. p. 307-327.

ARENDT, Hannah. *Sobre la violencia*. Tradução Guillermo Solana. Madrid: Alianza Editorial, 2005c.

ARENDT, Hannah. *Entre o passado e o futuro*. Tradução Mauro W. Barbosa. 6. ed. São Paulo: Perspectiva, 2007.

ARENDT, Hannah. *Crises da república*. Tradução José Volkman. São Paulo: Perspectiva, 2008a.

ARENDT, Hannah. Compreensão e política (as dificuldades da compreensão). In: ARENDT, Hannah. *Compreender*: formação, exílio e totalitarismo (ensaios) 1930-54. Tradução Denise Bottman. São Paulo/Belo Horizonte: Companhia das Letras/ Editora UFMG, 2008b. p. 330-346.

ARENDT, Hannah. Sobre a natureza do totalitarismo: uma tentativa de compreensão. In: ARENDT, Hannah. *Compreender*: formação, exílio e totalitarismo (ensaios) 1930-54. Tradução Denise Bottman. São Paulo/Belo Horizonte: Companhia das Letras/ Editora UFMG, 2008c. p. 347-380.

ARENDT, Hannah. *La condición humana*. Tradução Ramón Gil Novales. Buenos Aires: Paidós, 2009.

ARENDT, Hannah. *A condição humana*. Tradução Roberto Raposo. 11. ed. Rio de Janeiro: Forense Universitária, 2010.

ARENDT, Hannah. *Sobre a revolução*. Tradução Denise Bottmann. São Paulo: Companhia das Letras, 2011.

ASSY, Bethânia. Introdução à edição brasileira: Faces privadas em espaços públicos – por uma ética da responsabilidade. In: ARENDT, Hannah. *Responsabilidade e julgamento*. Tradução Rosaura Eichenberg. São Paulo: Companhia das Letras, 2004. p. 31-60.

ASSY, Bethânia. *Ética, responsabilidade e juízo em Hannah Arendt*. São Paulo: Perspectiva, 2015.

AVRITZER, Leonardo. Ação, fundação e autoridade em Hannah Arendt. *Lua Nova*, São Paulo, v. 68, p. 147-167, 2006.

BARRETO, Lima. *Recordações do escrivão Isaías Caminha*. São Paulo: Penguin Classics/ Companhia das Letras, 2010.

BARROSO, Luís Roberto; BARCELLOS, Ana Paula de. O começo da história: a nova interpretação constitucional e o papel dos princípios no direito brasileiro. In: BARROSO, Luís Roberto (Org.). *A nova interpretação constitucional*: ponderação, direitos fundamentais e relações privadas. Rio de Janeiro: Renovar, 2003. p. 327-378.

BECALLI, Bárbara; PROSCHOLDT, Eliane. Vacina chega a 250 reais e vira caso de Procon. *A Tribuna*, Vitória, 26 maio 2016. Reportagem especial. p. 02-03.

BENJAMIN, Walter. *Documentos de cultura, documentos de barbárie*: escritos escolhidos. Tradução Celeste H. M. Ribeiro de Sousa *et al*. São Paulo: Cultrix/Editora da Universidade de São Paulo, 1986.

REFERÊNCIAS

BENJAMIN, Walter. *Magia e técnica, arte e política*: ensaios sobre literatura e história da cultura. Tradução Sergio Paulo Rouanet. 3. ed. Brasília: Brasiliense, 1987. Obras escolhidas: v. 1.

BENJAMIN, Walter. *O anjo da história.* Organização e tradução João Barrento. Belo Horizonte: Autêntica, 2012.

BENHABIB, Seyla. *The reluctant modernism of Hannah Arendt.* California: Sage Publications, 1996.

BONAVIDES, Paulo; ANDRADE, Paes de. *História constitucional do Brasil.* 3. ed. Rio de Janeiro: Paz e Terra, 1991.

BRASIL. Supremo Tribunal Federal. *Recurso de Habeas Corpus 2.244.* Pedro Tavares Junior e Juiz Seccional da 2ª Vara do Distrito Federal. Relator Ministro Pedro Antonio de Oliveira Ribeiro. 31 jan. 1905. Disponível em: <http://www.stf.jus.br/portal/cms/verTexto.asp?servico=sobreStfConhecaStfJulgamentoHistorico&pagina=rhc2244>. Acesso em: 11 abr. 2011.

BRASIL. Conselho Nacional de Secretários de Saúde. *CONASS Documenta nº 15*: Violência: uma epidemia silenciosa. Brasília: CONASS, 2007. Disponível em: <www.conass.org.br/conassdocumenta/cd_15.pdf>. Acesso em: 10 set. 2015.

BRASIL. Conselho Nacional de Secretários de Saúde. *O desafio do enfrentamento da violência*: situação atual, estratégia e propostas. Brasília: CONASS, 2008a. Disponível em: <http://bvsms.saude.gov.br/bvs/publicacoes/desafio_enfrentamento_violencia.pdf>. Acesso em: 10 set. 2015.

BRASIL. Conselho Nacional de Secretários de Saúde. *CONASS Documenta nº 16*: Violência: uma epidemia silenciosa. Seminários regionais. Brasília: CONASS, 2008b. Disponível em: <www.conass.org.br/conassdocumenta/cd_16.pdf>. Acesso em: 10 set. 2015.

BRASIL. Conselho Nacional de Secretários de Saúde. *CONASS Documenta nº 17*: Violência: uma epidemia silenciosa. Parte 1: seminário nacional. Parte 2: propostas, estratégias e parecerias por área de atuação. Brasília: CONASS, 2009. CONASS Documenta nº 17. Disponível em: <www.conass.org.br/conassdocumenta/cd_17.pdf>. Acesso em: 10 set. 2015.

BRASIL. Ministério da Saúde. Fundação Nacional da Saúde. *Programa Nacional de Controle da Dengue*. Brasília: Ministério da Saúde, 2002. Disponível em: <http://bvsms.saude.gov.br/bvs/publicacoes/pncd_2002.pdf>. Acesso em: 11 abr. 2011.

BRASIL. Ministério da Saúde. Secretaria de Vigilância da Saúde. *Programa Nacional de Controle da Dengue*: amparo legal à execução das ações de campo – imóveis fechados, abandonados ou com acesso não permitido pelo morador. 2. ed. Brasília: Ministério da Saúde, 2006. Disponível em: <http://bvsms.saude.gov.br/bvs/politicas/programa_nacional_controle_dengue.pdf>. Acesso em: 11 abr. 2011.

BRASIL. Ministério da Saúde. *Política Nacional de Saúde Integral da População Negra*: uma política para o SUS. 2. ed. Brasília: Ministério da Saúde, 2013. Disponível em: <http://bvsms.saude.gov.br/bvs/publicacoes/politica_nacional_saude_integral_populacao.pdf> Acesso em 11 set. 2015.

CAMUS, Albert. *L'étranger.* Paris: Gallimard, 1942a.

CAMUS, Albert. *Le mythe de Sisyphe*: essay sur l'absurde. Paris: Gallimard, 1942b.

CAMUS, Albert. *La peste.* Paris: Gallimard, 1947.

CAMUS, Albert. *L'homme révolté*. Paris: Gallimard, 1951.

CAMUS, Albert. *O homem revoltado*. Tradução Valerie Rumjanek. 4. ed. Rio de Janeiro: Record, 1999.

CAMUS, Albert. *O estrangeiro*. Tradução Valerie Rumjanek. 24. ed. Rio de Janeiro: Record, 2004.

CAMUS, Albert. *A peste*. Tradução Valerie Rumjanek. 20. ed. Rio de Janeiro: Record, 2010.

CAMUS, Albert. *O mito de Sísifo*. Tradução Ari Roitman e Paulina Watch. 4. ed. Rio de Janeiro: BestBolso, 2014.

CANDIOTTO, Cesar. Foucault: uma história crítica da verdade. *Trans/Form/Ação*, São Paulo, v. 29, n. 2, p. 65-78, 2006.

CANTISANO, Pedro Jimenez. Lares, tribunais e ruas. *Direito e Práxis*, Rio de Janeiro, v. 06, n. 11, p. 294-325, 2015.

CARMO, Eduardo Hage. O Regulamento Sanitário Internacional e as oportunidades para fortalecimento do sistema de vigilância em saúde. *Portal DSS Nordeste*, Recife, 30 abr. 2013. Disponível em: <http://dssbr.org/site/opinioes/o-regulamento-sanitario-internacional-e-as-oportunidades-para-fortalecimento-do-sistema-de-vigilancia-em-saude>. Acesso em: 11 set. 2015.

CARVALHO, José Murilo de. *Os bestializados*: o Rio de Janeiro e a república que não foi. São Paulo: Companhia das Letras, 1987.

CARVALHO, Thiago Fabres de. *Criminologia, (in)visibilidade, reconhecimento*: o controle penal da subcidadania no Brasil. Rio de Janeiro: Revan, 2014.

CATTONI DE OLIVEIRA, Marcelo Andrade. *Poder constituinte e patriotismo constitucional*: o projeto constituinte do Estado Democrático de Direito na Teoria Discursiva de Jürgen Habermas. Belo Horizonte: Mandamentos, 2006.

CATTONI DE OLIVEIRA, Marcelo Andrade. *Teoria da Constituição*. Belo Horizonte: Initia Via, 2012.

CATTONI DE OLIVEIRA, Marcelo Andrade; GOMES, David Francisco Lopes. Independência ou sorte: ensaio de história constitucional do Brasil. *Revista da Faculdade de Direito – UFPR*, Curitiba, n. 55, p. 19-37, 2012.

CHALHOUB, Sidney. *Cidade febril*: cortiços e epidemias na Corte imperial. São Paulo: Companhia das Letras, 1996.

COMPARATO, Fábio Konder. Réquiem para uma Constituição. In: FIOCCA, Demian; GRAU, Eros Roberto. *Debate sobre a Constituição de 1988*. São Paulo: Paz e Terra, 2001, p. 77-87.

COSTA, Ediná Alves; ROZENFELD, Suely. Constituição da vigilância sanitária no Brasil. In: ROZENFELD, Suely (Org.). *Fundamentos da vigilância sanitária*. Rio de Janeiro: FIOCRUZ, 2000. p. 15-40.

D'ENTRÈVES, Maurizio Passerin. *The political philosophy of Hannah Arendt*. London: Routledge, 1994.

DUARTE, André. *O pensamento à sombra da ruptura*: política e filosofia em Hannah Arendt. São Paulo: Paz e Terra, 2000.

DUARTE, André. Hannah Arendt e a modernidade: esquecimento e redescoberta da política. In: CORREIA, Adriano (Coord.). *Transpondo o abismo*: Hannah Arendt entre a filosofia e a política. Rio de Janeiro: Forense Universitária, 2002. p. 55-78.

DWORKIN, Ronald. *Law's empire*. Cambridge: Havard University Press, 1986.

DWORKIN, Ronald. *O império do Direito*. Tradução Jefferson Luiz Camargo. 2. ed. São Paulo: Martins Fontes, 2007.

DWORKIN, Ronald. Why it was a great victory. *The New York Review of Books*, v. 55, n. 13, ago. 2008. Disponível em: <http://www.nybooks.com/articles/21711>. Acesso em: 09 set. 2008.

EWALD, François. *Foucault, a norma e o direito*. Tradução Antônio Fernando Cascais. 2. ed. Lisboa: Vega, 2000.

FOUCAULT, Michel. *L'archéologie du savoir*. Paris: Gallimard, 1969.

FOUCAULT, Michel. *L'ordre du discours*: leçon inaugurale au Collège de France prononceé le 2 décembre 1970. Paris: Gallimard, 1971.

FOUCAULT, Michel. *A ordem do discurso*. Tradução Laura Fraga de Almeida Sampaio. 5. ed. São Paulo: Loyola, 1999.

FOUCAULT, Michel. *Em defesa da sociedade*: curso no Collège de France (1975-1976). Tradução Maria Ermantina Galvão. São Paulo: Martins Fontes, 2005.

FOUCAULT, Michel. *Segurança, território, população*: curso dado no Collège de France (1977-1978). Tradução Eduardo Brandão. São Paulo: Martins Fontes, 2008a.

FOUCAULT, Michel. *A arqueologia do saber*. Tradução Luiz Felipe Baeta Neves. 7. ed. Rio de Janeiro: Forense Universitária, 2008b.

FREITAG, Barbara. *Dialogando com Jürgen Habermas*. Rio de Janeiro: Tempo Brasileiro, 2005.

GAGNEBIN, Jeanne Marie. Walter Benjamin ou a história aberta. In: BENJAMIN, Walter. *Magia e técnica, arte e política*: ensaios sobre literatura e história da cultura. Tradução Sergio Paulo Rouanet. 3. ed. Brasília: Brasiliense, 1987. p. 07-19. Obras escolhidas: v. 1.

GALUPPO, Marcelo Campos. *Igualdade e diferença*: estado democrático de direito a partir do pensamento de Habermas. Belo Horizonte: Mandamentos, 2002.

GIACOIA JUNIOR, Oswaldo. Sobre Jürgen Habermas e Michel Foucault. *Trans/Form/Ação*, São Paulo, v. 36, p. 19-32, 2013. Edição Especial.

HABERMAS, Jürgen. O conceito de poder em Hannah Arendt. In: HABERMAS, Jürgen. *Habermas*: sociologia. Tradução Barbara Freitag e Sergio Paulo Rouanet. São Paulo: Ática, 1993. p. 100-118.

HABERMAS, Jürgen. *Facticidad y validez*: sobre el derecho y el Estado democrático de derecho en términos de teoría del discurso. Tradução Manuel Jiménez Redondo. Madrid: Trotta, 1998.

HABERMAS, Jürgen. *Direito e democracia*: entre facticidade e validade. Tradução Flávio Beno Siebeneichler. 2 ed. Rio de Janeiro: Tempo Brasileiro, 2003. v. I e II.

HABERMAS, Jürgen. *Entre naturalismo e religião*: estudos filosóficos. Tradução Flávio Beno Siebeneichler. Rio de Janeiro: Tempo Brasileiro, 2007.

HABERMAS, Jürgen. *Between naturalism and religion*. Tradução Ciaran Cronin. Malden: Polity, 2008a.

HABERMAS, Jürgen. ¿Fundamentos prepolíticos del Estado democrático de derecho? In: HABERMAS, Jürgen; RATZINGER, Joseph. *Entre razón y religión*: dialéctica de la secularización. Tradução Isabel Blanco, Pablo Largo. México: Fonde de Cultura Económica, 2008b. p. 09-33.

LEVI, Primo. *É isto um homem?* Tradução Luigi Del Re. Rio de Janeiro: Rocco, 1988.

LÖWY, Michael. *Walter Benjamin*: aviso de incêndio – uma leitura das teses "Sobre o conceito de história". Tradução Wanda Nogueira Caldeira Brant. São Paulo: Boitempo, 2005.

LUCAS VERDÚ, Pablo. *El sentimiento constitucional*: aproximación al estudio del sentir constitucional como modo de integración política. Madrid: Instituto Editorial Reus, 1985.

MACHADO, Roberto. Introdução: por uma genealogia do poder. In: FOUCAULT, Michel. *Microfísica do poder*. Tradução Roberto Machado. 23. ed. São Paulo: Edições Graal, 1979. p. VII-XXIII.

MAGALHÃES, Marion Brepohl de. A compaixão na política: pesadelo da razão. In: DUARTE, André; LOPREATO, Chrsitina; MAGALHÃES, Marion Brepohl (Org.). *A banalização da violência*: a atualidade do pensamento de Hannah Arendt. Rio de Janeiro: Relume Dumará, 2004. p. 55-67.

MAGALHÃES, Theresa Calvet de. The frailty of action. Forgiven and promising: the Redemption of Action through the potentialities of Action itself in Arendt. In: HEUER, Wolfgan. *Research Notes*. Berlin: [S. n.], 2005. v. 2. Disponível em: <http://hannaharendt.net/research/Calvet.html>. Acesso em: 11 ago. 2010.

MAGALHÃES, Theresa Calvet de. A categoria do trabalho (*labor*) em Hannah Arendt. *Ensaio*, São Paulo, v. 14, p. 131-168, 1985.

MAGALHÃES, Theresa Calvet de. Ação, linguagem e poder: uma releitura do Capítulo V [Action] da obra The human condition. In: CORREIA, Adriano (Org.). *Hannah Arendt e a condição humana*. Salvador: Quarteto, 2006. p. 35-74.

MATE, Reyes. *La razón de los vencidos*. 2. ed. Barcelona: Anthropos, 2008.

MATE, Reyes. *La herencia del olvido*. 3. ed. Madrid: Errata Naturae, 2009.

MATE, Reyes. *Meia-noite na história*: comentários às teses de Walter Benjamin "Sobre o conceito de história". Tradução Nélio Schneider. São Leopoldo: Unisinos, 2011a.

MATE, Reyes. *Tratado de la injusticia*. Barcelona: Anthropos, 2011b.

MOREIRA, Nelson Camatta. *Fundamentos de uma Teoria da Constituição Dirigente*. Florianópolis: Conceito Editorial, 2010.

MOROSINI, Liseana. O caso de Diadema: lei seca contra a violência. *Radis. Programa Radis de Comunicação e Saúde da Escola Nacional de Saúde Pública Sergio Arouca*, Rio de Janeiro, v. 132, p. 20, set. 2013. Disponível em: <http://www6.ensp.fiocruz.br/radis/sites/default/files/radis132_web.pdf>. Acesso em: 11 set. 2015.

NASCIMENTO, Cristiano; BARRETO, Túlio Velho. "Habitus" dos torcedores brasileiros e adoção do "padrão Fifa" nos estádios da Copa do Mundo de futebol 2014. *Estudos de Sociologia*, Recife, v. 2, n. 19, 2013. Disponível em: <http://www.revista.ufpe.br/revsocio/index.php/revista/article/view/408/334>. Acesso em: 15 out. 2015.

NASCIMENTO, Wanderson. O lugar da crítica no pensamento de Hannah Arendt. In: NASCIMENTO, Paulo; BREA, Gerson; MILOVIC, Miroslav (Org.). *Filosofia ou política?* Diálogos com Hannah Arendt. São Paulo: Annablume, 2010. p. 221-225.

NEVES, Margarida de Souza. Os cenários da República. O Brasil na virada do século XIX para o século XX. In: FERREIRA, Jorge; DELGADO, Lucilia de Almeida Neves (Org.). *O tempo do liberalismo excludente*: da Proclamação da República à Revolução de 1930. 2. ed. Rio de Janeiro: Civilização Brasileira, 2006. p. 13-44.

PALMEIRA, Guido. Epidemiologia. In: ROZENFELD, Suely (Org.). *Fundamentos da vigilância sanitária*. Rio de Janeiro: Fiocruz, 2000. p. 137-194.

PÔRTO, Ângela; PONTE, Carlos Fidelis. Vacinas e campanhas: as imagens de uma história a ser contada. *História, Ciências, Saúde*, Manguinhos, v. 10, supl. 2, p. 725-742, 2003.

QUEIROZ, Eneida Quadros. *Justiça Sanitária*: Cidadãos e Judiciário nas reformas urbana e sanitária – Rio de Janeiro (1904 – 1914). Dissertação (Mestrado) – Universidade Federal Fluminense, Instituto de Ciências Humanas e Filosofia, 2008. Disponível em: <http://www.historia.uff.br/stricto/teses/Dissert-2008_QUEIROZ_Eneida_Quadros-S.pdf>. Acesso em: 25 set. 2015.

REZENDE, Joffre Marcondes de. Epidemia, endemia, pandemia. Epidemiologia. *Revista de Patologia Tropical*, Goiânia, v. 27, p. 153-155, jan./jun. 1998.

RIBEIRO, Gladys Sabina. Projeto "Organização do Acervo Arquivístico da Justiça Federal – 2ª Região". *Revista da Seção Judiciária do Rio de Janeiro*, Rio de Janeiro, n. 22, p. 387-389, 2008.

RIBEIRO, Gladys Sabina. Cidadania e luta por direitos na Primeira República: analisando processos da Justiça Federal e do Supremo Tribunal Federal. *Tempo*, Niterói, v. 13, n. 26, p. 101-117, 2009.

RICŒUR, Paul. *La mémoire, l'histoire, l'oubli*. Paris: Éditions du Seuil, 2000.

RICŒUR, Paul. *A memória, a história, o esquecimento*. Tradução Alain François *et al.* Campinas: Unicamp, 2007.

RIO DE JANEIRO (Município). Secretaria Especial de Comunicação. *1904*: Revolta da Vacina – a maior batalha do Rio. Rio de Janeiro: Prefeitura da Cidade do Rio de Janeiro, 2006. Disponível em: <http://www.rio.rj.gov.br/dlstatic/10112/4204434/4101424/memoria16.pdf>. Acesso em: 25 set. 2015.

ROSSITER, Clinton L. *Constitutional dictatorship*: crisis of government in the modern democracies. Princeton: Princeton University Press, 1948.

SCHMEMANN, Serge. Hijacked Jets Destroy Twin Towers and Hit Pentagon. *The New York Times*, New York, 12 jan. 2001. National. Disponível em: <http://www.nytimes.com/2001/09/12/national/12PLAN.html?pagewanted=1>. Acesso em: 11 set. 2015.

SCHMITT, Carl. *Political theology*: four chapters on the concept of sovereignty. Tradução George Schwab. Cambridge: The MIT Press, 1985.

SCHMITT, Carl. *Legality and legitimacy*. Tradução Jeffrey Seitzer. Durham: Duke University Press, 2004.

SCHMITT, Carl. *Teologia política*. Tradução Elisete Antoniuk. Belo Horizonte: Del Rey, 2006.

SCHMITT, Carl. *Legalidade e legitimidade*. Tradução Tito Lívio Cruz Romão. Belo Horizonte: Del Rey, 2007.

SEVCENKO, Nicolau. *A revolta da vacina*: mentes insanas em corpos rebeldes. São Paulo: Cosac Naify, 2010.

SIQUEIRA, Ada Bogliolo Piancastelli. *Notas sobre Direito e literatura*: o absurdo do direito em Albert Camus. Florianópolis: Fundação Boiteux, 2011.

TAMINIAUX, Jacques. Athens and Rome. In: VILLA, Dana (Org.). *The Cambridge Companion to Hannah Arendt*. Cambridge: Cambridge University Press, 2000. p. 165-177.

THIRY-CHERQUES, Hermano Roberto. À moda de Foucault: um exame das estratégias arqueológica e genealógica de investigação. *Lua Nova*, São Paulo, n. 81, p. 215-248, 2010.

TRIBE, Laurence H.; DORF, Michael C. *On reading the Constitution*. Cambridge: Harvard University Press, 1991.

TRIBE, Laurence H.; GUDRIDGE, Patrick O. The anti-emergency constitution. *The Yale Law Journal*, v. 113, n. 08, p. 1801-1870, jun. 2004. Disponível em: <http://www.yalelawjournal.org/pdf/153_nm4dp4v9.pdf>. Acesso em: 11 set. 2015.

UNITED STATES OF AMERICA. Supreme Court. *Boumediene v. Bush*, 533 U.S. 2008. Disponível em: <http://www.supremecourt.gov/opinions/07pdf/06-1195.pdf>. Acesso em: 11 set. 2015.

VENTURA, Deisy. Pandemias e estado de exceção. In: CATTONI DE OLIVEIRA, Marcelo Andrade; MACHADO, Felipe Daniel Amorim. *Constituição e processo*: a resposta do constitucionalismo à banalização do terror. Belo Horizonte: Del Rey, 2009. p. 159-181.

WERMELINGER, Eduardo Dias *et al.* Avaliação do acesso aos criadouros do *Aedes Aegypti* por agentes de saúde do Programa Saúde da Família no Município do Rio de Janeiro. *Revista Baiana de Saúde Pública*, v. 32, n. 2, p. 151-158, maio/ago. 2008. Disponível em: <http://inseer.ibict.br/rbsp/index.php/rbsp/article/view/1403/1058>. Acesso em: 25 set. 2015.

ZUCKERMAN, Ian Roth. *The politics of emergencies*: war, security and the boundaries of the exception in modern emergency powers. Tese (Doutorado) – Columbia University, School of Arts and Sciences, 2012. Disponível em: <academiccommons.columbia.edu/download/fedora_content/download/ac:182582/CONTENT/Zuckerman_columbia_0054D_10494.pdf>. Acesso em: 25 set. 2015.